हिन्द पॉकेट बुक्स

योग संजीवनी

योगगुरु धीरज, वशिष्ठ योग फांउडेशन चैरिटेबल ट्रस्ट के संस्थापक है। अहमदाबाद स्थित वशिष्ठ योगाश्रम उनकी समस्त गतिविधियों का केंद्र है। नई दिल्ली स्थित पत्रकारिता के सिरमौर संस्थान आईआईएमसी (भारतीय जनसंचार संस्थान) के वे छात्र रहे हैं। उन्होंने करीब चार साल तक तीन प्रमुख राष्ट्रीय न्यूज़ चैनलों के साथ बतौर टीवी जर्नलिस्ट काम भी किया है। सन् 2009 से वे योग की साधना में लगे हुए हैं। उनके यूट्यूब चैनल योगगुरु धीरज के लिए उन्हें 2019 साल का सोशल मीडिया इन्फ्लूएंशर अवॉर्ड से सम्मानित किया गया। *वशिष्ठ प्राणायाम* को आधुनिक युग में उनकी बड़ी देन के रूप में देखा जा रहा है। प्राचीन सनातन योग को वास्तविक स्वरूप में प्रकट करने के लिए उन्होंने हाल ही में *योगबली* नाम से एक राष्ट्रीय मुहिम की शुरुआत की है।

योग संजीवनी

ऐसी साधना जो हीलिंग व प्राणिक ऊर्जा बढ़ाए और आपको रखे

स्ट्रेस-फ्री !

योगगुरु धीरज

हिन्द पॉकेट बुक्स
पेंगुइन रैंडम हाउस इम्प्रिंट

हिंद पॉकेट बुक्स

यूएसए। कनाडा। यूके। आयरलैंड। ऑस्ट्रेलिया। सिंगापुर
न्यू ज़ीलैंड। भारत। दक्षिण अफ्रीका। चीन

हिन्द पॉकेट बुक्स, पेंगुइन रैंडम हाउस ग्रुप ऑफ़ कम्पनीज़ का हिस्सा है,
जिसका पता global.penguinrandomhouse.com पर मिलेगा

पेंगुइन रैंडम हाउस इंडिया प्रा. लि.,
चौथी मंजिल, कैपिटल टावर 1, एमजी रोड,
गुरुग्राम 122002, हरियाणा, भारत

पेंगुइन
रैंडम हाउस
इंडिया

प्रथम हिंदी संस्करण *योग संजीवनी* हिंद पॉकेट बुक्स में
पेंगुइन रैंडम हाउस द्वारा 2021 में प्रकाशित

10 9 8 7 6 5 4 3 2

इस पुस्तक में व्यक्त विचार लेखक के अपने हैं, जिनका यथासंभव तथ्यात्मक सत्यापन किया गया है, और इस संबंध में प्रकाशक एवं सहयोगी प्रकाशक किसी भी रूप में उत्तरदायी नहीं हैं।

ISBN 9789353497989

टाइपसेटिंग : डीजीअल्ट्राबुक्स प्रा.लि., नई दिल्ली

मुद्रकः रेप्रो इंडिया लिमिटेड

www.penguin.co.in

FSC www.fsc.org MIX Paper from responsible sources FSC® C047271

This is a legitimate digitally printed version of the book and therefore might not have certain extra finishing on the cover.

विषय-सूची

भूमिका xvii

अध्याय 1 अष्टांग और हठयोग साधना
भ्रम से ब्रह्म की ओर 1

अध्याय 2 हनुमान की गुरु दक्षिणा
सूर्य नमस्कार के जन्म की कहानी, लाभ और सावधानियाँ 7

अध्याय 3 सूर्य नमस्कार
सही विधि, आसन स्थिति और आम गलतियाँ 15

अध्याय 4 आसन के सूत्र
स्थिति और सिद्धि 29

अध्याय 5 ब्रह्मणा, लंघणा का प्राण सूत्र
आसन में सांस का अनूठा नियम 37

अध्याय 6 प्रकृति, बीमारी और योगासन क्रम
आसनों का वर्गीकरण 45

अध्याय 7 आसन में अलाइन्मेंट का असर
खोलें शरीर में प्राण के द्वार 67

अध्याय 8 दस आधारभूत आसन
कम वक्त, संपूर्ण सेहत 73

अध्याय 9 प्रतिक्रिया आसन की ज़रूरत
शक्ति का संतुलन 87

अध्याय 10 प्राणायाम और बंध

शास्त्र की क्या है परम सीख? 97

अध्याय 11 प्राण का संपूर्ण आयाम

दस मुख्य प्राणायाम 111

अध्याय 12 पंच प्राण, साधना और योग चिकित्सा

प्राण है शरीर की दवा 133

अध्याय 13 सूर्य और चंद्र नाड़ी

सेहत और बीमारी का सारा खेल 143

अध्याय 14 शवासन

मरो हे जोगी मरो, मरो मरण है मीठा 153

अध्याय 15 सहज ध्यान

कहीं भी, कभी भी 161

अध्याय 16 कुण्डलिनी योग

चक्र जागरण और व्यक्तित्व विकास 169

अध्याय 17 योग की स्व-साधना

कैसे करें तैयार ख़ुद का योगक्रम? 179

भूमिका

यह बात 2009 की है। न्यूज़ रूम की चमकती लाइट हर तरफ फैली हुई थी। रात्रि के आखिरी प्रहर में की-बोर्ड की 'कट-कट, कट-कट' चलने की आवाज़ आ रही थी। न्यूज़ रूम के अंडाकार एरिया में मैं सुबह के बुलेटिन के रनडाउन को लेकर सोचनीय मुद्रा में था। मुझे नाइट शिफ्ट पसंद नहीं था, लेकिन इसबार मैंने खुद उसकी पैरवी की थी। रनडाउन प्रोड्यूसर को दिन की भागती-हांफती खबरों की तुलना में रात्रि में सुकून रहता है। लेकिन सुकून के बीच सोच ने प्रवेश किया और ये एहसास दिलाया कि ज़िंदगी जैसे एक रूटीन बन गई है। न्यूज़ इंडस्ट्री में सब कुछ था, लेकिन जीवन अपनी त्वरा में जैसे प्रकट नहीं हो रहा था। नियति जैसे कहीं ओर ले जाना चाहती थी। खबरों की मैराथन दौड़ मुझे ख़ुद की ख़बर लेने को झकझोर रही थी। अगले कुछ दिनों में न्यूज़ रूम को अलविदा कह मैंने जॉब से इस्तीफ़ा दे दिया।

अप्रैल, 2005 में आईआईएमसी से टीवी-रेडियो पत्रकारिता में डिप्लोमा करने के बाद मैंने कभी सोचा नहीं था कि मेरे अंदर के पत्रकार को नियति योग की ओर अग्रसर करने वाली है। एक दिन अचानक मुझे दिल्ली के एक योग स्टूडियो में जाने का मौका मिला। वहाँ के बेसिक क्लास का कोर्स सप्ताह में तीन दिनों का था, अभ्यास की शुरुआत हो चुकी थी। हालाँकि जब मैं घर आता तो लगता कि अंदर की कुछ और भी पुकार है जिसे मैं समझ नहीं पा रहा था। इस पुकार ने मुझे एक दिन *योग वशिष्ठ* ग्रंथ की तरफ मोड़ दिया। अध्ययन आगे बढ़ा तो लगा, जीवन में कितना कुछ जीने जैसा है, जिसे छोड़ मैं भटकता रहा। हर दिन दो चीजें साथ-साथ चल रही थी- साधना और *योग वशिष्ठ* का स्वाध्याय। आगे मानो स्वयं गुरु वशिष्ठ साक्षात दिव्य ज्ञान को खोल रहें थे, मैं भाव-भिवोर था। एक ओर जहाँ प्राचीन सनातन ज्ञान दिव्यता की अनुभूति करा रहा था, दूसरी ओर ऐसा स्पष्ट दिख रहा था योग के नाम पर दावों का मायाजाल बुना जा रहा है। ऐसा लगा कि कहीं योग का हाल तंत्र जैसा तो नहीं हो जाएगा ?

तनूदेशे शून्यतैव क्षणमात्रं विभावयेत्।
निर्विकल्पं निर्विकल्पो निर्विकल्पस्वरूपभाक् ॥

यदि कोई शरीर को शून्य के रूप में, एक क्षण के लिए भी, मन को विचार से मुक्त करके एकाग्र करता है, तो व्यक्ति विचारहीनता को प्राप्त कर लेता है और वास्तविक रूप से शून्य (आत्मतत्व या चैतन्य) का रूप धारण कर लेता है

- विज्ञान भैरव तंत्र, श्लोक 46

इस श्लोक में तंत्र की श्रेष्ठतम साधना की सुगंध है। इसके भाव में योग के प्राचीन दर्शन व अभ्यास साधना दोनों की झलक है। लेकिन तंत्र संदेहास्पद बन गया और तांत्रिक उपहास का शब्द।

मौजूदा वक्त में योग बहुत ज़्यादा ही प्रसिद्ध हो रहा है। लेकिन जो योग आज फैल रहा है उसमें ऋषि-मुनियों की परंपरा कम पश्चिमी देशों के वर्कआउट, महज शरीर की कैलोरी ऊर्जा को जलाने और वजन घटाने वाली प्रणाली ज़्यादा प्रकट हो रही है।

योग का पूरा दर्शन इस दौड़ में बिखरता-टूटता और कहीं सिसकता दिखाई दे रहा है, लेकिन कोई कुछ कर नहीं रहा। कई लोग योग की इन नई मिलावट के ख़तरे को देख पा रहें हैं, लेकिन कोई कुछ कर नहीं रहा! पतंजलि के योगसूत्र को तोते की तरह रट लेने वाली हमारी क्षमता, पतंजलि को जीने की तत्परता में नहीं बदल पा रही! योग अगर घर-घर पहुंच ही गया तो जीवन की सामान्य शारीरिक-मानसिक परेशानियों में हम क्यों फँसे दिख रहें हैं?

ऐसे अनगिनत सवाल साथ-साथ चल रहे थे। मुझे एक दिन उनके जवाब मिल गए। हर दिन रात्रि में सोने से पहले मैं गीता का पाँच श्लोक पढ़ लिया करता था। उस दिन के श्लोक में श्रीकृष्ण स्वयं मेरे सवाल का जवाब देने मानो मेरे सामने थे:

एवं परम्पराप्राप्तमिमं राजर्षयो विदुः
स कालेनेह महता योगो नष्टः परन्तप

हे परन्तप अर्जुन! इस प्रकार परम्परा से प्राप्त इस योग को राजर्षियों ने जाना, किन्तु बहुत काल बीतने के बाद वह योग- परम्परा (पृथ्वी से) लुप्त हो गयी

– गीता 4.2

गीता में श्रीकृष्ण भी यही बता रहे हैं कि परंपरा से आया ये योग लुप्त हो जाता है और उसे फिर दोबारा गढ़ने की जरुरत होती है, प्रस्तुत करने की ज़रूरत होती है। मौजूदा वक्त में भी योग का नाम तो है,लेकिन उसका सार कहीं लुप्त हो गया है। इसलिए

सनातन योग को फिर से प्रकट करने के संकल्प के साथ मैंने वशिष्ठ योग फाउंडेशन चैरिटेबल ट्रस्ट की स्थापना 4 जुलाई 2011 को की। वशिष्ठ योगाश्रम इस कड़ी को नित्य आगे बढ़ाते हुए लगनशील है। इसी बीच हमने कुछ साल पहले सोशल मीडिया पर भी योग के प्रति वास्तविक जागरुकता को बढ़ाने के लिए योगगुरु धीरज चैनल की शुरुआत भी की। इस चैनल के सब्सक्राइबर्स की संख्या अब लाखों में पहुँच गई है। बड़ी संख्या में हमारे दर्शकों ने हमसे आग्रह किया कि योग के इस ज्ञान को किताब की शक्ल में सरल और साइंटिफिक तरीके से प्रस्तुत किया जाए। हमें हर्ष है कि पेंगुइन रैंडम हाउस (हिंद पॉकेट बुक्स) इसे पुस्तक के रूप में आकार दे प्राचीन योग के प्रकटीकरण में सहयोग कर रहा है। इस किताब के जरिए हमने योग के उन तमाम आयामों को छूने की कोशिश की है जिनका इन दिनों काफी चलन है लेकिन दुर्भाग्य से वास्तविक उद्देश्य व योग विज्ञान से ज़्यादातर मामलों में वो दूर हैं।

योग संजीवनी नाम के पीछे यही दृष्टि है कि प्राचीन योग ज्ञान की ये संजीवनी मूर्छित हुई व्यवस्था, साधना, समाज व व्यक्ति को संपूर्ण जागरण दे। ये किताब उन लोगों के लिए उपयोगी साबित होगी जो योग में प्रवेश ही कर रहें हैं या जो योग सागर की गहराई में गोता लगाना चाहते हैं। ये किताब साधना की सही पद्धति विकसित करने के साथ योग चिकित्सा के गुर भी आपको बताएगी। आप समझ पाएंगे कि विभिन्न बीमारियों में हम किस तरह की योग साधना को विकसित करें। योगाभ्यास चाहे आसन हो, प्राणायाम या फिर ध्यान - उनकी गहरी समझ को विकसित करने के साथ आप सामान्य गलतियों से बच पाने की सीख यहाँ प्राप्त करेंगे। यह किताब योग के शिक्षकों को भी गागर में सागर की अनुभूति देगी। यह उन्हें योग टीचर ट्रेनिंग के एक संकलन की तरह भी नज़र आएगी।

हज़ारों सालों की समय की धारा में योग की कई साधना विधि व पद्धति विकसित हुई। इनमें हठयोग व अष्टांग योग काफी प्रसिद्ध हैं। लेकिन लोगों के अंदर दोनों की समानता व विभिन्नता को लेकर बहुत सवाल है और वे इसका सही उत्तर ढूँढ़ रहे हैं। हठयोग व अष्टांग योग की परंपरा को प्रस्तुत करता पहला अध्याय इसके इर्द-गिर्द की सारी भ्रांतियों को ख़त्म करने में मददगार साबित होगा।

आगे के दो अध्यायों में सूर्य नमस्कार पर चर्चा की गई है। योग के नाम के साथ सूर्य नमस्कार काफी प्रसिद्ध रहा है। लेकिन प्रसिद्धि के साथ सूर्य नमस्कार के साथ खिलवाड़ भी बहुत हुआ। कहीं वेट लॉस के नाम पर जल्दी-जल्दी सूर्य नमस्कार का चलन बढ़ा तो कहीं पावर योग के नाम पर 108 की मैराथन सूर्य नमस्कार की व्यायाम प्रणाली ने जोर पकड़ा। इन दो अध्यायों में हम समझेंगे कि आखिर सूर्य नमस्कार की खोज क्यों

और कब हुई। इसके इतिहास के साथ सूर्य नमस्कार की सही विधि, हर आसन की प्रामाणिक स्थिति और सांसों के साथ तालमेल के इसके वैज्ञानिक व ध्यानात्मक प्रारूपों को इन अध्यायों में प्रकट किया गया है।

योगासन को लेकर किताब में कुछ छह अध्याय रखे गए हैं। हर अध्याय योगासन की बारीकियों व विज्ञान को प्रकट करता है। ऐसे कई सारे आसन हैं जिनमें सांस लेने के तौर-तरीके अलग होते हैं। इन अध्यायों में एक फॉर्मूला (जिसे हमने *ब्रह्मणा* व *लंघणा* नाम दिया है) के ज़रिए आपको याद रखने की ज़रूरत नहीं पड़ेगी कि कब आसन के दौरान सांस लेनी है और कब छोड़नी है। यह फॉर्मूला आसन अभ्यास की इस बड़ी समस्या को हल कर देगा।

अगला अध्याय बताता है कि हर आसन कैसे हमारे स्वभाव के साथ जुड़ा हुआ है। हम अपने व्यक्तित्व या नेचर को समझते हुए कैसे ख़ुद तय करें कि कौन-सा आसन हमें करना चाहिए और कब करना चाहिए। इस पुस्तक में अलग-अलग तरह की मानवीय प्रकृति के हिसाब से पाँच-पाँच आसनों का एक योगक्रम भी बनाया गया है ताकि पाठक कम से कम इन पाँच के साथ अपनी प्रकृति को समझते हुए साधना को गढ़ सकें।

किताब का अगला अध्याय आसन करने की सही एलाइन्मेंट की सीख देता है।दरअसल हर आसन की एक ज्योमेट्रीक स्थिति होती है। हम इस स्थिति को आसन में प्राप्त कर लें तो कोई भी आसन आसान, ज़्यादा लाभदायी और शरीर में प्राण के प्रवाह को ज़्यादा व्यवस्थित कर हमें सेहतमंद बनाए रख सकता है। ज़्यादातर लोग योगासन तो कर रहें हैं लेकिन गलत स्थिति उन्हें लाभ देने की बजाए नई परेशानी ही खड़ी कर रहा है। आसन की इन नवीन वैज्ञानिक सीख के साथ बिना किसी योगगुरु के ही हमारे पाठक अपनी आसन स्थिति को बड़ी आसानी से समझ कर पाएंगे। इन समझ के साथ किताब अगले दो अध्यायों में दस आधारभूत आसनों का ढ़ांचा तैयार करती है। साथ ही आसन के साथ प्रतिक्रिया आसन यानी काउंटर आसन की समझ को भी इसमें संयोजा गया है।

जैसा कि स्पष्ट है, प्राणायाम दो शाब्दिक शब्द से मिलकर बना है - प्राण और आयाम।यानी सांस की स्वाभाविक स्थिति को साधना के जरिए विस्तार या नियंत्रित कर इसे ज़्यादा जीवन दायिनी बनाना। लेकिन सांसों के प्रति द्रष्टा होने की साधना के उलट आज ये ब्रीदिंग एक्सरसाइज़ बनकर रह गई है। ऋषि-मुनियों ने लंबी गहरी व धीमी सांस की वकालत शास्त्रों में की है। जबकि वर्तमान में कपालभाति व भस्त्रिका

जैसी तेज़ सांस लेने की श्वसन क्रिया को प्राणायाम कह कर प्रस्तुत किया जा रहा है। ये बात आमलोगों को भी समझ में आने योग्य है कि लंबी गहरी सांस की जगह जल्दी सांस लेने से कभी भी ज़्यादा ऑक्सीजन या प्राण हमारे अंदर प्रवेश नहीं कर सकता! बीमारी, भय, डर इत्यादि अवस्था में ये बात आमलोग भी महसूस करते हैं कि सांस गति तेज़ हो जाती है, तो ऐसे में भला प्राणायाम के नाम पर सांस की तेज़ गति कर हमें अमृत की प्राप्ति कैसे होगी? इसके उलट, क्या ये हमारे अंदर बीमारी, भय व दूसरी परेशानी नहीं पैदा करेगी? प्राणायाम को समर्पित इन अध्यायों में इस तरह की भ्रांतियों को मिटाने का प्रयास किया गया है। साथ ही पाठकों को दस मुख्य प्राणायाम व दो श्वसन क्रिया की जानकारी, उनके लाभ व उनकी सही-सही विधियों की जानकारी यहाँ प्राप्त होगी।

योग की साधना व चिकित्सा में नाड़ियों की महत्वपूर्ण चर्चा है। सूर्यनाड़ी व चंद्रनाड़ी इनमें से दो महत्वपूर्ण नाड़ी हैं। इन नाड़ियों की समझ, इसके पीछे का आधुनिक वैज्ञानिक महत्व और साधना में इसकी उपयोगिता को अगले अध्याय में पेश किया गया है। इससे आपको समझने में आसानी होगी कि कि क्यों हमारे ऋषियों ने योगासन को वर्कआउट जैसा बनाकर पेश नहीं किया। क्यों हमारे शास्त्रों ने धीमी लंबी गहरी सांस को रूपांतरण की कीमिया कहा था। क्यों शरीर को कैलोरी बर्निंग के नाम पर सताना, ज़्यादा मेहनत कराना खतरनाक हो सकता है। कैसे सूर्य व चंद्रनाड़ी का असंतुलन हमें बीमारी व अस्वस्थता की ओर ले चलता है।

अगला अध्यान योग में विश्राम की कला और ध्यान की बारीकियों को पेश करता है। ध्यान को लेकर भी मौजूदा वक्त में बहुत सी भ्रांतियां पैदा हुई है। शास्त्र के अवलोकन में ध्यान क्या है और क्या उसकी कोई विधि है या वो एक अवस्था है, इसपर गहन समझ विकसित करने की कोशिश की गई है। इसी तरह मौजूदा वक्त में कुण्डलिनी योग को लेकर भ्रम व डर की मानसिकता से परे चक्र जागरण की ज़्यादा व्यावहारिक पक्ष को सामने लाता एक अध्याय है। चक्र जागरण का हमारे व्यक्तित्व विकास में क्या भूमिका है? कैसे हर चक्र हमारे व्यक्तित्व को एक अलग आयाम में गढ़ता है– इन सबकी पड़ताल व साधना पद्धति को इस अध्याय में बताया गया है। कुण्डलिनी के इर्द गिर्द रहस्य व भ्रम के जाल बुनने के बजाए ये अध्याय सीधे आपके गढ़न में कुण्डलिनी योग के योगदान को प्रकट करता है।

आखिर में जब योग से संबंधित सभी तरह की समझ के साथ आप एकाकार हो जाएँ तो आपके खुद के लिए योगक्रम गढ़ने का तरीका भी इस पुस्तक में विकसित किया

गया है। इस समझ के साथ आप अपने दैनिक जीवन की जरुरतों, अपनी शारीरिक व मानसिक चुनौतियों के हिसाब से अपनी डेली योग प्रैक्टिस को गढ़ पाएंगे।

हमें उम्मीद है प्राचीन सनातन ज्ञान के सागर को वास्तविक स्वरूप में गागर में प्रकट करने की हमारी कोशिश को इस किताब के रूप में पाठक ज़रूर सराहेंगे। वशिष्ठ योगाश्रम ने कोरोना काल के शुरुआत में *योगबली* नाम से एक मुहिम भी छेड़ी है। *योगबली* के हजारों साधक कार्यकर्ताओं का एक ही संकल्प है कि प्राचीन सनातन योग अपने वास्तविक स्वरूप में घर-घर, गली-गली पहुँचे। *योगबली* की इस दिव्य मुहिम के साथ ही आपकी ये किताब अब आपके हाथों में है। कोरोना महामारी की दो बड़ी सीख हमारे सामने है। एक सेहतमंद व मानसिक रूप से संबल इंसान ही हर स्थिति में सर्वाइव कर पाएगा। दूसरा, जब हम कोरोना में घरों में बंद हो गए तो यही योग हमारी सुरक्षा का कवच बन हमारे सामने प्रकट हुआ। अब हमारा दायित्व है कि ऋषियों मुनियों की दी गई इस विरासत को हम सही तरीके से उसके वास्तविक स्वरूप में जन-जन तक पहुँचाएँ। हम सभी पाठक न सिर्फ इस किताब को पढ़ें, बल्कि इस समझ को नित्य साधना में भी उतारे।

इस भूमिका और सारे अध्यायों को मिलाकर ये किताब गीता की तरह योग के 18 अध्यायों का प्रकटीकरण है। आखिर में प्राचीन सनातन योग को वास्तविक स्वरूप में प्रकट करने की हमारी पहल को पुस्तक रूप में आने का अवसर देने के लिए वशिष्ठ योगाश्रम पेंगुइन प्रकाशन व इसकी पब्लिशर, इंडियन लैंग्वेजेज़, वैशाली माथुर के प्रति अपना आभार प्रकट करता है। इस पुस्तक के कुशल व सूक्ष्म संपादन के लिए मैं पेंगुइन(हिंद पॉकेट बुक्स) के कमिश्निंग एडिटर सुशांत झा का भी आभारी हूँ। व्यक्तिगत तल पर इस किताब के गढ़न में चर्चा के तल पर सहयोग देने वाली मुंबई से हमारी साधिका व होमियोपैथ चिकित्सक ऊषा साहू जी का मैं हृदय से आभार व्यक्त करता हूँ। किताब में मौजूद तस्वीर के लिए फोटोग्राफर राजू भाई व यौगिक तस्वीर में सहायता करने वाले योगी नीरज वशिष्ठ जी का खूब आभार व्यक्त करता हूं। किताब के ग्राफिक्स में सहयोग देने के लिए साधक राहुल का भी सहृदय धन्यवाद।

यह पुस्तक व हमारे गुरु भगवान वशिष्ठ व पुरुषोत्तम भगवान राम के श्री चरण कमलों को समर्पित है। यह पुस्तक उन सभी साधकों व योगप्रेमियों को भी समर्पित है जो प्राचीन सनातन योग की पवित्र गंगा को अविचल प्रवाहवान बनाए रखने को लेकर कृत-संकल्प हैं।

मेरी मां सीतारानी मिश्रा व पिता श्रीराम नारायण मिश्र जी के आशीर्वाद से ही ये कार्य संपन्न हुआ।

योग गुरु धीरज
वशिष्ठ योगाश्रम, अहमदाबाद
मई, 2021

अध्याय 1

अष्टांग और हठयोग साधना

भ्रम से ब्रह्म की ओर

ऋग्वेद का बहुत प्रसिद्ध वचन है 'एकं सद् विप्रा बहुधा वदन्ति' यानी सत्य एक है, विद्वान उसे कई तरह से कहते हैं। कहने का अभिप्राय यह है कि मंजिल तो एक ही है, लेकिन उस तक पहुँचने के मार्ग अलग-अलग हो सकते हैं। योग अगर मंजिल है तो वहाँ तक पहुँचने के भी कई मार्ग हो सकते हैं। मार्गों की इसी भिन्नता की वजह से कभी-कभी योग को हम कई नामों से पुकारते हैं और उसमें भिन्नता पाते हैं। ज्ञानयोग, भक्तियोग, कर्मयोग, हठयोग, अष्टांग योग, कुण्डलिनी योग और दूसरे कई आधुनिक प्रचलित नाम ऐसे ही हैं। योग को आप किसी भी नाम या परिभाषा से जानें, लेकिन उसका मकसद एक ही है - स्वयं के वास्तविक चैतन्य स्वरुप के साथ एकाकार होना।

योग का इतिहास काफी प्राचीन है। स्वयं योगेश्वर श्रीकृष्ण गीता में अर्जुन को कहते हैं - 'यह योग जो तुम्हें मैं कह रहा हूं, वो कई बार कहा गया, फिर लुप्त हुआ और फिर प्रकट हुआ'। समय की धारा के साथ योग परंपरा आगे बढ़ती चली गई। मौजूदा दौर आते-आते योग की दो धारा सबसे ज़्यादा प्रसिद्ध हुई - अष्टांग योग और हठयोग। पश्चिमी देशों में भी ये दो बहुत लोकप्रिय है। प्रसिद्धि के साथ-साथ दोनों साधना पद्धति को लेकर कई तरह के भ्रम भी पैदा हुए। आज के योग साधक दोनों के बारे में बातें करते दिख जाते हैं, लेकिन इनके बीच के मूलतत्व को लेकर असमंजस की स्थिति उनके अंदर स्पष्ट देखी जा सकती है। ये अध्याय अष्टांग योग और हठयोग की समझ को गहरी करने के मकसद से ही तैयार किया गया है।

अष्टांग योग – मुक्ति के आठ द्वार

महर्षि पतंजलि के समय तक योग पर बहुत कुछ कहा-सुना जा चुका था, बहुत कुछ गढ़ा जा चुका था। इस विषय में बड़े-बड़े ग्रंथ, दर्शन और साधना आकार ले चुके थे। ऐसे में, महर्षि पतंजलि को लगा कि अब एक और ग्रंथ की नहीं बल्कि योग के सार-

संग्रह की आवश्यकता है। गागर में सागर को समाने की ज़रूरत है। इस विशाल योग वटवृक्ष को बीज रूप में प्रकट करने या बोने की ज़रूरत है। बहुत विस्तार ले चुके योग दर्शन को पतंजलि ने व्यवस्थित साँचे में प्रस्तुत करने का प्रण लिया, और फिर योगसूत्र में उन्होंने अष्टांग योग की अवधारणा कुछ इस तरह से प्रकट की :

यमनियमासनप्राणायामप्रत्याहारधारणाध्यानसमाधयोऽष्टावङ्गानि

-योगसूत्र-2/29

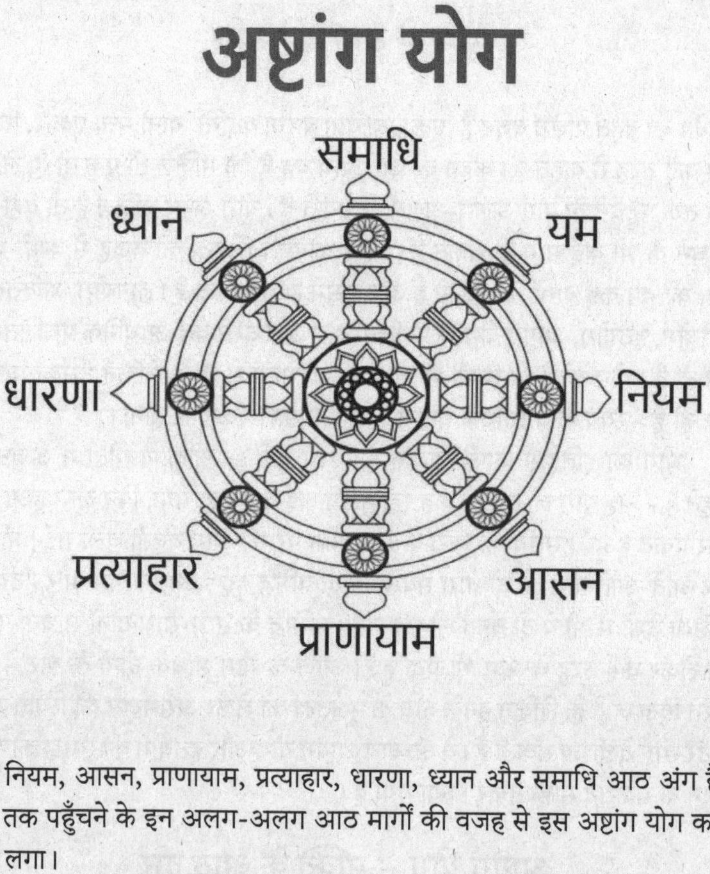

यम, नियम, आसन, प्राणायाम, प्रत्याहार, धारणा, ध्यान और समाधि आठ अंग हैं। योग तक पहुँचने के इन अलग-अलग आठ मार्गों की वजह से इस अष्टांग योग कहा जाने लगा।

अष्टांग योग में प्रवेश करने से पहले एक दो बातें और समझ लेने की आवश्यकता है। पहली बात, किसी भी बात या सिद्धांत को जब आप वाचन में प्रकट करते हैं या कहने का प्रयास करते हैं तो वो अपने आप मानो एक क्रम या ऑर्डर में प्रस्तुत होने लगती है। फिर सुनने वाले को लगता है कि इस क्रम में ही हमें इसे अपनाना या समझना

है। योगसूत्र के अष्टांग योग के साथ यही हुआ। इसे पढ़कर, बड़े-बड़े विद्वानों ने कहना शुरू कर दिया कि अष्टांग योग की साधना इसी ऑर्डर या क्रम में की जानी चाहिए। ऐसा कहा जाने लगा कि एक के बाद एक क्रम को हासिल कर ही हम परम लक्ष्य यानी आठवें अंग 'समाधि' के स्वाद को चख पाएँगें। कोई साधक आसन अभ्यास करता है तो कई लोग तंज कसते नज़र आते हैं कि *यम-नियम* साधे बिना आसन कैसे साधा जा सकता है ? अगर हम अष्टांग योग को एक क्रम में न देख, हर अंग को अपनी संपूर्णता में देखें, जैसा कि वास्तविकता में वो है, तो ये सवाल ज़रूरी नहीं जान पड़ेगा।

कहीं-कहीं बड़े-बड़े संस्थान और गुरु प्राणायाम की शिक्षा सालों तक नहीं देते, जब तक आसन पर साधक का नियंत्रण पूरी तरह से न हो जाए। ऐसे में, साधक सालों साल तक प्राणायाम के लाभ से वंचित रह जाते हैं। कुछ योगीजनों - विद्वानों ने तो योग के इन आठ अंगों में भी बँटवारा कर दिया है। यम, नियम, आसन, प्राणायाम और प्रत्याहार को बहिरंग (बाहरी) साधना, तो ध्यान, धारणा और समाधि को अंतरंग (आंतरिक) साधना के रूप में बाँटा गया। ये बँटवारा गैर-ज़रूरी और महर्षि पतंजलि की दृष्टि को न समझने की मानसिकता को ही दर्शाता है। दसअसल, हमारा बँटा हुआ मन अष्टांग योग को सम्पूर्णता में नहीं समझ पा रहा है। खंड-खंड में बँटा अष्टांग योग हमारे अंदर अखंड का जन्म नहीं दे पाएगा। बहिरंग-अंतरंग साधना का यह द्वैत भाव हमारे अंदर योग के अद्वैत उद्देश्य की प्राप्ति में सहायक नहीं होगा। महर्षि पतंजलि ने जब इसे लिखा तो यह एक क्रम में प्रकट हुआ, लेकिन वस्तुत: यह क्रम में नहीं बल्कि एक वर्तुल यानी सर्कल में है। परिधि से केंद्र तक पहुंचना हो तो कहीं से भी शुरुआत की जा सकती है। अष्टांग योग का एक-एक अंग पूर्ण है और किसी भी अंग को पकड़कर हम अपने केंद्र तक पहुँच सकते हैं। इस केंद्र तक पहुँचना ही योग है, स्वयं से मिलन है। आधुनिक समय में ही रामकृष्ण परमहंस को हमने देखा, वो कोई आसन, प्राणायाम के साधक नहीं थे, लेकिन योगस्थ-समाधिस्थ ज़रूर थे। उनमें चित्त की वृत्तियां समाप्त थी और योग तत्व पूर्णता में खिला हुआ था। ख्याल रहे, इससे हम यह अभिप्राय न निकालें कि आसन-प्राणायाम की उपयोगिता नहीं है। योग, तन-मन-सांस-आत्मतत्व को अलग-अलग रूप से नहीं देखता, बल्कि वो इन सबों के बीच एक मिलन को जानता है, इसलिए योग की पूर्ण खिलाहट के मायने यह हैं कि इन सभी तलों में खिलाहट हो, न कि किसी एक तल में।

अष्टांग योग को वर्तुल (सर्कल) में पेश करने का यहाँ उद्देश्य यह बताना है कि सर्कल का केंद्र आप स्वयं हैं और ये आठ अंग अलग-अलग द्वार हैं, स्वयं तक पहुँचने के। यहाँ स्वयं से तात्पर्य अपने वास्तविक शुद्ध चैतन्य स्वरूप से है। यम-नियम हो या आसन-प्राणायाम या हो फिर धारणा-ध्यान, हर अंग अगर आपके जीवन में अपनी पूर्णता से प्रकट हुआ तो आप योग की समाधि स्थिति को महसूस कर पाएँगें। इस पुस्तक के अगले अध्यायों में हम आसन, प्राणायाम जैसे अंगों पर विस्तार से चर्चा कर

समझ सकेंगे कि अपने-आप में ये अंग भी कैसे संपूर्ण हैं और महर्षि पतंजलि इसे ही योगस्थ होने की स्थिति बताते हैं। योग बहुत प्रैक्टिकल है, व्यवहारिक है। किताबों से परे जितना हम एक-एक अंग को जीवन में उतारेंगें उतना ज़्यादा ही उसके मोती को हम समझ पाएँगें, उतना ही अपने होने को हम गढ पाएँगें। इससे ख़ुद के प्रति हमारी सजगता बढ़ेगी, साक्षी हमारे जीवन का सत्य होगा और साधना का हर सोपान हमें समाधि के शिखर तक पहुंचा देगा।

हठयोग : क्या साधना के नाम पर है खुद से जबर्दस्ती ?

गंगा जैसे गंगोत्री से निकली और गंगासागर तक आते-आते आज मैली हो गई है, कुछ वैसा ही हाल पुरातन हठयोग का आज आधुनिक समय में हो गया है। हठयोग को समझने में आज जितनी नादानी हुई है, शायद ही योग के किसी दूसरे हिस्से को समझने में हुई हो। हठयोग साधना की गरिमा को कुचलकर, उस भाव को प्रकट किया गया, जो ना तो योग का दर्शन हो सकता है, ना ही उसका आदर्श। हठयोग परंपरा यथार्थ और भाव से कोसों दूर कही भटकाव का शिकार हो गया। आज हठयोग का अभिप्राय ज़ोर-जबरदस्ती की प्रक्रिया से लिया जा रहा है। 'हठ' शब्द को हिंदी का हठ समझ लिया गया, जिसका मतलब होता है जोर-जबरदस्ती और इस अर्थ ने हठयोग के दर्शन को पूरा शीर्षासन में ला खड़ा किया। शरीर को किसी असहज अवस्था में ले आना, नाक से पानी निकाल देना और दूसरी अलग-सी दिखने वाली शारीरिक भाव-भंगिमा को ही हम हठयोग मान बैठे हैं।

नहीं, हठयोग कोई जबरदस्ती, कोई विचित्र शारीरिक गढ़न की प्रक्रिया नहीं है। हठ दो वर्णमाला से बना है - ह और ठ, यहाँ **'ह'** का अभिप्राय सूर्यनाड़ी से है और **'ठ'** का अभिप्राय चंद्रनाड़ी से। वहीं योग का मतलब संतुलन से है, जैसा कि हमने पीछे भूमिका में भी समझा है। इस तरह से देखें तो, हठयोग का तात्पर्य है- सूर्य और चंद्रनाड़ी के बीच संतुलन। अब भला सूर्य और चंद्रनाड़ी के बीच संतुलन के क्या मायने हैं ? सूर्यनाड़ी हमारे अंदर की क्रियाशीलता, उमंग, उत्तेजना, पुरुष तत्व को प्रकट करती है। वहीं चंद्रनाड़ी हमारे अंदर की शांति, विनम्रता, शीतलता और स्त्रैण तत्वों को प्रकट करती है। इन दोनों तत्वों की बराबर-बराबर मौजूदगी हमारे व्यक्तित्व में होना चाहिए। यही वजह है कि हमने आदि योगी शिव को अर्धनारीश्वर रूप में दिखाया, यानी वो आधे स्त्री (चंद्रनाड़ी) और आधे पुरुष (सूर्यनाड़ी) का सम्मिश्रण हैं।

सूर्यनाड़ी और चंद्रनाड़ी के बारे में विस्तार से विमर्श हम आगे के अध्याय में करेंगें, लेकिन यहाँ हठयोग को समझने के लिए थोड़ी और दृष्टि इन नाड़ियों पर फिलहाल डालने की आवश्यकता है।

जीवन में प्राप्ति के लिए, उमंग के लिए सूर्यनाड़ी का होना जरुरी है, अन्यथा हम अकर्मण्य हो जाएंगें, लेकिन ज़्यादा सूर्यनाड़ी हमे ज़्यादा उत्साही और हड़बड़ाहट से भरा इंसान बना देगी। ऐसे में हम, तनाव, गुस्सा, चिड़चिड़ाहट जैसे अवगुणों से ग्रसित हो जाएंगें।

यह तो हम सभी मानते हैं कि जीवन को शांत और शिथिल रखना जरुरी है, ख़ासकर आज के समय में। रिलैक्स होने से ही हम रिपेयर हो पाते हैं यानी हमारी आंतरिक मरम्मत तभी निखरती है जब हम आराम करते हैं। यानी चंद्रनाड़ी की बराबर मौजूदगी। वहीं, ज़्यादा चंद्रनाड़ी हमें आलसी बना सकती है और डिप्रेशन में भी डाल सकती है। हठयोग इन दोनों के बीच संतुलन की परम अवस्था है।

हठयोग में आसन एक महत्वपूर्ण अंग है। शुरुआत में आसन अभ्यास एक प्रयत्न होता है और हर प्रयत्न सूर्यनाड़ी के साथ ही मुमकिन है। आसन में जब हम होते हैं तो चुनौती बढ़ने लगती है, तन-सांस अपनी सीमा का एहसास कराने लगते हैं, ये सूर्यनाड़ी की सीमा को दर्शाने लगता है। आसन के इस प्रयत्न की अवस्था में हम जब शांत रहने को कोशिश करते हैं, साक्षी भाव से साधनारत होने लगते हैं तो ठीक उसी समय हम चंद्र को भी एक्टिव करने लग जाते हैं। शुरुआत में आसन की महज एक स्थिति हम जान पाते हैं फिर अभ्यास से प्रयत्न के साथ विश्राम भी आने लगता है यानी सूर्य के साथ चंद्र। प्रयत्न के साथ विश्राम का समावेश होने का हुनर ही हठयोग साधना है।

साधना का ये अभ्यास दैनिक जीवन यानी दुनियादारी में, हमारे व्यवहार में और दूसरे तल पर भी दिखने लगता है। हम दुनियादारी में एक प्रयत्न में होते हैं, लगातार यह प्रयत्न हमें तनाव से भर देता है, तन-मन थक जाता है और हम बीमार होने लगते हैं। हठयोग का ये अभ्यास हमें यहां भी प्रयत्न के बीच शांत होने की सीख देता है। दुनियादारी में भी हम एक्शन में रिलैक्सेशन कर पाते हैं। योग का ये अभ्यास हमें जिंदगी की भागदौड़ में भी शांत रहने का गुर सिखाता है और यही हठयोग का ध्येय है।

भगवान शिव के सिर पर चांद प्रतीक है मस्तिष्क की शांति का। भगवान विष्णु को हम इसी हठयोग की परम अवस्था के रूप में तस्वीरों-मूर्तियों में दिखाते आएं हैं। विष्णु भगवान जगत के पालनहार हैं। साफ है पूरी दुनिया को चलाने का तनाव भी उन्हें रहता होगा। हम भी कुछ कार्य करते हैं तो तनाव होता है। इस तनाव को शेषनाग की शय्या और सिर के ऊपर फन के रूप में अभिव्यक्त किया गया है। क्षीर सागर का विस्तार संकेत देता है कि वो कर्म के इस विस्तार से भाग नहीं सकते। हम भी अपने कर्तव्य को छोड़कर दुनियादारी से भाग नहीं सकते। विष्णु पुराण कहता है कि भगवान योगनिंद्रा में रहते हैं यानी योग की रिलैक्स होने की तकनीक यानी चंद्रनाड़ी को एक्टिव करने की व्यवस्था। फिर आखिरी बात यह है कि भगवान विष्णु के चरण को माँ लक्ष्मी दबा रही हैं यानी लक्ष्मी ने उनको पूर्णत: स्वीकार कर लिया है। दुनिया चलाने के तनाव (ज़्यादा

सूर्यनाड़ी) के बावजूद योग तकनीक के जरिए विष्णु जी रिलैक्स (चंद्रनाड़ी) रहते हैं, इसलिए लक्ष्मी उनकी है।

ठीक उसी तरह हम भी अपने-अपने स्थान के विष्णु हैं। अपनी-अपनी दुनिया का कार्य संभालते हैं जो सूर्य को ज़्यादा एक्टिव कर, तनाव देता है। ऐसी स्थिति में हम हठयोग साधना कर विश्राम में होने की कला यानी चंद्र को एक्टिव करने की कला जानते हैं तो हमारा सूर्य-चंद्र संतुलन में होगा और लक्ष्मी यानी धन-यश हमारा आलिंगन करेंगें।

स्पष्ट है कि हठयोग मन की स्थिति को संतुलन में लाने की व्यवस्था है। हठयोग में ठीक-ठीक उतर जाएं तो जीवन और साधना अलग-अलग नहीं लगेंगे। पूरा जीवन ही साधना लगने लगेगा। हर कार्य में आप उस स्थिति में रह पाएँगे जहाँ सूर्य और चंद्र का जोड़ है। हठयोग वो साधना है जो आपके अंदर नारायण होने के भाव को जाग्रत कर सकता है। हठयोग हर उस चिलचिलाते तनाव में शीतलता की बौछार है। हठयोग विपरीत परिस्थितियों में भी चैन की नींद है। हठयोग संसार रूपी चक्रव्यूह में बिना फँसे अर्जुन होने का हुनर है। हठयोग शिवरुपी आत्मतत्व का शक्ति यानी प्रकृति से मिलन है।

सारांश यही है कि मौजूदा वक्त में हम योग को अलग अलग नामों अष्टांग योग, विन्यास योग, हठयोग किसी भी नाम से जानते या पुकारते हो। भले ही दोनों की साधना पद्धति अलग-अलग दिखती हो, लेकिन मकसद एक ही है –स्वयं के चैतन्य स्वरूप से एकाकार होना। भले ही हर घड़ा अलग अलग स्वरुप रंग का हो, लेकिन ख्याल रहे पानी सब में एक ही है।

ॐ

अध्याय 2

हनुमान की गुरु दक्षिणा

सूर्य नमस्कार के जन्म की कहानी, लाभ और सावधानियाँ

योग अभ्यास के साथ सूर्य नमस्कार की चर्चा हमेशा से होती आई है। अपनी खूबियों की वजह से सूर्य नमस्कार काफी प्रसिद्ध रहा। अपनी वास्तविकता से परे वो कई रूपों में प्रकट हुआ। यह 'अंधों के हाथी' की तरह जिनके हिस्से जैसा पड़ा, उन्होंने सूर्य नमस्कार की वैसी व्याख्या कर दी। लेकिन असल सूर्य नमस्कार पूर्णता में बहुत कम प्रकट हुआ। साधकों को ये समझना चाहिए कि सूर्य नमस्कार कोई योग का कर्मकांड नहीं है, कोई फिजिकल एक्सरसाइज-कसरत नहीं है, कोई वर्क-आउट नहीं है, बल्कि कोई वार्म-अप अभ्यास भी नहीं है। सूर्य नमस्कार को समझना है तो इसके इतिहास और इसकी प्राचीनता में जाना होगा, नहीं तो सूर्य नमस्कार के चिकित्सीय गुण और स्वयं की दिव्यता से जुड़ने का अवसर हमारे हाथों से चूक जाएँगे।

वैदिक समय में मंत्र उपासना के जरिए सूर्य को नमन की रीत दिख जाती है। सूर्य को चेतना के स्वरूप के रूप में स्वीकार किया गया। ऐसे में, सूर्य उपासना तमस को दूर कर चैतन्य (स्वप्रकाश आत्म तत्व) की प्राप्ति का साधन बना। कालांतर में इसने योग साधना के अभिन्न अंग के रूप में अपनी उपस्थिति दर्ज की,जिसमें शारीरिक मानसिक और आध्यात्मिक सभी आयाम जुड़ गए। सूर्य नमस्कार का ठीक-ठीक इतिहास बता पाना उतना ही कठिन है, जितना योग की शुरुआत का इतिहास बताना। लेकिन हम कुछ सांकेतिक चीज़ों को अगर समझ लें, तो उससे सूर्य नमस्कार के इतिहास के कुछ अदृश्य पन्ने हमारे सामने प्रकट होने लगेंगें।

सूर्य को हनुमान की नायाब गुरु दक्षिणा

कहा जाता है कि हनुमानजी ने एक बार अपनी माँ अंजनी से पूछा कि मुझे वेद, उपनिषद और सभी साधना की जानकारी लेनी है, सीखनी है। माँ अंजनी ने कहा कि तुम सूर्यदेव को अपना गुरु बनाओ और उनसे ही हर चीज़ हासिल हो सकती है। यहाँ सूर्य से सीखने का अर्थ है समय की धारा के साथ बहना, कहने का अर्थ यह कि समय

के साथ ही सीखने की प्रक्रिया पूरी होती है, समय ही हर तरह की सीख की सबसे ज़रूरी कीमिया है, समय ही सबसे बड़ा गुरु है।

कहते हैं माँ की बात सुन हनुमानजी सूर्य देव की तरफ बढ़ चले। सूर्य के सन्मुख होने पर हनुमान ने उन्हें ज्ञान का दान देने की प्रार्थना की। सूर्य देव ने कहा कि समय पर चलना मेरा काम है। मैं रूक नहीं सकता और बिना रूके आखिर शिक्षा कैसे दी जा सकती है ? हनुमानजी ने तब जवाब दिया कि अगर मैं आपके साथ चलता रहूँ तो क्या आप मुझे शिक्षा प्रदान करेंगे ? सूर्य देव ने कहा तब मुझे कोई आपत्ति नहीं।

अब यहाँ एक और समस्या थी। परंपरा के मुताबिक ज्ञान लेने के वक्त आपको गुरु के सम्मुख होना होता है। अब हनुमानजी अगर सूर्य के पीछे-पीछे चलें तो सम्मुख नहीं हुआ जा सकता था, क्योंकि सूर्य आगे बढ़ रहे हैं। अगर साथ-साथ चलें तो सीखने की मर्यादा के अनुकूल नहीं है, क्योंकि इसमें संवाद की शैली सटीक नहीं बैठती। ऐसे में अब सम्मुख होने का बस एक ही उपाय था कि हनुमानजी को अपनी गति सूर्य से ज़्यादा रखनी थी, साथ ही उन्हें उल्टी दिशा में गति करना था, तभी सम्मुख हुआ जा सकता था, जो कठिन चुनौती थी। शायद तभी से हनुमानजी को पवन पुत्र भी कहा जाने लगा, क्योंकि उनकी जो गति थी वह पवन से भी तेज थी, तभी विपरीत होते हुए भी वो सूर्य से भी ज़्यादा गतिमान हो सकें।

कहते हैं कि इसी दरम्यान, गुरु सूर्य से उन्होंने वेद, उपनिषद और सभी तरह के ज्ञान का अर्जन किया और गुरु दक्षिणा के तौर पर उन्होंने सूर्य के प्रति अपना नमन भेंट किया, उन्हें अपना नमस्कार अर्पित किया। ऐसी मान्यता है कि यहीं से सूर्य नमस्कार की साधना विकसित हुई। गुरु सूर्य को नमन के रूप में सूर्य नमस्कार का सूत्रपात हुआ। यही वजह है कि सूर्य नमस्कार अभ्यास में हम पूर्व दिशा में मुख कर पीछे या उल्टी दिशा की ओर गति देते हैं। सूर्य नमस्कार में पीछे की ओर गति देना संकेत है– हनुमानजी का सूर्य के साथ गति देना, लेकिन उल्टी दिशा में। सूर्य नमस्कार की हर स्थिति पर गौर करें तो उसमें नमस्कार की तैयारी या नमस्कार दिख पड़ता है। हर आसन नमस्कार जैसी स्थिति ही है।

सूर्य नमस्कार की शुरुआत और अंत नमस्कार मुद्रा से होता है। नमस्कार इंगित करता है कि मार्ग हृदय का है, समर्पण का है और जो कृतज्ञ होंगे वही यहाँ उपलब्ध हो पाएँगें। इसकी दूसरी स्थिति में सांसों के तालमेल का साथ, हाथ आकाश की ओर, फिर झुकते हुए धरती की ओर। ये प्रतीक है आकाश तत्व से लेकर धरती तत्व तक जुड़ने से। चौथी स्थिति अंजनी आसन की है जो हनुमान की माता अंजनी को समर्पित है, जिन्होंने पुत्र हनुमान की ज्ञान पिपासा को दिशा दी। कही-कही इसे 'अश्व संचालन आसन' के रूप में भी व्यक्त किया गया है, जो सूर्य के रथ में जुड़े सप्तरंगी घोड़ों के नियंत्रण का प्रतीक है। स्पष्ट है कि सूर्य नमस्कार सिर्फ शारीरिक कसरत नहीं, बल्कि आध्यात्मिक

संवेदना की लहर और आंतरिक पंच तत्वों, पंच प्राणों, पंच शरीर के साथ गहरा जुड़ाव भी है। सूर्य नमस्कार के बिना योग अभ्यास को अधूरा ही कहा जा सकता है। यहाँ तक कि कई महान योग साधकों ने सूर्य नमस्कार को अपने आप में पूरी प्रैक्टिस तक बताया है। दरअसल, योग अभ्यास की बुनियाद ही सूर्य नमस्कार है। शरीर, सांसों और मन के तालमेल से किया जाने वाला ये अभ्यास अपने आप में चलित ध्यान (मूविंग मेडिटेशन) है।

सूर्य नमस्कार : लाभ और सावधानियाँ

यत् ब्रह्माण्डे तत् पिण्डे

जो ब्रह्माण्ड में है, वही पिण्ड अर्थात शरीर में है

योग की हर साधना का यही आधार तत्व है। सूर्य और चंद्र बाहर हैं, तो हमारे अंदर भी मौजूद है। सौर ऊर्जा के तौर पे सूर्यनाड़ी हमारे अंदर उष्मता, तेज, गति इत्यादि को

व्यवस्थित करता है। रात्रि में लगातार कई घंटे सोने की वजह से हम चंद्रनाड़ी के प्रभाव में होते हैं, इसलिए सुबह-सुबह हमें आलस्य या तन्द्रा महसूस होती है, स्फूर्ति नहीं होती। सूर्यनाड़ी हमारे अंदर स्फूर्ति और गति देती है। ऐसे में, प्राचीन काल में सूर्य नमस्कार की साधना इस तरह से निर्मित या विकसित हुई जो हमारे आंतरिक सूर्य को-सूर्यनाड़ी को सक्रिय (एक्टिव) करे और दिन की क्रियाशीलता के लिए हमे ऊर्जा दे। जैसे-जैसे हम सूर्य नमस्कार करते जाते हैं, हमारे अंदर का आलस्य दूर होता जाता और स्फूर्ति आने लगती है। अभ्यास से शरीर का हर पार्ट-पुर्जा सक्रिय हो जाता है, मन एकाग्र, तो विचारों में स्पष्टता दिखती है। कुल मिलाकर हर तरह से सूर्य नमस्कार हमारे तेज़, ऊर्जा, पौरुष, चैतन्यता और दिव्यता का सवेरा है।

हालिया कई शोधों से भी ये बात जाहिर हो चुकी है कि सूर्य नमस्कार के कई शीरीरिक-मानसिक और आध्यात्मिक लाभ हैं। योग की नज़र में सूर्य को चैतन्य का प्रतीक माना गया है। ऐसे में, सूर्य नमस्कार के अभ्यास से मानव प्रकृति के सौर पक्ष के साथ सर्वोच्च चेतना का भी जागरण होता है।

आदित्यस्य नमस्कारं ये कुर्वन्ति दिने दिने
आयुः प्रज्ञा बलं वीर्यं तेजस्तेषां च जायते।

नियमित सूर्य नमस्कार करने से आयु, प्रज्ञा, बल और वीर्य(तेज) में विकास होता है।

सूर्य नमस्कार के अनगिनत फ़ायदे गिनाए जाते हैं, लेकिन ख्याल रहें जैसे सही दवा से सही परिणाम आता है, उसी तरह सही सूर्य नमस्कार ही आपको बेहतरीन लाभ दे सकता है। गलत सूर्य नमस्कार की पद्धति लाभ की जगह कई गैर ज़रूरी दिक्कतें बढ़ा सकती है। सूर्य नमस्कार शरीर के सभी सिस्टम- मस्कूलर(मांसपेशियों) से लेकर कार्डिक सिस्टम(हृदय तंत्र) हो या इम्यून(प्रतिरक्षा तंत्र) से लेकर नर्वस सिस्टम(तंत्रिका तंत्र) सब को दुरस्त रखता है।

सूर्य नमस्कार : संक्षेप में मुख्य दस फायदे

1. सेहत की पूर्ण गारंटी

सूर्य नमस्कार को नियमित दिनचर्या में शामिल कर सही तरीके से किया जाए तो आपके जीवन में सकारात्मक ऊर्जा आएगी। ये हमारे शरीर के सभी बाहरी और आंतरिक अंगों की मालिस और प्राण का संचार कर हमें पूर्ण सेहत का मालिक बनाता है।

2. सुचारु पाचन तंत्र

सूर्य नमस्कार के दौरान पेट के अंगों का खिंचाव (स्ट्रेचिंग) होता है और प्राण का फ्लो(प्रवाह) उस ओर बढ़ता है जिससे पाचन तंत्र सुधरता है। समान और अपान वायु को संतुलित कर ये पेट-उदर संबंधित कई रोगों का नाश करता है। जिन लोगों को कब्ज, अपच या पेट में जलन की शिकायत होती है, उनके लिए हर सुबह खाली पेट सूर्य नमस्कार करना फायदेमंद होगा।

3. पेट की चर्बी को ना-ना

सूर्य नमस्कार से पेट की मांसपेशी भी मजबूत होती है। अगर इन्हें नियमित तौर पर किया जाए, तो यह हमारे मेटाबॉल्जिम यानी हमारे भोजन और हमारे पेय को शरीर द्वारा ऊर्जा में बदलने की प्रक्रिया को सक्रिय (एक्टिव) कर ये पेट की चर्बी को कम करता है,लेकिन हमें ये ख्याल रखना चाहिए कि सही और संतुलित मात्रा में नियमित रूप से ऐसा करने से ही सही परिणाम आएगा।

4. डिटॉक्स करे सिस्टम

सूर्य नमस्कार की गति में सांसों का ख़ास ख्याल रखा जाता है। अलग-अलग आसन एक गति में करने से शरीर में हर तरफ ऑक्सीजन पहुँचता है और गैर ज़रूरी टॉक्सिन या जहरीले पदार्थ हमारे शरीर से बाहर निकलते हैं।

5. दूर रहेगा हर तनाव

सूर्य नमस्कार करने से स्मरण शक्ति बढ़ती है और नर्वस सिस्टम शांत होता है जिससे आपका तनाव दूर रहता है। सूर्य नमस्कार से एंडोक्राइन ग्लैंड्स- अंत:स्त्रावी ग्रंथियां खासकर थॉयरायड ग्लैंड की क्रिया नॉर्मल होती है।

6. शरीर का लचीलापन

सूर्य नमस्कार के आसन से पूरे शरीर का व्यायाम होता है। इससे शरीर लचीला होता है। लचीला शरीर मतलब, मांसपेशियों-हड्डियों की कम समस्या।

7. मासिक धर्म का रेगुलर होना

अगर किसी महिला को अनियमित मासिक चक्र की शिकायत है, तो सूर्य नमस्कार के आसन करने से वह परेशानी दूर हो जाएगी। इन आसनों को नियमित तौर पर करने से बच्चे के जन्म के दौरान भी दर्द कम होता है।

8. रीढ़ की हड्डी को मजबूती

सूर्य नमस्कार का हर एक आसन मूल रूप से रीढ़ के लिए ही है। सूर्य नमस्कार के दौरान शरीर के खिंचाव (स्ट्रेचिंग) से मांसपेशी और लीगामेंट(अस्थिबंध) के साथ रीढ़ की हड्डी मजबूत होती है और कमर लचीला होता है। हमारा रीढ़ ही पूरे शरीर का आधार है और सूर्य नमस्कार इस आधार को मजबूत कर हमें बेहतरीन स्वास्थ्य देता है।

9. सूर्य नमस्कार से आप रहेंगे जवान

सूर्य नमस्कार की साधना इस तरह से निर्मित की गई है जो हमारे शरीर के हर तंत्र को बेहतरीन करता है। यह हमारे चेहरे पर कांति कायम कर हमें हमेशा युवा बनाकर रखता है और जल्दी झुर्रियाँ नहीं आने देता।

10. वजन और मधुमेह(डायबिटीज़) में राहत

कई तरह के शोध बताते हैं कि सही तरीके से सूर्य नमस्कार करने से आप जितनी तेजी से वजन कम कर सकते हैं, उतनी जल्दी डायटिंग से भी फायदा नहीं होता। सूर्य नमस्कार कार्डियोवस्कुलर सिस्टम(हृदय तंत्र) को तुरंस्त रख आपके हृदय को सुचारू तरीके से काम करने देता है।

सूर्य नमस्कार: क्या बरतें सावधानियाँ ?

- गर्भवती महिला तीसरे महीने के गर्भ के बाद से इसे करना बंद कर दें।
- हर्निया के मरीज इसे न करें और उच्च रक्तचाप (हाई बीपी) के मरीज बहुत धीरे से इसे अभ्यास में लाएँ।
- पीठ दर्द या रीढ़(स्पाइन) की समस्या में सूर्य नमस्कार किसी योग्य शिक्षक की निगरानी में ही मॉडिफाइड यानी संशोधित कर अभ्यास में लाएँ।
- मासिक धर्म (पीरियड) के दौरान महिलाएँ सूर्य नमस्कार बहुत धीमे तरीके से और कम संख्या में करें।
- बहुत ज़्यादा या 108 सूर्य नमस्कार जैसी मैराथन प्रक्रिया में कभी न जुड़ें। ज़्यादा सूर्य नमस्कार से आपकी सूर्यनाड़ी ज़्यादा एक्टिव होगी। ज़्यादा सूर्यनाड़ी आपके अंदर गुस्सा, चिड़चिड़ापन, एसिड, गैर ज़रूरी शारीरिक गर्माहट जैसी दूसरी समस्या बढ़ा सकती है। सूर्य नमस्कार कम से कम 4-2 राउंड और अधिकतम 9 राउंड करें। सूर्य नमस्कार के 12 आसन को 9 बार दोहराया जाए तो ये 108 संख्या को प्राप्त हो जाता है,जो योग में शरीर और प्राण की स्थिति का कुल जोड़ बताया गया है।

हठयोग सूर्य नमस्कार
आसन, मंत्र, सांस और चक्र ध्यान

सूर्यनमस्कार : आसन, मंत्र , सांस , चक्रध्यान

क्रम	आसन	मंत्र	सांस	चक्रध्यान
1	प्रणाम आसन 	ॐ मित्राय नमः	नॉर्मल	अनाहत
2	हस्त उत्तानासन 	ॐ रवये नमः	पूरक	विशुद्ध
3	पादहस्तासन 	ॐ सूर्याय नमः	रेचक	स्वाधिष्ठान
4	अंजनी आसन 	ॐ भानवे नमः	पूरक	आज्ञा
5	दंडासन 	ॐ खगाय नमः	कुम्भक	मणिपुर
6	अष्टांग नमस्कार 	ॐ पूष्णे नमः	रेचक	मूलाधार
7	भुजंगासन 	ॐ हिरण्यगर्भाय नमः	पूरक	अनाहत
8	अधोमुख श्वानासन 	ॐ मरीचये नमः	रेचक	मणिपुर
9	अंजनी आसन 	ॐ आदित्याय नमः	पूरक	आज्ञा
10	पादहस्तासन 	ॐ सवित्रे नमः	रेचक	स्वाधिष्ठान
11	हस्त उत्तानासन 	ॐ अर्काय नमः	पूरक	विशुद्ध
12	प्रणाम आसन 	ॐ भास्कराय नमः	रेचक	अनाहत

सूर्य नमस्कार के कई तरीके प्रसिद्ध है। ख्याल रहे कि हर तरीके में आसनों का क्रम या स्थिति अलग अलग हो सकती है, लेकिन आप चाहे किसी भी तरीके का सूर्य नमस्कार करें, लेकिन आसनों का सही तरीका, सांसों के साथ गति का तालमेल और चलित ध्यान

की प्रक्रिया सूर्य नमस्कार साधना का आधार है। इनको ध्यान में रखे बिना किया गया सूर्य नमस्कार महज कसरत(एक्सरसाइज़) बनकर रह जाएगा और यथायोग्य लाभ से आप वंचित रह जाएँगें।

(अष्टांग योग में प्रसिद्ध सूर्य नमस्कार के दो तरीकों का यहां चित्रालेख प्रस्तुत है।)

आपको जो सौ फीसदी लाभ मिलने चाहिए, वो महज कुछ फीसदी पर ठहर जाता है। वशिष्ठ योगाश्रम साधकों को पहले एक-एक आसन पर नियंत्रण करना सिखाता है, फिर उसे धीरे-धीरे छोटे-छोटे चरणों (स्टेप्स) में बांट कर उसे सिखाता है। सबसे आखिर में पूर्ण सूर्य नमस्कार की रूपरेखा बताई जाती है।

दरअसल, अपनी प्रसिद्धि की वजह से सूर्य नमस्कार की ओर लोगों का रूझान ज़्यादा बढ़ता गया और संस्थानों या योग प्रशिक्षकों ने इस पर काम नहीं किया कि इसका सही प्रशिक्षण लोगों को कैसे मिले। इस तरह आधुनिक समय आते-आते सूर्य नमस्कार का आध्यात्मिक तेज़ क्षणिक दावों और तात्कालिक लाभ में तब्दील होने लगा। सूर्य नमस्कार को कहीं महज वार्म-अप एक्सरसाइज़ के रूप में जोड़ा जाने लगा, तो कही मोटापे कम करने के अचूक अस्त्र के रूप में इसे पेश किया गया। मोटापे कम करने के नाम पर सूर्य नमस्कार की पद्धित व परंपरा से खिलवाड़ कर उसे महज एक्सरसाइज़ बना दिया गया। कहीं सूर्य नमस्कार को संपूर्ण योग पैकेज के रूप में प्रस्तुत कर 108 सूर्य नमस्कार जैसे अव्यवहारिक अभ्यास का चलन भी शुरू हो गया।

इन तमाम खेलों के बीच जो बातें छूटती जा रही थीं, वो थीं सूर्य नमस्कार का सही-सही तरीका, सांसों के साथ तन-मन के तालमेल का विज्ञान, सूर्यनाड़ी को संतुलन में एक्टिव करने की सोच और चलित ध्यान की इसकी बेहतरीन कुंजी। ऐसे में, बस जैसे-तैसे सूर्य नमस्कार के नाम पर खानापूर्ति की प्रवृति घर कर गई, जिसमें हर आसन की बारीकियों का ख्याल नहीं दिया गया। आठ आसनों के इस गुलदस्तों को सजाने की होड़ में एक-एक फूलों यानी एक एक आसनों पर पूरा ख्याल नहीं किया गया। योग प्रशिक्षण के द्वारा हजारों लोगों से बातचीत और उन्हें प्रशिक्षण के दौरान मेरे अनुभव में आया है कि ज़्यादातर लोग गलत तरीके से सूर्य नमस्कार कर रहें हैं।

यहाँ इस अध्याय में हम सूर्य नमस्कार की एक-एक स्थिति को बारीकी से समझेंगे। हम जानेंगे कि सूर्य नमस्कार में आम गलतियाँ अक्सर क्या होती हैं। कैसे हम उनसे बचें और हमें किन-किन सावधानियों का हमेशा ख्याल रखना है। आगे हम *पूरक, रेचक* और *कुंभक* जैसे शब्दों का प्रयोग करेंगे जिसमें 'पूरक' का अभिप्राय सांस लेने, 'रेचक' का सांस छोड़ने और 'कुम्भक' का सांस रोकने की स्थिति से है।

अध्याय 3
सूर्य नमस्कार
सही विधि, आसन स्थिति और आम गलतियाँ

सूर्य नमस्कार अपनी खूबियों की वजह से हर वक्त काफी प्रसिद्ध रहा। सूर्य नमस्कार उन सभी चीजों की गारंटी है जो अमूमन लोग तलाशते हैं– शारीरिक-मानसिक शक्ति और सूर्य के रूप में आध्यात्मिक अनुराग। हालाँकि, कई साधक कहते मिलते हैं कि वो कई सालों से सूर्य नमस्कार कर रहें हैं लेकिन जैसा दावा किया जाता रहा है, उन्हें वैसा लाभ नहीं दिखता। समुचित लाभ न मिलने की बड़ी वजह यह है कि अभ्यास की बारीकियों का ख्याल नहीं रखा जाता। अशुद्ध भोजन जैसे शरीर और मन को नुकसान पहुँचाता है, वैसे ही अशुद्ध अभ्यास हमारे अंदर बेहतरीन परिवर्तन नहीं ला सकते, बल्कि वे समस्या ही पैदा करते हैं।

सूर्य नमस्कार महज एक आसन नहीं है, बल्कि कई आसनों का एक गतिशील चक्र (डाइनेमिक मूवमेंट) है, जिसे योगशास्त्रों में **विन्यास** कहा गया है। ठहराव योग का सबसे बड़ा सूत्र है। हम आसन में ठहराव को ही प्राप्त होते हैं, तभी हमें वो जबर्दस्त लाभ दे पाता है। इसके उलट, सूर्य नमस्कार में हम एक आसन से दूसरे आसन में सांसों के तालमेल के साथ आगे बढ़ते जाते हैं, यहाँ आसनों में ठहराव नहीं है। सांस और आसनों के इस माइंडफूल मूवमेंट (सजग गति) को ही विन्यास कहते है। सूर्य नमस्कार के बहुत सारे अभ्यास प्रचलित है। अब सबसे प्रसिद्ध सूर्य नमस्कार की बात करें तो उसमें 12 चरण (स्टेप्स) है और 8 अलग-अलग आसन। हर आसन में अगर आपकी सिद्धि या पकड़ नहीं है तो आप पूरा सूर्य नमस्कार सही-सही कैसे कर सकते हैं ? बस यहीं से सारी समस्या शुरू होती है। कई संस्थान और योग शिक्षक अलग-अलग इन आसनों पर आपकी पकड़ विकसित किए बिना ही पूरा सूर्य नमस्कार एक साथ सिखाने लगते हैं। आम साधक सूर्य नमस्कार के स्टेप तो याद कर लेते हैं, लेकिन हर आसन में शुद्धता का अभाव रहता है। ऐसे में, सालों तक इस तरह के सूर्य नमस्कार अभ्यास से

पहली स्थितिः प्रणाम आसन – नॉर्मल सांस

पहली स्थिति महज आपस में हाथों को जोड़ लेना भर नहीं है। ये स्थिति शारीरिक अवस्थिति (एलाइन्मेंट) की पहली सीख और तैयारी है, साथ ही ये उस समर्पण और विनम्रता की मन:स्थिति की ओर भी इशारा है जिसे लेकर हम सूर्य नमस्कार में प्रवेश करते हैं।

इस स्थिति में आने के लिए अपने दोनों पांव को जोड़कर रखें। पाँव की उँगुलियाँ फैली हों। रीढ़, गर्दन और सिर एक सीध में हो। छाती उभरी और पेट सहजता से अंदर हो। कंधा पीछे की ओर तो आंखें सामने एक जगह टिकी हों। दोनों हाथ प्रणाम की स्थिति में इस तरह से हों कि दोनो अंगूठा छाती के गड्ढे वाले स्थान यानी सूर्यकुंड पर हो और सभी उँगलियाँ फैली हुई नमस्कार की भाव-भंगिमा तैयार करे। कोहनी बाहर की ओर फैलाव लिए हुए हो। इस स्थिति में सांस सामान्य स्थिति में रहना चाहिए।

आम गलतियाँ

रीढ़, गर्दन और सिर को एक सीध में रखने का ख्याल नहीं रहता। खड़े रहने में छाती दबी रहती है, जिससे प्राण का प्रवाह फ्लो) हृदय और फेफड़े (हार्ट-लंग्स) की ओर अवरुद्ध हो जाता है।

दूसरी स्थिति: हस्त उत्तान आसन (पूरक)

पहली स्थिति से सांस लेते हुए हाथों को ऊपर की ओर ले चलें, दोनों हाथ कंधे की दूरी के बराबर फैली हुई हो। पहले स्पाइन को ऊपर की ओर ओपन (स्ट्रेच) करें फिर कमर के निचले हिस्से से मुड़ते हुए पीछे जाएँ। आपका सिर पीछे की ओर हो। हाथ और हथेली एक सीध में हो।

आम गलतियाँ

सबसे बड़ी गड़बड़ी हाथों को आपस में मिलाकर पीछे ले जाने से है, ऐसा होने से छाती के हिस्से में जो उभार होनी चाहिए, वो नहीं हो पाता और हृदय और फेफड़े को भी मजबूती नहीं मिलती। लोगों का ज़्यादा ध्यान पीछे झुकने पर रहता है, जबकि हर पीछे झुकने वाले (बैक बैंड) आसन में पहले रीढ़ ऊपर की ओर लंबी कर पीछे झुकना ही सुरक्षित तरीका है। गर्दन को कई लोग सामने ही रखे रहते हैं, जबकि वो रीढ़ की सीध में पीछे की ओर जाना चाहिए। आंखें बंद न करें, इससे चक्कर आने की संभावना रहती है। कई लोग कलाई को मोड़ लेते हैं, जबकि यह पूरे हाथ के साथ सीध में रहनी चाहिए।

सावधानियाँ

आँखें बिल्कुल बंद न करें, ऐसा करने से चक्कर खाकर आप संतुलन खो सकते हैं। अपनी सीमा से ज़्यादा पीछे कभी नहीं झुकना चाहिए।

तीसरी स्थिति: पाद हस्त आसन (रेचक)

इस आसन में दूसरी स्थिति से साँस छोड़ते हुए आगे झुकना चाहिए। ख्याल रहे कि झुकने के वक्त आपकी रीढ़ (स्पाइन)पूरी सीधी रहे। पूरी तरह नीचे आने से पहले आप का पूरा शरीर अंग्रेजी लेटर का एल आकृति बन जाए। फिर आगे अपनी सुविधानुसार झुकें। हाथों को पैर के आजू-बाजू की ओर छोड़ें या रखें। गर्दन को सहजता से ज़मीन की ओर ढीली रखें।

आम गलतियाँ

आगे झुकने के वक्त हम कमर से मुड़ने की बजाए पेट से मुड़ते हैं, जिससे रीढ़ की अवस्थिति (स्पाइन का एलाइन्मेंट) बिगड़ जाती है और टेढ़ी रीढ़ होने से लाभ तो नहीं ही मिलता, बल्कि रीढ़ के बीच उपस्थित मनके-डिस्क पर अतिरिक्त दबाव बढ़ता है। अधिकतर लोग सिर को घुटने के साथ चिपकाने पर जोर देते हैं, जो स्वाभाविक नहीं है, बेहतर हो हम नीचे झुकने पर रीढ़ और गर्दन को पैर या ज़मीन की ओर ज़्यादा लंबा करें, इससे कमर में किसी भी तरह की परेशानी से हम बच सकते हैं।

सावधानियाँ

घुटने या कमर में दर्द या कम लचीलापन की स्थिति में आगे झुकते हुए घुटने को थोड़ा मोड़ना ज़रूर ख्याल रखें। साँस को जितना देर तक छोड़ते जाएंगें, झुकना

उतना ही आसान होगा और उड्डियान बंध यानी पेट और मूलबंध यानी गुदा द्वार का अंदर संकुचन ज़रूर करें। साथ में घुटने के कैप (टोपी) को ऊपर की ओर खींच कर रखें।

चौथी स्थिति: अंजनी आसन (पूरक)

इस स्थिति को कहीं-कहीं अश्व-संचालन आसन भी कहा जाता है। तीसरी स्थिति से अपने दाहिने पांव को साँस लेते हुए समुचित दूरी पर पीछे ले जाएँ। दूरी कम होने से बाहरी जंघे पर खिंचाव (स्ट्रेच) का एहसास नहीं हो पाएगा। हथेलियाँ जमीन पर हों और बायाँ पाँव दोनों हथेलियों के बीच इस तरह हो कि बाँये पैर का घुटना और एड़ी एक सीध में रह हो सके। पीछे के पाँव का घुटना जमीन पर और पाँव की अंगुलियाँ बाहर हो। दृष्टि सामने की ओर टिकी रहे। अगले राउंड में बाँये पैर को पीछे ले जाएँ। इस तरह हर राउंड में पैर की स्थिति हम बदल सकते हैं।

आम गलतियाँ

सबसे ज़्यादा गलती इसी स्थिति में होती है। ज़्यादातर साधक घुटने को एड़ी से काफी ज़्यादा आगे कर रखते हैं। ऐसी स्थिति में जंघे की मांसपेशियों पर खिंचाव (स्ट्रेच) और उसके खुलने(ओपनिंग) से आप वंचित रह जाएँगें। पांव की अंगुलियाँ भी कई साधक अंदर रखते हैं, बाहर रहने की स्थिति में खिंचाव (स्ट्रेच) ज़्यादा गहरा होता है।

सावधानियाँ

घुटने की समस्या होने पर जो पाँव का घुटना ज़मीन पर आप रखते हैं, वहाँ आराम के

लिए कैप या फोल्ड किए कपड़े रखें या घुटने को ज़मीन पर न रख पैर को सीधा रखें। जिनका लचीलापन कम हो, वो तीसरी स्थिति से चौथी स्थिति में आने के वक्त भी घुटने को मोड़ें।

पाँचवीं स्थिति: दंडासन (कुम्भक)

चौथी स्थिति से साँस को रोकते हुए अब दूसरे पाँव को भी पीछे ले जाएँ। ख्याल रहे कि हमें सिर्फ पाँव को पीछे ले जाना है, न कि हमारा कंधा या शरीर पीछे की ओर खिसके। दंडासन में आपका कंधा और हथेली एक सीध में हो। कमर का हिस्सा भी कंधे के स्तर पर ऊपर उठा हो। नाभि को अंदर की ओर संकुचित रखें।

आम गलतियाँ

ज़्यादातर साधक कमर को नीचे गिराकर रखते हैं, जबकि कमर का हिस्सा कंधे के स्तर पर उठा हो, नहीं तो हाथों पर ज़्यादा जोर आता है और कलाई में आगे चलकर तकलीफ हो सकती है। कई साधकों का कंधा हथेली की ज्वाइंट से आगे भागा रहता है, जो कि गलत स्थिति हैं, कंधे को हथेली की सीध में ही रखें।

सावधानियाँ

कमर दर्द से पीड़ित लोग इस आसन में सावधानी बरतें। वे घुटने को नीचे रख संशोधित(मोडिफाइड) आसन कर सकते हैं। कलाई की तकलीफ़ वाले साधक इस आसन को छोड़ सकते हैं। वो सीधे पाँचवीं स्थिति में आ सकते हैं।

छठी स्थिति: अष्टांग नमस्कार (रेचक)

शरीर के आठों अंगों के ज़मीन से स्पर्श होने की वजह से इस स्थिति को अष्टांग नमस्कार कहा गया है। दंडासन से सांस छोड़ते हुए पहले घुटने ठीक नीचे ज़मीन पर रखें, फिर कोहनी को मोड़ते हुए छाती को दोनों हथेलियों के बीच रखें। मस्तक या ठुड्डी आगे ज़मीन पर रखें। ख्याल रहे कि इस दौरान कोहनी हमेशा शरीर के साथ चिपका हुआ हो।

आम गलतियाँ

दंडासन से इस स्थिति में आते वक्त अधिकांश साधक कोहनी को फैलाकर नीचे उतरते हैं, जो आगे कंधे की समस्या पैदा कर सकता है। हथेली की स्थिति ठीक छाती के बगल में रहनी चाहिए, जबकि कंधे के पास उसकी स्थिति गलत मानी जाएगी।

सावधानियाँ

कमर दर्द या मोटापे की स्थिति में आप अष्टांग नमस्कार की बजाए साष्टांग नमस्कार की स्थिति में आएँ तो बेहतर है। कहने का अर्थ यह है कि उस स्थिति में सीधा ज़मीन पर छाती के बल लेट जाना ठीक होगा, लेकिन हर स्थिति में कोहनी शरीर के साथ चिपकी रहे और दोनों हथेली छाती के पास हो, न कि कंधे के आस-पास।

सातवीं स्थिति: भुजंगासन (पूरक)

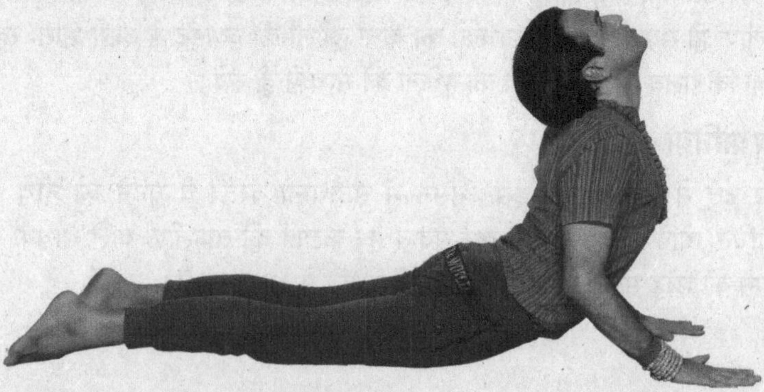

छठी स्थिति में साँस लेते हुए अपने शरीर को आगे बढ़ाएँ ताकि नितम्ब का हिस्सा नीचे जमीन पर फ्लैट और पांव की उँगुलियाँ बाहर की ओर हो जाए। कोहनी को शरीर के साथ लगाते हुए सिर-छाती के हिस्से को भुजंगासन में आने के लिए ऊपर उठाएं। सिर और कंधे को पीछे की ओर ले जाएं और दृष्टि या तो नसाग्र यानी नाक के अग्र हिस्स पर या ऊपर आकाश की ओर केंद्रित करें।

आम गलतियाँ

भुजंगासन में अक्सर बहुत गलतियां दिखी जा सकती है। कोहनी और पाँव की उँगुलियों को बाहर रखना गलत स्थिति है, कमर पर गैर-ज़रूरी दवाब बढ़ेगा। कई साधक हाथ को पूरा सीधा कर भुजंगासन में रहते हैं, इससे समुचित लाभ से आप वंचित रह जाएंगें। हाथ सीधा होने की स्थिति में हार्ट-लंग्स पर दबाव नहीं बढ़ेगा और वो मजबूत नहीं हो पाएँगे, बल्कि इसके उलट कमर के निचले हिस्से की दर्द की शिकायत शुरू हो जाएगी। कई साधक अनजाने में कंधे को ऊपर की ओर उठाकर रखते हैं, जबकि कंधे को नीचे सहज स्थिति में रहने देना चाहिए।

सावधानियाँ

स्लिप डिस्क यानी मनका खिसक जाने की स्थिति में अतिरिक्त सावधानी इस आसन में बरतना चाहिए और सहजता का ख्याल रखना चाहिए।

आठवीं स्थिति: अधोमुख श्वानासन (रेचक)

अधोमुख श्वान आसन को कही-कही इन दिनों पर्वतासन नाम से भी पुकारा जा रहा है। हालाँकि वशिष्ठ योग आश्रम हमेशा प्राचीन ऋषि-मुनियों के दिए नाम को लेकर ही चलने पर यकीन रखता है। भुजंगासन से सांस छोड़ते हुए अपने नितंब और घुटने को

ऊपर उठाएं और फिर पीछे की ओर इसतरह जाएँ कि पूरा शरीर अंग्रेजी वर्णमाला के उलटे V आकार को तैयार करे। हाथों को सीधा रखते हुए और कंधे को सहजता से दबाते हुए सिर को जमीन की ओर ढीला छोड़ें। स्पाइन जितनी ज़्यादा सहजता से लंबी और सीधी हो सके। दोनों पाँव को मिलाकर या नितंब जितनी चौड़ाई पर फैलाकर रखें।

आम गलतियाँ

पाँव और हाथ के बीच समुचित दूरी का अभाव, जिससे आसन की वास्तविक स्थिति व स्ट्रेचिंग को हम महसूस नहीं कर पाते हैं। ये दूरी ना तो कम, ना ही बहुत ज़्यादा हो। दोनों हाथों के बीच कुछ साधक ज़्यादा तो कुछ बहुत कम दूरी रखते हैं, जबकि ये दूरी कंधे की दूरी के बराबर हो और हाथ कंधों की सीध में रहे।

सावधानियाँ

कमर दर्द या रीढ़ में लचीलापन कम हो तो घुटने को थोड़ा मोड़कर इस स्थिति में रहें, ताकि कमर पर जोर ना लगें और रीढ़ ज़्यादा लंबी होने से मांसपेशियों और रीढ़ के मनके (डिस्क) को आराम मिले।

नौवीं स्थिति: अंजनी आसन (पूरक)

चौथी स्थिति में जिस पाँव को लेकर आप पीछे गए थे, उसी पाँव को सांस लेते हुए अंजनी आसन में आएँ। ऐसा करने से एक ही राउंड में दोनों पैर के लिए संतुलित स्ट्रेच हो जाएगा। सुविधा के लिए आठवीं स्थिति से दोनों घुटने को पहले नीचे ज़मीन पर रखें, फिर दाहिने पाँव को साँस लेते हुए आगे बढ़ाएँ और दोनों हथेलियों के बीच रखें। पैर को

आगे लाने में कठिनाई की स्थिति लगने पर आप थोड़ी देर के लिए दाहिने हाथ को ऊपर हवा में रखें और दाहिने पाँव को बगल में रखने के बाद दाहिने हाथ को वापस पुन:स्थिति में ले आएँ। ज़्यादा लचीलेपन की स्थिति में आप सीधे पाँव को अंजनी आसन स्थिति में लाकर रख सकते हैं। बाकी चौथी स्थिति की तरह एँ सभी बातों का ख्याल रखें।

आम गलतियाँ

चौथी स्थिति में दाहिने पाँव को लोग पीछे ले जाते है और नौंवी स्थिति के वक्त बाँये पाँव को वापसी में आगे ले आते हैं, इससे एक ही पाँव में दोबारा स्ट्रेच होता है, दूसरे पाँव के लिए अगले राउंड का इंतजार करना पड़ता है। चौथी स्थिति के लिए जो पैर पीछे ले जाएँ, नौवीं स्थिति में उसी पैर को वापस लाएँ।

बाकी आम गलतियाँ और सावधानियाँ जो चौथी स्थिति में बताई गई है, उसका ख्याल नौवीं स्थिति में भी रखें।

दसवीं स्थिति: पाद हस्त आसन (रेचक)

नौवी स्थिति से साँस छोड़ते हुए पीछे के पाँव को उठाएँ और दोनों हाथों के बीच ले आएँ। पैर लाने में असुविधा हो तो घुटने को ज़रूर मोड़कर रखें, ताकि कम लचीलापन होने के बावजूद दिक्कत न हो। दोनों पैर को आपस में मिलाकर रखें और पेट की आंतरिक मांसपेशियों को थोड़ा संकुचित करते हुए आगे की ओर झुकें।

आम गलतियाँ

ज़्यादातर साधक सिर को घुटने के साथ चिपकाने पर जोर देतें है, जो स्वाभाविक नहीं है, बेहतर हो हम नीचे झुकने पर रीढ़ और गर्दन को पैर या ज़मीन की ओर ज़्यादा लंबा करें। इस स्थिति में जोर बिल्कुल ना लगाएँ।

सावधानियाँ

कमर या घुटने के दर्द की स्थिति में घुटने को ज़रूर थोड़ा मोड़कर रखें। स्पाइन या डिस्क स्लिप की समस्या हो तो घुटने मोड़ने के साथ स्पाइन को सीधी रखने पर अपना ध्यान केंद्रित करें।

ग्याहरवीं स्थितिः हस्त उत्तान आसन (पूरक)

दसवीं स्थिति से साँस लेते हुए दोनों हाथों को कंधे के बराबर दूरी रखते हुए ऊपर ले चलें। यहाँ ध्यान रखना है कि ऊपर आते रीढ़ व कमर को बिल्कुल सीधा रखें। दृष्टि को हाथ की उँगुलियों पर केंद्रित रखते हुए ऊपर उठें, फिर थोड़ा धनुषाकार में ऊपरी शरीर को पीछे मोड़ें, छाती उभरी हुई रहे और गर्दन थोड़ा पीछे। बिल्कुल तीसरी स्थिति की तरह। साँस को जितना धीरे, लंबी और गहरी ले सकें, लें।

आम गलतियाँ

ऊपर उठने के वक्त स्पाइन-कमर का झुका हुआ रहना। हाथों को जोड़कर ऊपर की ओर जाना, जबकि वो कंधे के बराबर खुली रहनी चाहिए। बाकी आम गलतियाँ दूसरी स्थिति की तरह ही इसमें भी होती है।

सावधानियाँ

कमर व स्पाइन की समस्या वाले साधक घुटने को मोड़कर ही ऊपर आएँ।

बारहवीं स्थिति: प्रणाम आसन (रेचक)

ग्याहरवीं स्थिति से ऊपरी शरीर और दोनों हाथों को साँस छोड़ते हुए थोड़ा आगे लाते शरीर के स्वाभाविक स्थिति पर पहुँचें। दोनों हाथों को सामने से लाते हुए प्रणाम स्थिति में आएँ। दृष्टि सामने हो, यहाँ से हाथों को नीचे सम स्थिति में लाएँ और इस तरह एक पूरा चक्र (राउंड) सूर्य नमस्कार का पूर्ण होता है। आप इस तरह से दूसरे कई चक्र का अभ्यास कर सकते हैं।

आम गलतियाँ

हाथ को कई साधक बगल में ले आते हैं, बाकी इसमें भी आम गलतियाँ वहीं हैं, जो पहली स्थिति में बताई गई हैं।

साधकों का आम सवाल यह रहता है कि सूर्य नमस्कार का कितना राउंड करना उचित है? मेरे विचार से इसका पाँच से नौ राउंड बहुत काफी है। आप हमेशा धीरे-धीरे अपनी क्षमता के मुताबिक इसका अभ्यास करें। ज़्यादा जल्दी और ज़्यादा संख्या में किया गया सूर्य नमस्कार सूर्यनाड़ी को ज़्यादा तेज़ कर हृदय गति और साँस की प्रणाली में गड़बड़ी पहुँचा सकता है और उससे मिलने वाले लाभ की बजाएं गैर-ज़रूरी थकावट और नुकसान ही होता है। याद रहे कि गीता में समत्व को ही योग बताया गया है, ऐसे में संतुलन से ज़्यादा कोई भी अभ्यास या कार्य नुकसान का ही सौदा है। नियमित

और निरंतर, धीरे-धीरे किया जाने वाला अभ्यास ही सूर्य नमस्कार के सारे उपहार को आपकी ज़िदगी में भरेगा, और उन लाभों से आपको परिपूर्ण करेगा जिसकी चर्चा पिछले अध्याय में की गई है।

ऊँ सूर्याय नम:

अध्याय 4

आसन के सूत्र

स्थिति और सिद्धि

जब हड़प्पा की खुदाई हुई तो पद्मासन में एक मूर्ति प्राप्त हुई थी। पद्मासन की इस मूर्ति ने करीब चार हज़ार साल पुरानी इस सभ्यता में योग की मौजूदगी को सुस्पष्ट कर दिया। योग साधना में आसन महत्वपूर्ण आधार रहा है। चाहे आप प्राणायाम साधना करें या फिर ध्यान में लीन होना चाहें, आधारभूत ज़रूरत है आसन। मौजूदा समय में भी योगाभ्यास में आसन की मौजूदगी है, लेकिन प्राय: दो विपरीत ध्रुवों में। कही आसन एक्सरसाइज़ या उछलकूद का रूप ले चुका है, तो कहीं आसन की उपयोगिता पर ही सवाल खड़े किए जा रहें हैं। सवाल करने वालों का अपना-अपना कुतर्क है। ऐसे लोगों को आसन महज शारीरिक कसरत दिखता है और ध्यान की तुलना में वो निम्न श्रेणी का बताया जा रहा है। इन दोनों ध्रुव से परे हमें आसन की वास्तविकता को समझना होगा। हमें समझना होगा कि वस्तुत: आसन में होने के मायने क्या हैं ? हमें टटोलना होगा कि आसन का क्या महज शारीरिक कन्केशन है या सांस और मन से भी उसका तालमेल है ? क्या आसन हमें उस मंजिल की ओर ले चलेगा जिसे योग ने कैवल्य समाधि या बुद्धत्व इत्यादि नाम से जाना ?

महर्षि पतंजलि ने योगासन को परम अवस्था के स्वरूप में जाना और इस सूत्र में गढ़ा:

स्थिरं सुखम् आसनम्

स्थिरता और आनंद आसन की स्थिति है

- योगसूत्र 2.46

आसन को लेकर ये सबसे प्रसिद्ध सूत्र है। स्थिरता और सुख आसन के दो मूलभूत तत्व हैं। ये स्थिरता हर तल पर प्रकट हो - तन से लेकर मन तक। दरअसल तन और मन अलग नहीं, एक दूसरे से जुड़ें हैं, एक ही सिक्के के दो पहलू हैं। हमारे घुटने में चोट हो और दर्द हो, तो ऐसा नहीं कि हमारा मन नहीं दुखता। मन दुखी हो, बेचैन हो, तनावग्रस्त हो, और तन पर उसका असर न हो, ऐसा भी नहीं होता। आसन में तन की स्थिरता आपके मन को भी थिर कर जाती है। दरअसल आसन कोई मूवमेंट-गति नहीं, बल्कि किसी खास स्थिति में एक ठहराव है। व्यायाम- एक्सरसाइज़ में हम लगातार गति करते रहते हैं, जबकि आसन की अंतिम स्थिति में पहुंच कर हमें रूकना होता है, सांस के साथ मन और प्राण को साधना होता है। फिर हमारे अंतस में आनंद का एहसास होने लगता है, जो आसन में होने का दूसरा आयाम है। सुख कहीं बाहर से नहीं आता, बल्कि शरीर के स्थिर होने और मन के ठहराव के साथ वो स्वयं प्रकट होता है। बच्चों को आप बहुत सुखी देखते हैं, उन्हें कोई चिंता-फिक्र नहीं होती, उसका कुल कारण बस इतना है कि बच्चे का मन अभी विकसित नहीं हो पाया है, इसलिए वह आनंदित है। तो, जैसे ही आसन में तन स्थिर होता है और सांसों की गति पर हमारा साक्षी होना गहरा होता है, मन अलविदा हो जाता है और आनंद की प्राप्ति होती है। यहीं आसन की स्थिति है, आसन में सिद्धि है, प्राप्ति और जीवन की सफलता है।

निश्चलं ज्ञानं आसनम्।
मन का स्थिर हो जाना ही आसन है।

- आत्मपूजा उपनिषद, सूत्र 3

आत्मपूजा उपनिषद का यह सूत्र बहुत कम लोगों की जानकारी में है, लेकिन यह बड़ा ही क्रांतिकारी है। ये सूत्र उन तमाम लोगों को बेबाक जवाब है जो आसन को महज

शारीरिक कसरत समझते हैं। उपनिषद के ऋषि साफ कहते हैं कि जिस भी स्थिति में मन ठहर जाए, उसकी सारी दौड़ और चेष्टाएँ समाप्त हो जाए, वो स्थिति ही आसन है। मन का ये ठहराव ही योगमय होने की कुंजी है और आसन उसी कुंजी की साधना है।

आसन में कैसे प्राप्त हो ठहराव ?

मौजूदा दौर में अक्सर हम आसन में इस स्थिरता और आनंद की कमी पाते हैं। ऐसे लोग आसन की परिभाषा तो दोहराते रहते हैं, लेकिन आसन के नाम पर वो एक्सरसाइज़ ही कर रहें होते या करवा रहे होते हैं। आसन को हाँफते हुए, उछलते-कूदते हुए जैसे-तैसे करना कहाँ कि स्थिरता और सुख है ? यही वजह है कि लोगों को आसन का समुचित लाभ नहीं मिलता। यहाँ तक कि आसन करने के दौरान अक्सर घायल -मांसपेशियों का खिंच जाना - जैसी समस्या सुनने में आ रही है। अब सवाल यह है कि आसन में ये ठहराव, स्थिरता और सुख हम पाएँ कैसे ? महर्षि पतंजलि आगे कहते,

प्रयत्नशैथिल्यानन्तसमापत्तिभ्याम्

सभी तरह के प्रयत्न को छोड़ना और अनंत यानी अस्तित्व के साथ एकरूपता

-योगसूत्र 2.47

आसन सिद्धि यानी आसन में सफलता की पहली शर्त है "प्रयत्न की शिथिलता" यानी हर तरह की कोशिश का त्याग। ऋषि कहते हैं सभी तरह के प्रयत्न को छोड़ देने से ही आसन में सब तरह की सिद्धि है। अब हज़ारों साल पहले लिखे पतंजलि के यह सूत्र हमारी पकड़ में नहीं आते, क्योंकि हमारी शिक्षा, हमारे आस-पास का परिवेश, हमारी आधुनिक जिंदगी चिल्ला-चिल्ला कर कह रही है कि 'बिना प्रयत्न के जीवन में कोई सफलता नहीं'। लेकिन योगसूत्र के ये सूत्र सीधे गले नहीं उतरते हैं। भला कोशिश छोड़ देने से जीत मिलती है ? बचपन से जो प्रतियोगिता, प्रतिस्पर्धा का माहौल हमें मिला है, उसमें प्रयत्न-शैथिल्य की बात अनपच और अटपटी जान पड़ती है।

दरअसल, जीवन की सुगंध सहजता में है, होने में है, प्रयत्न में नहीं। क्या हम प्रयत्न कर किसी के प्यार को पा सकते हैं ? क्या प्रयत्न से हमें रात में गहरी और सुखकर नींद आ सकती है या प्रयत्न करने से और नींद बिगड़ने वाली है ? आप किसी को आग्रहपूर्वक अपने पास बुलाएँ और किसी को जबर्दस्ती अपने पास बुलाएँ, किस स्थिति में सहजता है, किस स्थिति में उस व्यक्ति का आपके पास आना मुमकिन होगा ? जबरदस्ती किसी के तन पर थोड़ा काबू पा भी लें, मन और हृदय का मेल नहीं हो पाएगा। योग साधना हो या जीवन को साधने की कला, वो जोर-जबरदस्ती नहीं आने वाली है।

दौड़-दौड़ कर भला किसी ने कुछ पाया है ? मेरे देखे तो दौड़-दौड़ कर हमने शांति, सौंदर्य, सुकून सबकुछ खोया है। जिसने भी कुछ पाया वो ठहर कर ही पाया है। कोई पढ़ाई में ठहरा, कोई लगन में ठहराव, कोई उत्साह में ठहरा, किसी का साहस में ठहराव हुआ और इस ठहराव से उसे जिंदगी का हर आनंद हासिल हुआ। ठहरना बड़ी कला है, फिर पाने की तमन्ना भी मिट जाती है और तमन्ना मिटना यानी मन का मिटना है और फिर आप अपने वास्तविक सत् चित्त आनंद यानी जिसका चित्त सदा आनंदित रहता है, वाली अवस्था को प्राप्त हो जाते हैं।

आसन में प्रयत्न से भला क्या है समस्या ?

आसन में जब आप प्रयत्न करते हैं तो आपकी मांसपेशियाँ प्रयत्न की वजह से आंतरिक रूप से अकड़ जाती है और शरीर का लचीलापन और प्राण का आंतरिक प्रवाह बिगड़ जाता है। फिर आसन कठिन जान पड़ता है, दिनों-सालों प्रयत्न से कुछ बदलाव नहीं दिखता। प्रयत्न से आपकी सांसों की गति बाधित होती है, सांस एक सहजता में ना बहकर, जल्दी-जल्दी या टूट-टूट कर बहती है। हम जानते हैं कि वायु का काम गति देना है। आसन में जोर लगने से हमारी प्राण वायु बाधित होती है, फिर हमारी सहज गति खत्म हो जाती है, बाधित हो जाती है, फिर भला आसन में स्थिरता और सुख की सिद्धि कैसे हो ? कई संस्थान तय समय तक आसन में बैठे रहने को उसकी सिद्धि बताते हैं। नहीं, ऐसा नहीं है। सिर्फ एक समय अवधि तक कुछ प्राप्ति की चाहत लिए आप आसन की सिद्धि को प्राप्त नहीं कर सकते। ऐसे कुछ घंटे बैठने भर से आसन सिद्ध होता तो बहुत सारे लोग सिद्ध हो चुके होते। इसका कोई निश्चित कालखंड नहीं हो सकता। आसन की इन बारीकियों को समझें बिना जो भी साधना या जीवन में प्रवेश करेगा, वो चूक करेगा।

सूत्र का दूसरा इशारा अनंतसमापत्ति का है- यानी अनंत या अस्तित्व के साथ एकाकार हो जाना। आसन की पूर्ण स्थिति में आकर ध्यानमग्न हो जाने की ओर यह इशारा है। फिर आसन करने वाला ना रहें, आसन ही हो जाना है। यहां महर्षि पतंजलि ने आसन की जिस अवस्था को इंगित किया है वो ध्यान की अवस्था ही है। इसलिए आसन महज शारीरिक कसरत भर नहीं, आपने इसे कसरत बना दिया हो, वो अलग बात है। अपने शुद्ध वास्तविक नेचर में आसन तो ध्यानात्मक अवस्था में होना ही है।

आसन सिद्धि से क्या प्राप्त होता है ?

देर-सवेर हमारा मन हर कार्य के पीछे लाभ-हानि का हिसाब करने लगता है। सिद्धि प्राप्ति हो या नहीं, लेकिन मन ज़रूर टटोलने लगता है कि सिद्धि के फ़ायदे क्या हैं ? जहाँ

लाभ ना हो, फायदा ना दिख जाए, वहाँ हम यात्रा पर निकल ही नहीं पाते। नहीं, लाभ-हानि की समझ तो मन की है और जहाँ मन है, वहाँ साधना की समझ नहीं आएगी। जो मन से भरा है वो अनंत के विश्राम को जी नहीं पाएगा। सिद्धि कोई सौदा नहीं। सिद्धि कुछ प्राप्ति का खेल नहीं। जो लोग सिद्धि के नाम पर कुछ पाने की लालसा-लोभ आपके अंदर पैदा कर रहें हैं, वो आपको अपने आपसे दूर कर रहें हैं। आसन में सिद्धि या साधना की सिद्धि का तात्पर्य है अपनी वास्तविकता को जान लेना। अपने होने की समझ, अपने "स्वप्रकाश आनंद स्वरुप" को हासिल कर लेना, फिर इस अवस्था में पाने और खोने का भाव ही खत्म हो जाता है।

ततो द्वन्द्वानभिघातः

फिर द्वंद यानी दुविधा चोट नहीं पहुंचाती है

- योगसूत्र 2.48

इस सूत्र का इशारा है कि फिर हमारे अंदर के सारे द्वंद खत्म हो जाते हैं, दुविधा फिर हमें कोई आघात नहीं देता, चोट नहीं पहुँचाती।

मन से ही तो जीवन की सारी दुविधाएँ हैं। जीवन बस दुविधाओं का मायाजाल है। एक के बाद एक असमंजस में हम सदा घिरे रहते हैं, बेचैन रहते है, तड़पते हैं। दुविधाग्रस्त हमारा मन कहीं सुकून पाता नहीं दिखता। कबीर ऐसे ही नहीं कहते, 'दुविधा में दोनों गए, माया मिली ना राम'। मन की इन दुविधाओं के साथ हम जीवन को ढोते रहते हैं, फिर हमें न तो माया यानी संसार का आनंद मिल पाता है और न ही राम यानी आध्यात्मिकता, खुद से जुड़ाव का आनंद। मन की इस दुविधा, द्वंद, असमंजस का गिर जाना ही सिद्धि है। फिर मन रहता ही नहीं, और जैसा हमने पीछे समझा है, जब मन न हो तो चैतन्य प्रकट होता है और ईश्वर को हमने परम चैतन्य स्वरूप माना है। एक बार हमारे अंदर चैतन्य का जन्म हो, तभी उस परम-चैतन्यस्वरूप ईश्वर से हमारा मिलन हो पाता है। आत्मतत्व फिर परमतत्व के साथ एकाकार हो जाता है। यहीं मोक्ष है, निर्वाण है, समाधि है, कैवल्य है और यहीं साधना की सिद्धि है।

सिद्धि के तीन सोपान

स तु दीर्घकाल नैरन्तर्य सत्कारादरासेवितो दृढभूमिः
लंबे वक्त तक लगातार श्रद्धा या व्यवस्था के साथ किए अभ्यास से सफलता मिलती है
- योगसूत्र 1.14

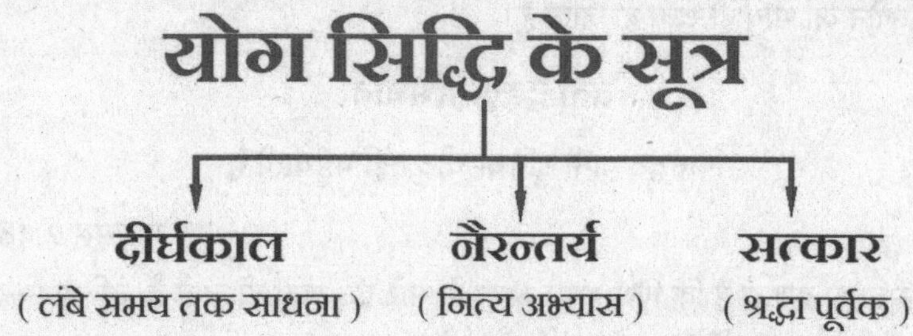

चाहे जीवन हो या साधना दोनों जगह सफलता के ये सूत्र लागू होते हैं। सिद्धि का पहला सोपान है – दीर्घकाल यानी लंबे वक्त तक साधनारत रहना, यानी इसका कोई शॉर्टकट नहीं, ऐसा नहीं कि बटन दबाया और काम हो गया। आजकल कई वीडियो या लेख आते हैं, जिसमें कहा जाता है पाँच दिन में पंद्रह किलो वजन घटाएँ। बड़े-बड़े संस्थान ऐसे दावे करते हैं, जो साधना के दीर्घकाल के सूत्र के ख़िलाफ़ है। इन दावेदारियों से, शॉर्टकट से आपका कायाकल्प नहीं होगा। इस सूत्र का साफ इशारा है - दीर्घकाल। हम बेहतर सेहत, शांत मन और आनंद से भरपूर लंबी आयु चाहते हैं, लेकिन समय नहीं है साधना के लिए। नहीं, ऐसे में फिर हम चूक जाएंगें।

दूसरा सोपान है – नैरन्तर्य यानी निरंतर। ऐसा नहीं कि आज साधना हो पाया तो फिर दिनों, हफ्तों या महीनों में होगा। कहावत है धीरे-धीरे लेकिन लगातार चलने वाले की ही जीत होती है। ऋषि पतंजलि इसी ओर इशारा कर रहें हैं कि बिना रूके, साधना के सागर में अनवरत-लगातार गोता लगाते रहना है। यहाँ कोई बहाना नहीं चलेगा, मन की चालाकियां नहीं आड़े आनी चाहिए

तीसरा सोपान है – सत्कार, यानी श्रद्धापूर्वक, सिस्टम से। कई लोग योग साधना में इसलिए नहीं आते कि उनकी श्रद्धा है, बल्कि शारीरिक और मानसिक परेशानी की मजबूरियों में योग का दामन थामते हैं। योगसूत्र इशारा करता है कि यहाँ तो श्रद्धा और सही सिस्टम से ही बात बनेगी। कहा भी गया है - 'श्रद्धावान लभते ज्ञानम्' - यानी

जो श्रद्धा से, भरोसे से भरा है वहीं उपलब्ध होगा, उसी को प्राप्ति होगी। श्रद्धा के साथ सत्कार के मायने बेहतर व्यवस्था से भी है। योग एक साइंस है, एक कला है। हर विज्ञान और कला का अपना एक सिद्धांत और पद्धति होती है। इससे छेड़छाड़ कर आप परिणाम हासिल नहीं कर सकते। कई मौके पर योग कराने और करने वाले योग के नियमों, पद्धतियों का कद्र नहीं करते। कई जगह योग के नाम पर एक्सरसाइज़ कराया जा रहा है। प्राणायाम के तरीके गलत तरीके से पेश किए जा रहें हैं। योग के टूल्स के साथ छेड़छाड़ किया जा रहा है। पॉवर और हॉट योग के नाम पर योग की प्राचीन वास्तविक पद्धति का बंटाधार किया जा रहा है। दंड-बैठक, उछल-कूद और सूक्ष्म व्यायाम को योग के नाम पर परोसा जा रहा है। ये वैसी ही बात हुई कि सेब के नाम पर हम आलू खा लें और सेब से मिलने वाले लाभ के बारे में सोचते रहें। ऋषि पतंजलि इसी ओर इशारा कर रहें हैं कि दीर्घकाल और निरंतरता के साथ साधना में समर्पण और सिस्टम का होना ज़रूरी है, तभी सिद्धि होगी, तभी साधना फलदायी होगी।

जैसे एक व्यापारी अपने कार्य को आगे बढ़ाने के लिए घंटों दुकान पर बैठता है, हर दिन अपने दुकान-ऑफिस को खोलता है, उसके व्यापार करने की एक सुनियोजित पद्धति होती है, उसी तरह साधक अपनी साधना में हर दिन ज़्यादा वक्त दें, निरंतरता को बरकार रखें और पूर्ण समर्पण और सिस्टम से योग साधना के सोपान पर आगे बढ़ें, तभी और सिर्फ तभी उन्हें सिद्धि की प्राप्ति होगी।

ॐ

अध्याय 5

ब्रह्मणा लंघणा का प्राण सूत्र

आसन में सांस का अनूठा नियम

पूरी योग साधना दरअसल साँसों को साधने के इर्द-गिर्द रची और बुनी गई है। गुरु नानक ने ऐसे ही नहीं कह दिया– 'सांसों की माला में सुमरू में तेरा नाम'। एक-एक साँस को यानी आती और जाती साँसें, यानी पूरक और रेचक को मोतियों की तरह एक दूसरे से जोड़ें और जैसे ही ये माला की तरह जुड़ेंगें, आपको अपना सुमिरन आएगा, आपको पता चलेगा कि दरअसल आप हैं कौन ? अभी साँस हैं, लेकिन बस बिखरी हुई। साँस का ये बिखराव मन को कही दूर बिखराव दे रहा है। साँस सधेगा, मन मिटेगा और आप अपने सत-चित-आनंद स्वरुप को जान पाएंगें। परमात्मा का प्रकाश आप को स्वयं में दिखेगा।

चले वाते चलं चित्तं, निश्चले निश्चलं भवेत्।

साँस के तेज़ होने से चित्त तेज़ होता है, साँस को स्थिर करने से चित्त स्थिर होता है ।

हठयोग प्रदीपिका - 2. 2

सारा खेल इन साँसों का ही है। इसलिए बहुत ज़रूरी है कि आप योग के चाहे किसी भी आयाम को आजमाएँ, सांसों को साधना ही होगा, साँस को साधना का ज़रूरी माध्यम बनाना होगा। मेरे अनुसार आसन दरअसल और कुछ नहीं साँसों को, प्राणों को साधने का उपक्रम है। प्राणायाम से उलट आसन में साँसों को साधना चुनौती भरा काम है। पहली बात, आसनों में अलग-अलग गति होती है। कोई आगे झुकने वाले आसन, तो कोई पीछे, कोई खड़े तो कोई विपरीत वाले, कहीं ट्विस्ट वाले तो कहीं संतुलन वाले आदि-आदि। चूँकि वायु का कार्य गति देने का है तो आसनों में भी अगर गति बेहतर करनी है, गति में लयबद्धता, संगीत और सौंदर्य पूर्ण करना है तो, वायु यानी साँसों को वहाँ साधना

होगा। जो साधक साँसों का ख्याल किए बिना आसन करते हैं, उनका आसन लाभ देने वाला नहीं हो सकता, ऐसे साधक आसन के दौरान बस नुकसान हासिल करते हैं।

एकबार चुनौती में आपने साँसों को साध लिया तो सहजता में तो बिल्कुल साध लेंगें। एकबार आसन में साँस पे काबू आ गया, फिर प्राणायाम में तो प्रखर हो जाएँगें और फिर दैनिक जीवन में सधे सांसों से सधा आपका मन जीवन को पूर्णता में साध लेगा।

दूसरी बात आसन सिर्फ शारीरिक क्रिया नहीं, दरअसल हर आसन शारीरिक, मानसिक और भावनात्मक तल में हमारे अंदर आई ग्रंथि या ब्लॉकेज़ को हटाने का काम करते हैं। ये ग्रंथि रहे तो प्राण का प्रवाह शरीर के अंदर सुगम न रहेगा और प्राण के अभाव में बीमारियाँ आएँगी, आंतरिक अंग कमजोर होते जाएंगें, आयुष पर बुरा असर पड़ेगा। जो लोग आसन को महज व्यायाम या कसरत की तरह देखते हैं वो प्राण के प्रवाह को आत्मसात् करने में चूक जाएँगें।

बिना सांसों की गति को साधे,आसन सधने वाला नहीं और आसन साधे बिना, ज़्यादा मजबूती से साँस सधने वाला नहीं, फिर साँस नहीं सधा तो मन कैसे सधेगा ? मन के साधे बिना चैतन्य आत्मतत्व की झलक भला कहाँ ? यहाँ सब एक दूसरे से जुड़ें हैं, इसलिए कहा गया- *एक सधे, सब सधे।* ऐसे में, आसन में साँसों के नियम को आगे बढ़ने से पहले कुछ बातें ठीक-ठीक समझ लें।

विन्यास और आसन का फ़र्क

योगासन अभ्यास परंपरा में एक शब्द और आता है वो है विन्यास। विन्यास इन दिनों पश्चिमी देशों में ज़्यादा प्रसिद्ध हुआ है, हालाँकि इसके अर्थ को लेकर वहाँ भी बहुत दुविधा है। दरअसल भारत में भी इसको लेकर समझ या जानकारी नहीं के बराबर है। दरअसल, एक तो होता है आसन जब शरीर एक खास स्थिति में आकर ठहर जाता है। आसन में हम मूवमेंट नहीं करते, नहीं तो वह व्यायाम या एक्सरसाइज़ हो जाएगा। आसन में आने और आसन की स्थिति से निकलने में हम गति करते हैं और इस गति को ही शास्त्र में विन्यास कहा गया। ये गति साधारण न हो, यंत्रवत न हो, इसलिए ख्याल रखा गया कि आसन में तो स्थिरता और सुख है ही, लेकिन आसन की स्थिति में आने और फिर निकलने के वक्त भी वो जागरुकता(माइंडफुलनेस), शांति और ध्यान बना रहे। ऐसे में, विन्यास के साथ साँस को जोड़ा गया, ताकि ये मूवमेंट चलित ध्यान के रूप में हो।

दरअसल आसन में कब साँस लेना और छोड़ना है इसका सीधा मतलब है कि विन्यास के वक्त साँसों की कैसी भूमिका होगी ? आसन की पूर्ण स्थिति में तो साँस नॉर्मल रूप में लंबी और गहरी लें और छोड़ें। स्पष्ट है कि विन्यास आसनों में आने से पहले और बाद की गति है, जिसमें ही हमें सांस के लेने और छोड़ने का नियम समझना है, साधना है।

आसन में साँस का ख्याल रखना ज़रूरी क्यों ?

अक्सर लोग आसन अभ्यास के दौरान साँस लेने छोड़ने के नियमों का ख्याल नहीं रखते। कई बार ख्याल रखते हैं तो उन्हें ठीक-ठीक पता नहीं रहता। आसनों के पूरे लाभ के लिए ज़रूरी है कि हम बाकी पहलुओं के साथ साँसों के तालमेल को भी भलीभांति समझें और अपनाएँ :

- आसन में सांस का ख्याल रखने से आपका मूवमेंट आसान होता है, क्योंकि हम जानते हैं कि वायु का कार्य है गति देना। आसन में अगर आप बेहतर गति चाहते हैं तो सांस लेने और छोड़ने के तरीके का ख्याल रखना ही होगा। आप प्रयोग कर सकते हैं, जब हैडस्टैंड में हाथ पर संतुलन कर रहें हो तो साँस लंबी लें तो आपका शरीर हल्का महसूस होगा और हवा में ऊपर हाथ उठाना आसान होगा, जबकि साँस का ख्याल ना रखने से ख़ुद का शरीर बहुत भारी होगा उठाना।
- आसन में साँस का ख्याल रखने से आप थकते नहीं। एक्सरसाइज़ और योगासन में यहीं सबसे बड़ा अंतर है। कोई भी वर्कआउट जब आप करते हैं तो उसमें ऑक्सीजन की खपत होगी, एक ऐसा वक्त आएगा जब आपका कार्य ज़्यादा और ऑक्सीजन कम होगा, इससे थकान होती है। आसन में एक तो हम स्थिर होते हैं और अगर हम लंबी गहरी सांस लें, तो थकावट बिल्कुल नहीं आती, बल्कि ऊर्जा ज़्यादा मिलती है।
- आसन कि हर स्थिति में खास अंगों का खिंचाव और उसकी मालिश होती है, वाजिब तौर पर जितना ज़्यादा हम आसन में रूकें, उतना ज़्यादा रक्त का प्रवाह उस दिशा में होगा। जब हम लगातार साँस लेने छोड़ने पर ध्यान रखते हैं, तो ऑक्सीजन से युक्त रक्त संबंधित अंगों-मांसपेशियों को मुहैया होता है, इससे प्राण का संचार वहाँ बढ़ता है और ज़्यादा अंग-प्रत्यंग सेहतमंद रहते हैं।
- आसन से ब्लॉकेज़ यानी ग्रंथि हटती है। अब आसन में मौजूद रहने से ग्रंथि तो हट गई लेकिन अगर हमने साँस के लंबे और गहरेपन का ख्याल रखा तो समुचित अंगों को प्राण का संचार भी होगा।
- हमने जाना है कि साँस का सीधा संबंध मन से है। वाजिब तौर से अगर आसन के वक्त साँस पूरा ख्याल रखें, तो हमारा मन नियंत्रण में रहेगा। हमें तनाव से छुटकारा और शांति की प्रतीति तो होगी ही, साथ ही मन के न होने से ऊर्जा संरक्षण भी ज़्यादा होगा।
- आसनों में सांस के लेने छोड़ने से आप एक ही साथ प्राणायाम का भी लाभ ले

पाते हैं, आखिर हम प्राणायाम में भी तो साँस को लंबी और गहरी ही तो करते हैं। साथ ही ये ध्यान की पूर्व अवस्था धारण करने जैसा भी होगा। इसलिए वशिष्ठ योगाश्रम में आसन को चलित ध्यान कहकर भी पुकारते हैं।

- आसन में गलत साँस की विधि, नुकसान के साथ कई रोगों को आमंत्रित कर सकती है। जैसे ट्विस्टिंग आसन में जाने के वक्त साँस छोड़नी होती है, अगर यहाँ साँस लेते हुए ट्विस्ट आसन किए जाएँ तो आंत, पेट और दूसरे आंतरिक अंगों को नुकसान या डिस्कम्फर्ट हो सकता है। यहीं वजह है कि इन दिनों योग इन्ज्यरी एक नया शब्द आ गया है यानी योग में घायल होना। क्या हम योग में घायल होने आते हैं या फिर बेहतर होने आते हैं ? असल में हम बेहतर तब होंगे जब नियमों का पालन हो, श्वास-प्रश्वास गति का ख्याल रहे और रेचक-पूरक की समझ हो। नहीं तो गलत योगासान अभ्यास से भला सही परिणाम कैसे मुमकिन है ?

आसन : ब्रह्मणा और लंघणा का प्राणसूत्र

आसनों में साँसों की प्रक्रिया और नियम को लेकर बहुत दुविधा साधकों में दिखती है। आधुनिक योगियों के मतों ने दुविधा खत्म करने की जगह और बढ़ाई ही है। आसनों की संख्या बहुत ज़्यादा है और हर आसन के मुताबिक सांस लेने-छोड़ने की प्रक्रिया को याद रख पाना बहुत दूभर है, बस इसी वजह से बहुत भ्रम और गलतियाँ बढ़ी। शास्त्रों के इशारे को समझें तो इन आसनों में साँसों की प्रक्रिया के सूत्र तलाशे जा सकते हैं। स्वयं की साधना के दौरान मैंने इन इशारों को पकड़ा और आसन में सांसों की स्थिति जानने के लिए एक नायाब सूत्र या फॉर्मूला हाथ लग गया उसे नाम दिया – **ब्रह्मणा और लंघणा**

पतंजलि योगसूत्र में आठ तरह की सिद्धियों की चर्चा है -

अणिमा महिमा चैव लघिमा गरिमा तथा
प्राप्तिः प्राकाम्यमीशित्वं वशित्वं चाष्ट सिद्धयः।

अणिमा, महिमा, लघिमा, गरिमा तथा प्राप्ति प्राकाम्य इशित्व और वशित्व ये सिद्धियां "अष्टसिद्धि" कहलाती हैं।

- योगसूत्र

आठ तरह की इन सिद्धियों की बात हनुमानजी में भी बताई गई है। हनुमानजी के लिए तुलसीदास ने कहा है, अष्ट सिद्धि, नवनिधि के दाता।

इन आठ सिद्धियों में पहला दो यानी अणिमा और महिमा है। अणिमा का तात्पर्य शरीर को बहुत छोटा कर लेने से है जिसे हमने यहां **लंघणा** नाम दिया है। और महिमा का तात्पर्य है शरीर को बड़ा या विस्तार कर लेने से, जिसे हमने **ब्रह्मणा** नाम दिया है।

ब्रह्मणा शब्द ब्रह्म से बना है, जिसका तात्पर्य होता है विस्तार या फैलाव। तो जब-जब भी आप आसन की स्थिति में फैलाव करें, तब-तब आप साँस लें यानी पूरक की स्थिति। शरीर के हर विस्तार में साँस लेनी है। जैसे आप किसी आसन की स्थिति में हाथ ऊपर कर रहें हैं, जैसे हस्तोत्तान आसन, तो शरीर आपका मौजूदा स्थिति से बड़ा हो रहा है, तो यहां साँस लेनी है।

अगर आप शवासन से सर्वांगासन में जा रहें हैं तो आपका पाँव ऊपर की ओर विस्तार ले रहा है, तो साफ है कि ये ब्रह्मणा की स्थिति है, यहाँ साँस लेनी है। शरीर मौजूदा स्थिति से जब भी किसी भी दृष्टि या आयाम में विस्तार ले रहा हो, फैलाव कर रहा है, तो पूरक यानी सांस लेनी की ही प्रक्रिया करनी है।

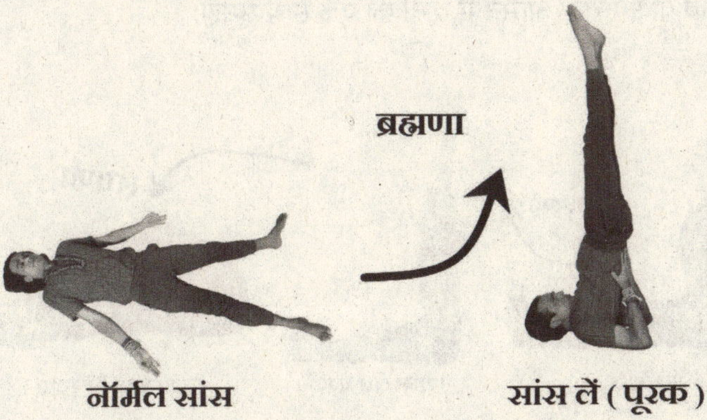

लंघणा शब्द लघु से बना है, जिसका तात्पर्य छोटे होने से है। ब्रह्म विस्तार है तो लघु संकुचन के अर्थ में है। **लंघना की स्थिति में हमें सांस छोड़नी है यानी रेचक प्रक्रिया।** आसन की मौजूदा स्थिति से जब भी आप अपने आकार को छोटा करते हैं या संकुचित करते हैं तो रेचक करनी है।

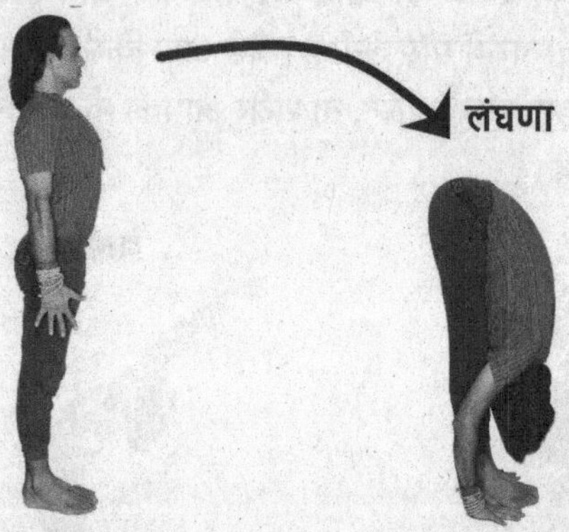

नॉर्मल सांस सांस छोड़े (रेचक)

जैसे हम खड़े हैं और हमें पादहस्तासन करना है, तो हम वास्तविक स्थिति से अपना आकार झुकने की वजह से छोटा कर रहें हैं तो ये स्थिति लंघणा की है। इस तरह के जितने भी फॉरवर्ड बैंडिंग यानी आगे झुकने वाले आसन है, उनमें रेचक की प्रक्रिया अपनाई जाएगी

तो ये सबसे बड़ा सिद्धांत निकलकर आया है जो 80 फीसदी से ज़्यादा आसनों में साँसों की गति नियम को स्पष्ट कर देगा। आसन की हर स्थिति जिसमें विस्तार हो, जिसमें साँस लेनी है यानी पूरक, वो ब्रह्मणा है और जिस स्थिति में संकुचन या छोटा होना हो वहाँ साँस छोड़नी है यानी रेचक, वहाँ लंघणा है, हालाँकि कुछ खास मामलों में इसका अपवाद हो सकता है।

अब पश्चिमोत्तान आसन से दोनों को एक साथ समझें:

नॉर्मल सांस सांस लें (पूरक) सांस छोड़ें (रेचक)

आप समझ सकते हैं दंड़ासन सामान्य स्थिति है तो आपकी सांसें सामान्य रूप से यहाँ चलेगी। अब जैसे आपने आसन में आने के लिए पहली गति की यानी आपके हाथ ऊपर की ओर उठते हैं, आसन में ऐसा हम स्पाइन(रीढ़) और बैक (पीठ) को ज़्यादा सीधी करने के लिए करते हैं। ये स्थिति मौजूदा दंडासन की स्थिति से हाथों का विस्तार है यानी ब्रह्मणा है, तो यहाँ पहले साँस लेंगें।

तीसरी स्थिति यानी पश्चिमोत्तान आसन में पहुँचने की है। इस स्थिति में हमारा शरीर दूसरी स्थिति की तुलना में छोटा यानी लघु हो रहा है, यहाँ संकुचन हो रहा है, तो ऐसे में ये लंघना की स्थिति है, जिसमें रेचक यानी साँस छोड़नी होगी।

ख्याल रहें, आसन की पूर्ण स्थिति में पहुंचने पर सांसों को सामान्य रखना है, क्योंकि यहाँ हम गति नहीं कर रहें। सिर्फ और सिर्फ आसन में आने या निकलने के वक्त ही ब्रह्मणा और लंघणा का सांस सिद्धांत काम करेगा, बाकी वक्त में नॉर्मल लंबी गहरी सांस को आप बनाएँ रखें।

कुछ और चीजों को ध्यान रखें तो विन्यास में यानी आसनों की स्थिति में साँसों के तालमेल का आप ख्याल रख पाएंगें। पूरा चार्ट यहाँ समझें–

- ब्रह्मणा - यानी शरीर के विस्तार की स्थिति में – पूरक
- लंघणा - यानी शरीर के झुकने या लघु स्थिति में यानी आगे झुकने वाले सारे आसनों में,जैसे पश्चिमोत्तानासन – रेचक
- ट्विस्ट वाले आसन विन्यास में, जैसे अर्ध मत्स्येंद्र आसन – रेचक
- बैकबैंड वाले आसन जैसे धनुरासन – पूरक
- फॉरवर्ड बैंड यानी आगे झुकने वाले आसन में – रेचक
- शरीर को उठाने वाले आसन जैसे शीर्षासन – पूरक

इन सबके अलावा बाकी स्थिति में आप अपने साँसों को सहज रखें यानी नॉर्मल स्थिति में बनाएँ रखें। आसन में उतना ही रूकें जितना आपको कम्फर्ट या सहज या क्षमतानुसार हो, नहीं तो साँस बिगड़नी शुरू हो जाएगी। नित्य अभ्यास से ही आसन में रूकने की क्षमता और सांस को साधने की कला विकसित होगी

अध्याय 6

प्रकृति, बीमारी और योगासन क्रम

आसनों का वर्गीकरण

योग स्वरूपनी माँ पार्वती ने एक बार आदियोगी शिव से पूछा कि आसन कितने प्रकार के होते हैं ? महायोगी शिव ने कहा जितनी योनि, उतने ही आसन। अब कहीं-कहीं योनियों की संख्या 84 लाख तक बताई जाती है, तो कहीं 84 हज़ार, तो क्या आसनों की संख्या भी इतनी ही हैं ? बेशक नहीं, बल्कि योगी शिव का इशारा कुछ और है, जिसे हम समझ नहीं पाएँ हैं। इशारा साफ है कि हर योनि यानी जीव अलग-अलग है, इसलिए हर एक के लिए अलग-अलग आसन हो। हर व्यक्ति अलग-अलग है, उसकी उम्र, शारीरिक शक्ति-गठन, मानसिक स्थिति, खानपान, कार्यशैली हर पहलू हर एक व्यक्ति से अलग है, तो साधना एक जैसी कैसे हो सकती है ? वशिष्ठ योग आश्रम ने इस प्रकृति को समझते हुए व्यक्ति आधारित साधना की प्राचीन पद्धित को ज़्यादा तवज्जो दी है। हम एक ही साइज़ के कपड़े नहीं पहनते, एक ही साइज़ के जूते नहीं लेते, एक जैसी हमारी दवाईयाँ नहीं होती, तो भला एक जैसा योगाभ्यास क्यों होगा ?

समस्या वहीं से शुरू होती है जब मैं अपने द्वारा किए जा रहे अभ्यास को आपको करने की सलाह देता है, बिना आपकी ज़रूरत, स्थिति और तन-मन की संरचना को समझते हुए। इस संसार में हर व्यक्ति अद्भुत है, इसलिए हर के हिसाब से साधना की सीरीज़ यानी योगक्रम की रचना होनी चाहिए

स्वधर्मे निधनं श्रेयः परधर्मो भयावहः ।

अपनी निजता में मरना श्रेष्ठ है, दूसरे की नकल (परधर्म) भयावह है।

-गीता 3.35

यहाँ आज के धर्म की जो हमारी परिभाषा या समझ है, गीता उसकी बात नहीं कर रही है। स्वधर्म का तात्पर्य हमारी निजता यानी हमारे स्वयं के होने से है और परधर्म यहाँ दूसरे के होने की अभिव्यक्ति है। श्रीकृष्ण कह रहें हैं कि तुम अपने में

अनूठे हो, तुम्हारे होने की अपनी गति है, धर्म है, उसमें होने में मृत्यु भी हो जाएं तो वो श्रेष्ठ है। दूसरे का होना तुम्हारा होना नहीं हो सकता, दूसरे की गति तुम्हारी गति नहीं हो सकता। हर व्यक्ति अनोखा है, उसे अपने तरीके का होना होगा और उसी में कल्याण है।

साधना में भी यहीं बात लागू होती है, लेकिन हम यहाँ भी नकल में जीते हैं। दूसरे हाथ में संतुलन करते हैं तो हमें भी करना है, जाहे उसकी तैयारी हो या नहीं। कोई साधक कोई आसन या प्राणायाम कर रहा है और हमें भी करने को कह रहा है और हमने बिना अपनी प्रकृति या ज़रूरत को समझे उसे शुरू भी कर दिया, तो ये साधना की संस्कृति नहीं।

आसन का नेचर और आपकी ज़रूरत

जब हर अलग-अलग व्यक्ति का नेचर-प्रकृति और संस्कार अलग-अलग होता है, तो हर आसन भी अलग-अलग प्रकृति और स्वभाव का होता होगा ? यकीनन, साधना की गहराई में उतरने से आपको समझ आएगा कि हर आसन या उस आसन के ग्रुप का नेचर एक जैसा दिखाई पड़ता है।

हर ग्रुप के आसनों का स्वभाव या रिजल्ट दूसरे ग्रुप के आसनों से भिन्न जान पड़ता है। एक बार आसनों की इस प्रकृति को आप समझ गए तो आपको आसानी होगी कि किस मिजाज-मूड या समस्या में आप कौन से आसन करें ? ख्याल रहे कि हर आसन या आसनों का ग्रुप कई तरह के लाभ या नेचर से भरा हुआ है, इसलिए हर वर्ग के आसनों की संपूर्ण साधना में मौजूदगी होनी चाहिए।

यहाँ नीचे जो रेखाचित्र खींचे जा रहें हैं उनमें खास आसन ग्रुप के प्रभावी यानी डोमिनेंट नेचर को दिखाने की कोशिश की गई है:

आसन का मुख्य ग्रुप और उसकी प्रकृति

आसन का मुख्य ग्रुप और उसकी प्रकृति

क्रम	आसन ग्रुप	प्रतीक आसन रेखाचित्र	मुख्य प्रकृति या परिणाम	मुख्य चक्र	प्राण जागरण
1.	फॉरवर्ड बैंड - आगे झुकने वाले आसन		शांति	स्वाधिष्ठान चक्र	समान वायु
2.	बैक बैंड - पीछे झुकने वाले आसन		स्फूर्ति-ऊर्जा आंतरिक अंगों की मजबूती	अनाहत चक्र	प्राण वायु
3.	ट्विस्ट आसन		विजातीय पदार्थ की सफाई शरीर शुद्धि	मणिपुर चक्र	समान वायु
4.	हिप्प ओपनिंग		नेगेटिव एनर्जी खत्म , पॉजिटिव फीलिंग महसूस	स्वाधिष्ठान चक्र	अपान वायु
5.	स्टेंडिंग खड़े होकर करने वाले आन		चुनौती में जमीन से जुड़े रहने की शक्ति	मूलाधार चक्र	व्यान वायु
6.	संतुलन आसन		एकाग्रता , शांति	मूलाधार चक्र आज्ञा चक्र	व्यान वायु
7.	नाभि शक्ति आसन / एब्स या कोर		कॉन्फिडेंस और शरीर के केंद्र को मजबूती	मणिपुर चक्र	समान वायु
8.	अपसाइड डाउन / विपरीत आसन		आंतरिक अंगों को ज्यादा रक्त और प्राण प्रवाह	विशुद्धि चक्र सहस्त्रार चक्र	उदान वायु

इस चार्ट को ठीक - ठीक समझना ज़रूरी है। चार्ट में बताए गए चक्र और प्राण वायु के बारे में विस्तार से आगे के अध्यायों में चर्चा की जाएगी। इस चार्ट को समझ लेने से आपको आसानी होगी कि अपने बदलते मूड-मिजाज और शारीरिक-मानसिक स्थिति के हिसाब से आपको किस तरह के आसनों की साधना करनी चाहिए, ताकि आप तुरंत खुद को संतुलित मनोस्थिति में ला सकें। शारीरिक-मानसिक और भावनात्मक किसी भी स्थिति में ये असरदार हैं। यहाँ तक कि बीमारियों की स्थिति में भी ये चार्ट आपको एक मोटी समझ देगा कि आखिर किन आसनों के ग्रुप की मदद आपको मिल सकती है ।

बीमारी और मिजाज के हिसाब से आसनों का ग्रुप

आगे के अध्याय में हम चर्चा करेंगें आप अपने लिए खुद कैसे योग की सीरीज़ को बनाएँ। अलग से आसन या प्राणायाम का वैज्ञानिक रूप से संतुलित सीरीज़ कैसे गढ़ें?

लेकिन ऊपर दिए गए आसनों के नेचर चार्ट की मदद से भी आप बहुत कुछ समझ सकते हैं और ज़रूरत के हिसाब से आसनों के ग्रुप को प्रयोग में ला सकते हैं। यहाँ पर आपको एक बेसिक अलग-अलग आसनों के ग्रुप का छोटा सीरीज़ मिल जाएगा। ध्यान रहें कि आप अपने तल से हर ग्रुप के लिए आसनों का चुनाव कर सकते हैं, क्योंकि हर ग्रुप में कई आसन होते हैं, यहाँ सिर्फ पाँच आसनों को बताया जा रहा है।

सीरीज़ का बेहतर लाभ लेने के लिए पहले दो से चार राउंड सूर्यनमस्कार कर सकते हैं। बेसिक सीरीज़ करने के बाद प्रतिक्रिया आसन यानी काउंटर आसन ज़रूर करें, ताकि किसी तरह का असुंतलन न रह जाए। शवासन में फिर कुछ देर आराम करें। सुविधा के हिसाब से आप फिर प्राणायाम और ध्यान जोड़ सकते हैं। ख्याल रहें ये सीरीज़ सुबह या शाम या फिर दोनों वक्त किया जा सकता है। हाँ, शाम में करने की स्थिति में भोजन और अभ्यास के बीच कम से कम चार घंटे का अंतर हो।

पाँच बेसिक फॉरवर्ड बैंड आसन सीरीज़

1.

बालकासन

2.

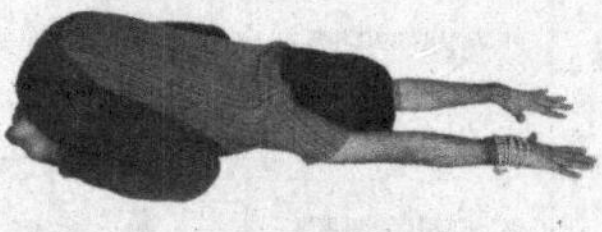

शशांकासन

3.

अधोमुख श्वानासन

4.

जानु शीर्षासन

5.

पश्चिमोत्तान आसन

प्रतिक्रिया-काउंटर आसन – पूर्वोत्तान आसन

पूर्वोत्तान आसन

कैसे और क्यों देता है फॉरवर्ड बैंड आसन लाभ ?

- मंदिर,मस्जिद, गुरुद्वारा कहीं भी हम जाते हैं तो आगे झुककर प्रणाम करने का रिवाज़ है, दरअसल आगे झुकने से ब्लड का फ्लो सिर की ओर बढ़ता है और हमें शांति-सुकून का एहसास होता है, बस स्थिति में थोड़ा हमें ठहरना होगा। शांति के साथ ही धर्म में प्रवेश किया जा सकता है, इसलिए ताज्जुब नहीं कि हर उपासना स्थल पर आगे झुकने का रिवाज़ विकसित हुआ।
- आगे झुकने वाले आसन आंतरिक अंगों की मालिश कर वहाँ प्राण के प्रवाह को बढ़ाते हैं- खासकर आंतों, पेट, पेन्क्रियाज (डायबिटीज मैनेज में ज़रूरी अंग) किडनी, गॉल ब्लाडर-यूरिन ब्लाडर के लिए ये बहुत उपयोगी हैं।
- ब्रेन दिनभर सबसे ज़्यादा कार्य करता है, आगे झुकने वाले आसन ब्रेन में प्राण का संचार कर उसें ज़्यादा ऑक्सीजन और रक्त पहुँचाकर सुकून का एहसास देते हैं।
- ये आसन चंद्रनाड़ी को एक्टिव करते हैं, जिससे हम ज़्यादा रिलैक्स और शरीर को ज़्यादा रिपेयर यानी मरम्मत कर पाते हैं।
- फॉरवर्ड बैंड समान प्राण वायु को एक्टिव कर पाचनतंत्र और संबंधित अंगों को मजबूती देता है।
- चक्र साधना में ये आज्ञा चक्र जागरण में सहायक होते हैं।

किन बीमारियों या तन-मन स्थिति में करें फॉरवर्ड बैंड के आसन ?

- तनाव या चिंता की स्थिति में
- हाई बीपी की स्थिति में
- अपच की स्थिति में

- आंतों, पेट, लीवर के रोग में
- डायबिटीज़ की स्थिति में

पाँच बेसिक बैक बैंड आसन सीरीज़

1.

भुजंगासन

2.

शलभासन

3.

विमानासन

4.

सुप्त बद्धकोणासन

5.

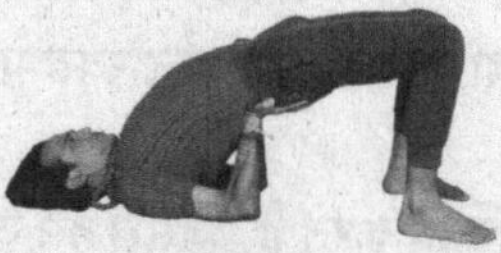

सेतुबंध आसन

काउंटर आसन – शशांकासन

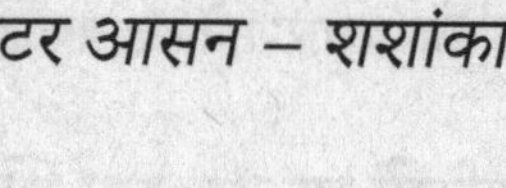

शशांकासन

कैसे और क्यों देता है बैक बैंड आसन लाभ ?

- पीछे झुकने वाले सारे आसन छाती के हिस्से को स्ट्रेच करते हैं और उसे खोलते हैं, साथ ही प्राण वायु को एक्टिव करते हैं। इससे आंतरिक अंगों खासकर हृदय, फेफड़ें इत्यादि को मजबूती मिलती है और प्राण का संचार बढ़ता है। दोनों अंगों की बेहतरी से पूरे शरीर में ऑक्सीजन युक्त रक्त संचार की आपूर्ति बढ़ती है और ऊर्जा और जीवन बढ़ता है
- बैंकबैंड के आसन थाइमस ग्लैंड व स्पलीन को एक्टिव सेहतमंद रख हमारी रोग प्रतिरोधक क्षमता को मजबूती देता है। कोरोना वाइरस काल में ऐसे आसन काफी उपयोगी सिद्ध हुए हैं। सामान्य सर्दी जुकाम जो वाइरस जनित हो, बैकबैंड के आसन में लाभ देंगे।
- बैक बैंड आसन लंग्स और फेफड़े में फंसे कफ को भी बाहर निकालने में उपयोगी हैं।
- बैक बैंड आसन अनाहत चक्र पर कार्य करता है। अनाहत के जागरण से हृदय संबंधित सभी विकारों का नाश होता है और हम प्रेम और पॉजिटिव ऊर्जा से भर जाते हैं।
- बैक बैंड सूर्यनाड़ी को एक्टिव करता है। शरीर में सूर्य-चंद्र दोनों एक समान संतुलन में कार्य करना चाहिए। सूर्यनाड़ी के संतुलित जागरण से हमारे अंदर स्फूर्ति, ऊर्जा और फोकस बढ़ता है। आगे के अध्याय में हम दोनों नाड़ी का विस्तार से वर्णन करेंगे।

किन बीमारियों या तन-मन स्थिति में करें बैक बैंड आसन ?

- ऊर्जा की कमी लगें, खासकर ऑफिस समाप्ति या शाम का वक्त।
- आलस्य लगें, स्फूर्ति कम हो, खासकर सुबह का वक्त।
- डिप्रेशन (अवसाद) में भी हम ढीलें ढीलें होते हैं, उस समय बैंक बैंड सीरीज़, ताज़गी की गारंटी है।
- हृदय की समस्या के दौरान सहजता के साथ जो सुलभ हो वो करें।
- अस्थमा – सांस रोग या अस्थमा की स्थिति में धीरे-धीरे करने से आपको कुछ दिनों में लाभ दिखने लगेगा
- लीवर – फैटी लीवर या सूजन, लीवर सिरोसिस की स्थिति में भी ये आसन लाभ देंगे।

पाँच बेसिक ट्विस्टिंग आसन सीरीज़

1.

कटिचक्रासन

2.

मेरुदंडासन

3.

अर्ध मत्स्येंद्रासन

4.

भारद्वाज आसन

5.

मरिचयासन

काउंटर आसन – शशांकासन

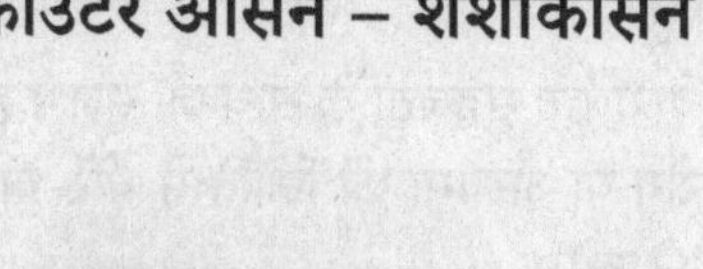

शशांकासन

कैसे और क्यों देता है ट्विस्ट आसन लाभ ?

- जैसे कपड़े को निचोड़ने से उसमें छुपी गंदगी भी बाहर आ जाती है, उसी तरह ट्विस्टिंग आसन से शरीर में मौजूद विजातीय पदार्थ बाहर आ जाते हैं
- ट्विस्टिंग के आंतरिक अंगों की मालिस अच्छी होती है और प्राण का संचार बढता है। खासकर पेट, आंतों, लीवर, किडनी में नई ऊर्जा व जीवन का संचार होता है।
- फॉरवर्ड और बैक बैंड से पीठ की मांसपेशियों और हड्डियों का कभी ज़्यादा खिंचाव हो जाता है, उसके बाद किए जान वाले ट्विस्टिंग आसन से पूरा बैक मसल्स और रीढ़ की हड्डी सहज संतुलित स्थिति में आ जाती है।
- ट्विस्टिंग आसन समान प्राण को एक्टिव करता है, जिससे हमारी पाचन प्रक्रिया तीव्र होती है।
- ट्विस्टि आसन खासकर चक्र साधना में कारगर है, क्योंकि ये स्पाइन(रीढ़) पर खास काम करता है

किन बीमारियों या तन-मन स्थिति में करे ट्विस्टिंग आसन ?

- आलस्य वाले मूड में ट्विस्टिंग आसन जागरण का कार्य करता है।
- ट्विस्टिंग खासकर आंतों, पेट, लीवर और किडनी पर खासतौर से काम कर उसे फिट बनाता है। लीवर किडनी हमारे शरीर की गंदगी साफ करने के मुख्यकार्य करते हैं।
- ट्विस्टिंग आसन कमर की मांसपेशियों, रीढ़ की हड़्डियों में भी नई ऊर्जा का संचार करता है।
- ट्विस्टिंग आसन चूंकि समान प्राण वायु को एक्टिव करता है, ऐसे में अपचन रोग और डायबिटीज़ में बहुत उपयोगी है।
- पेट की बीमारी, आंतों का सूजन, लीवर-किडनी की समस्या, दूषित रक्त के रोग वाले ट्विस्टिंग आसनों को अपने अभ्यास का हिस्सा ज़रूर बनाएँ।

पाँच बेसिक हिप ओपनिंग आसन सीरीज़

1.

प्रसारित पाद उत्तानासन

2.

बद्धकोणासन

3.

आनंद बालकासन

4.

कोणासन

5.

सुप्त पादअंगुष्ठासन

काउंटर आसन – अपानासन

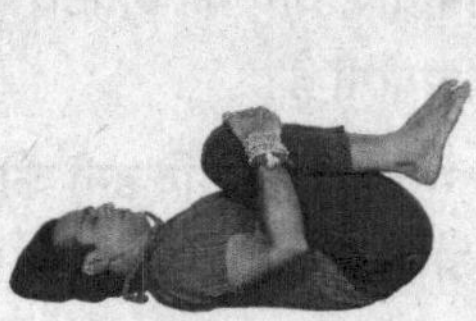

अपानासन

कैसे और क्यों देता है हिप ओपनिंग आसन लाभ ?

- हमारे शरीर की संरचना में कूल्हा (हिप) केंद्र बिंदु (सेंटर प्वाइंट) है। चाहे टहलना, दौड़ना, चलना, भागना या फिर बैठना हो, हर वक्त कूल्हे का क्षेत्र सबसे ज़्यादा सक्रिय रहता है। ऐसे में, शरीर का यह सेंटर प्वाइंट टाइट या कम लचीला हो जाता है और प्राण का संचार अवरुद्ध हो जाता है। हिप ओपनिंग के आसन कूल्हे और जाँघ के क्षेत्र को में खिंचाव कर उसे लचीला और प्राणयुक्त करते हैं। इससे ऊपरी शरीर - कमर, रीढ़ और नीचे पैरों को आराम मिलना शुरू होता है। हिप के खुलते ही ऊपरी और नीचे के शरीर का लचीलापना ज़्यादा महसूस होता है और प्राण का संचार दोनों हिस्सों में बढ़ता है।
- योग दर्शन मानता है कि हमारी नकारात्मक ऊर्जा हिप थाई(कूल्हे और जाँघ) के इलाके में जमा होती है। ऐसे में जितना ही हम हिप ओपनिंग करेंगें, हमें पॉजिटिव ऊर्जा उतनी ही ज़्यादा महसूस होगी और शरीर में हल्केपन का एहसास होगा।
- हिप ओपनिंग के आसन पेल्विक फ्लोर(पेट के निचले हिस्से) को मजबूत करते हैं इससे हमारे प्रजनन तंत्र और उत्सर्जन तंत्र (मल-मूत्र, वीर्य निकासी) मजबूत और सुचारु होते हैं।
- हिप ओपनिंग के आसन स्वाधिष्ठान चक्र के जागरण में सहयोगी है और ये चक्र हमारे अंदर रचनात्मकता और सकारात्मता ऊर्जा के लिए उत्तरदायी है।

किन बीमारियों या तन-मन स्थिति में करें हिप ओपनिंग आसन ?

- जब मिजाज निगेटिव हो, तो हिप ओपनिंग के साथ आपके भीतर धनात्मक ऊर्जा का संचार होगा।
- अगर आप संतान प्राप्ति की चाहत रखते हैं तो दंपत्ति यानी पति-पत्नी छह महीने पहले से हिप ओपनिंग के आसनों पर खास ध्यान दें।
- यौन वीर्य रोग से संबंधित हर रोग में हिप ओपनिंग मददगार है।
- महिलाओं के मासिक धर्म में किसी भी अनियमितता या परेशानी में और पुरुष के प्रोस्टेट ग्लैंड की बीमारी में हिप ओपनिंग के आसन बहुत कारगर है। इसे अगर पहले से करें तो ये समस्या ही न पेश हो।
- हिप ओपनिंग चूंकि रचनात्मकता (क्रिएटिविटी) को बढ़ाता है, तो ऐसे सभी

व्यवसायिक शख्स जो क्रिएटिव फिल्ड में हाथ आजमा रहें हैं, वो हिप ओपनिंग को करियर में उछाल का साथी मानें।

- हिप ओपनिंग अपान वायु को बेहतर करता है, इसलिए कब्ज, मूत्र रोगी और दूसरे उत्सर्जन तंत्र से संबंधित रोगी हिप ओपनिंग के आसन नियमित तौर पर करें।

पाँच बेसिक स्टेंडिग (खड़े होकर करने वाले) आसन सीरीज़

1.

त्रियक ताड़ासन

2.

त्रिकोणासन

3.

पार्श्वकोणासन

4.

पादहस्तासन

5.

वीरभद्रासन-अ

काउंटर आसन – शवासन

शवासन

कैसे और क्यों देता है स्टेंडिंग आसन लाभ ?

- बैठने की तुलना में खड़े वाले आसन चुनौती ज़्यादा देते हैं, क्योंकि आपको आसन की स्थिति के साथ गुरुत्वाकर्षण से भी सामंजस्य बैठाना होता है। ऐसी स्थिति में शरीर और ब्रेन दोनों की शक्ति ज़्यादा बढ़ती है।
- व्यान वायु को एक्टिव कर नर्वस सिस्टम, इम्युनिटी, रक्त संचार प्रणाली को मजबूती देता है।
- गुरुत्वाकर्षण चूंकि चीज़ों को अपनी ओर ज़्यादा खींचता है, तो ऐसे में खड़े आसन में शक्ति को चुनौती मिलने के साथ स्ट्रेचिंग भी ज़्यादा होती है। आप चाहें या न चाहें लेकिन गुरुत्वकर्षण अपना काम करेगा ही। ऐसे में इस वर्ग के आसन ज़्यादा शक्ति और लचीलापन बढ़ाते हैं, ये आपके कैलोरी ऊर्जा को ज़्यादा खपत भी करते हैं और मोटापा कम करने में भी असरदार होते हैं।
- अब इन दो आसनों को देखें :

पाद हस्तासन

पश्चिमोत्तान आसन

दोनों आसन में कमोबेश एक जैसी स्थिति है, बस अंतर ये है कि एक खड़े होकर किया जा रहा है और दूसरा बैठकर।

- दोनों आसनों का अभ्यास करें और तुलना करें। आप पाएँगें कि खड़े वाले स्थिति

में स्ट्रेच ज़्यादा हो रहा है, झुकना आसान है, शक्ति ज़्यादा शरीर की लगी पड़ी है, पेट और आंतरिक अंगों की मालिश ज़्यादा हो रही है।

- उम्र के साथ हमारे शरीर की ऊर्जा कम होती जाती है। बुढ़ापे में दूसरे का सहारा लेना सबसे दुखद जान पड़ता है। स्टैंडिंग आसन आपके पांव, पेल्विक फ्लोर(पेट का निचला हिस्सा) को मजबूत करने के साथ आपके सेन्स ऑफ बैलेंस यानी संतुलन की समझ को विकसित करते हैं। ऐसे में उम्र के चालीस पड़ाव के बाद इन आसनों पर ज़्यादा जोर दें, ताकि आपका बुढ़ापा बोझ नहीं, बल्कि उमंग का एहसास दे।

किन बीमारियों या तन-मन स्थिति में करें स्टेंडिंग आसन ?

- उम्र के चालीसवें पड़ाव के बाद स्टेंडिंग आसनों पर खास जोर दें, क्योंकि जीवन अब तक के भागम-भाग से थका होगा और आगे बुढ़ापे के लिए पांव की मजबूत नींव चाहिए।
- टहलने वाले, धावक, लगातर रसोई या दूसरी जगह खड़े होकर काम करने वाले स्टैंडिंग आसन के जरिए अपनी दैनिक कार्य ज़रूरत के हिसाब से खुद को तैयार कर पाएंगें।
- पैर की नसों में कोई समस्या हो।
- भविष्य में घुटने या पैरों से संबंधित तकलीफ को टालना हो।
- शरीर की शक्ति या लचीलापन बढ़ाना हो।
- कई मामलों में नर्वस सिस्टम की कमज़ोरी की स्थिति में।
- डायबिटीज में स्टैंडिंग आसन शुगर की मात्रा को कंट्रोल करने में सहायक है।

पाँच बेसिक संतुलन आसन सीरीज़

1.

हस्त उत्तानासन

2.

वृक्षासन

3.

शीर्षासन

4.

वशिष्ठासन

5.

उभय पाद अंगुष्ठासन

काउंटर आसन – बालकासन

बालकासन

कैसे और क्यों देता है संतुलन आसन लाभ ?

- संतुलन के कोई भी आसन गुरुत्वाकर्षण के खिलाफ भरपूर चुनौती है। हमारा मस्तिष्क हमारे शरीर की संरचना के हिसाब से हमें गुरुत्वाकर्षण के साथ संतुलित करता रहता है, सालों से ब्रेन यह कार्य हमारे लिए करता रहता है। जब हम संतुलन के आसन करते हैं, जैसा चित्रों में ऊपर दिया गया है, ब्रेन को एक नए आयाम में शरीर की संरचना दिखती है, जो अमूमन पहले नहीं थी, जैसे सिर पर खड़े होना या एक पाँव पर संतुलित होना। ब्रेन ने ऐसी स्थिति को कभी संभाला नहीं था। ऐसे में, एक नई स्थिति के लिए उसे तैयार करना होता है और इस तरह ब्रेन का विकास होता है। शरीर संरचना विज्ञान कहता है कि जिस भी हिस्से का हम बार-बार इस्तेमाल करते हैं, वो ज़्यादा मजबूत हो जाता है। जैसे अगर दाहिना हाथ हम इस्तेमाल करते हैं तो वो बाँये से ज़्यादा मजबूत होता है। सालों साल से मन भी ज़्यादा इस्तेमाल किए जाने से मजबूत हुआ है और वह हमारे वश से बाहर जा रहा है।
- मन विचारशील हो गया है, हम चाहकर भी उसे रोक नहीं पाते। ऐसे में संतुलन आसन मन को नियंत्रण करने में सहायक है। संतुलित होने के लिए एक जगह स्थिर होना ज़रूरी है। शीर्षासन जैसे आसन में अगर हमारा फोकस नहीं है, तो हम गिर भी सकते हैं। इस तरह संतुलन आसन हमारी एकाग्रता भी बढ़ाता है और ये हमें मन पर नियंत्रण करना भी सीखाता है। मन विचारों के जरिए हमारी बहुत ऊर्जा खपत करता है। ऐसे में, संतुलन के आसन की उपयोगिता आप समझ सकते हैं।
- संतुलन के आसन हमारी मांसपेशियों को अलग तरीके से मजबूत भी करते हैं। जैसे हम दो पांवों पर खड़े रहते हैं हमेशा, लेकिन वृक्षासन में एक पाँव पर सारा वजन हमारा होता है। ज़्यादा वजन ढोने की वजह से वो पाँव धीरे-धीरे ज़्यादा मजबूत होता है और पाँव की स्नायु को भी ज़्यादा बल मिलता है। फिर दूसरे पाँव में भी हम यहीं दोहराते हैं

किन बीमारियों या तन-मन स्थिति में करें संतुलन आसन ?

- एकाग्रता या फोकस की कमी में
- विचारों में यदि आप ज़्यादा खोए रहते हैं
- डिप्रेशन और तनाव की स्थिति में
- गुस्सा या चिड़चिड़ेपन की स्थिति में
- फ्लैट फिट की समस्या में (खड़े होकर संतुलन वाले आसन)

पाँच बेसिक कोर-स्ट्रेंथ आसन (नाभि शक्ति विकास) सीरीज़

1.

दंडासन

2.

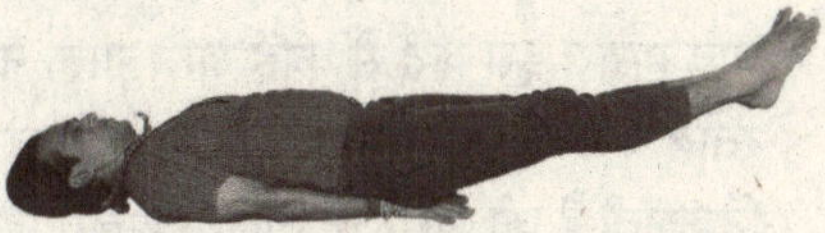

उत्तान पादासन

3.

नवासन

4.

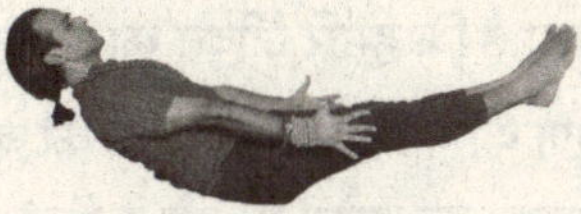

अर्ध नवासन

5.

लोलासन

काउंटर आसन – सेतुबंधासन-अपानासन

सेतुबंधासन

अपानासन

कैसे और क्यों देता है नाभि शक्ति आसन लाभ ?

- दरअसल जब हम मां के गर्भ में होते हैं, तो नाभि से ही हमारे अंदर प्राणों का संचार होता है और वहाँ हम बड़े जतन से अंदर विकसित हो रहे होते हैं। जन्म के बाद हमारा इस केंद्र से कोई खास नाता नहीं रह जाता, जबकि शक्ति का हमारा स्तोत्र यही था। योग मानता है कि मणिपुर स्थल यानी नाभि से 72 हजार नाड़ियाँ निकलती है जो शरीर के अलग-अलग हिस्सों में पहुँच कर प्राण ऊर्जा का संचार करती हैं। नाभि शक्ति आसन मणिपुर केंद्र को जाग्रत कर इन 72 हजार नाड़ियों के अवरोध को दूर कर प्राण संचार को व्यवस्थित और मजबूत करता है।
- विष्णु के नाभिकमल से ब्रह्मा की उत्पति और दुनिया का सृजन दरअसल यह इशारा है कि हमारे जीवन का सृजन भी नाभि से ही जुड़ा है।
- रावण की नाभि में अमृत होने की बात हम रामायण में सुनते है। हम सबके नाभि में अमृत का बसेरा है, बस साधना से उसे जाग्रत किए जाने की ज़रूरत है। जैसे रावण की नाभि शक्ति को राम ने कमज़ोर किया, तभी उसका वध मुमकिन हुआ, उसी तरह हमारी नाभि शक्ति क्षीण होने से हमारा प्राण बल कमजोर हो जाता है।
- शरीर विज्ञान भी मानता है कि नाभि हमारे शरीर का शक्ति केंद्र है। जैसे घर में नींव होती है, वैसे ही नाभि हमारी नींव है। नाभि मजबूत हो तो शरीर के दूसरे हिस्से या मांसपेशियों पर कभी झटका नहीं आता। डॉक्टर भी मानते हैं कि कमर-स्पाइन की समस्या तभी शुरु होती है, जब नाभि कमजोर होना शुरू हो जाती है।

किन बीमारियों या तन-मन स्थिति में करें नाभि शक्ति (Core Strength) आसन ?

- कॉन्फिडेंस या संकल्प की कमी की स्थिति में।
- कमर स्पाइन की समस्या हो तो बहुत सावधानी और जानकार गुरु के देख-रेख में नाभि को मजबूत करने पर धीरे-धीरे काम करें। ख्याल रहे गलत तरीका से कमर स्पाइन पर ज़्यादा समस्या बढ़ सकती है।
- नाभि खिसकने की समस्या भी आम है, जिसमें कई बार लूज मोशन तो कभी कब्ज हो जाता है, ऐसी स्थिति में ये आसन कारगर हैं।
- आंतों की कमजोरी में, कब्ज रोग में।
- वे लिफ्टिंग या भारी-भरकम काम करते हों, तो ज़रूर नाभि शक्ति बढ़ाएँ।

पाँच बेसिक विपरीत आसन सीरीज़

1.

अधोमुख श्वानासन

2.

शीर्षासन

3.

सर्वांगासन

4.

हलासन

5.

विपरीत करनी

प्रतिक्रिया या काउंटर आसन – मत्स्यासन, बालकासन

मत्स्यासन

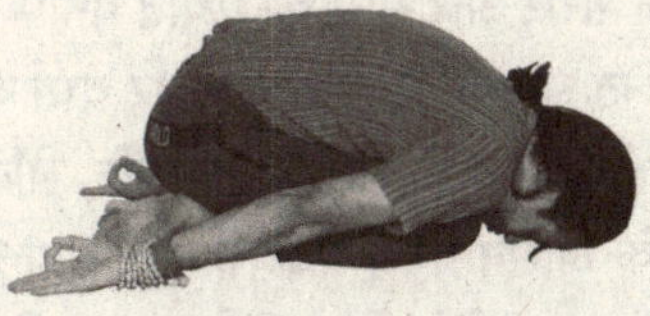

बालकासन

कैसे और क्यों देता है विपरीत आसन लाभ ?

- शीर्षासन और अधोमुख वृक्षासन यानी हैंड स्टैंड जैसे कुछ आसनों को छोड़ दें तो विपरीत आसन बिना किसी चुनौती के बहुत ज़्यादा लाभ की गारंटी है। पहली बात इससे रक्त का संचार बढ़ता है जो हमारे सभी आंतरिक अंगों जैसे लीवर किडनी इत्यादि और ग्लैंड जैसे थायराइड एडरिनल इत्यादि तक ज़्यादा ऑक्सीजन और दूसरे पोषक तत्व पहुँचाकर उसे नया बनाता है।
- ज़्यादा ऑक्सीजन से युक्त रक्त ब्रेन की तरफ पहुँचने से हमें ज़्यादा आराम महसूस होता है। ब्रेन के तल पर हम ज़्यादा स्पष्टता और ऊर्जा महसूस करते हैं।
- विपरीत आसन चेहरे और बालों के लिए भी बेहतरीन है। दोनों हिस्सों में भी ज़्यादा से ज़्यादा ऑक्सीजन और ज़रूरी पोषक तत्व की सप्लाई हो पाती है
- अपसाइड डाउन यानी विपरीत आसन लिम्फेटिक सिस्टम (Lymphatic System), जो इम्यून सेल को ढोता है, को मजबूती देता है और हम बार-बार बीमार होने से बचते हैं।
- कुण्डलिनी चक्र की दृष्टि से विपरीत आसन सहस्रार चक्र का सपोर्ट सिस्टम की तरह काम करता है
- चूंकि विपरीत आसन में हम बिल्कुल उलट स्थिति में होते हैं तो गुरुत्वाकर्षण के खिलाफ हम अपने बैक, दूसरे मांसपेशियों, आंतरिक अंगों और हड्डियों को ज़्यादा मजबूत करने लगते हैं।

आसनों के इन वर्ग के अलावा भी कई दूसरे कैटगरी में आप आसनों को रख सकते हैं। बैठ कर किए जाने वाले आसन या लेट कर किए जाने वाले आसन जैसे कई दूसरे वर्ग हो सकते है। आप अपनी सुविधा के हिसाब से हर वर्ग के आसनों की संख्या को घटा और बढ़ा सकते हैं। हर आसन में अपने कम्फर्ट का ख्याल रखकर ही ठहरे और सहज शरीर और सांस की स्थिति बनाएँ रखना ज़रूरी है। आगे के अध्याय में हम एक संतुलित संपूर्ण बेसिक सीरीज़ पर चर्चा करेंगें, ताकि हर वर्ग के आसन का लाभ आप एक ही सीरीज़ में कमोबेश पा सकें, लेकिन खास स्थिति या ज़रूरत के हिसाब से उस वर्ग के आसन पर ज़्यादा फोकस आप हर सीरीज में करें। ख्याल रहे कि एक संपूर्ण अभ्यास का कोई जोड़ नहीं है। समय की मर्यादा हो तो हम एक या दूसरे वर्ग के आसनों को जोड़कर ज़्यादा लाभ पा सकते हैं।

अध्याय 7

आसन में अलाइन्मेंट का असर

खोलें शरीर में प्राण के द्वार

हम ये जानते हैं कि अन्न और जल से हमारे ज़ीवन में प्राण का संचार होता है, लेकिन क्या खराब अन्न और दूषित पानी भी हमारे अंदर प्राण-ऊर्जा का संचार करेगा ? क्या बासी और हर तरह से दूषित भोजन भी शक्ति को आंदोलित करेगा ? बिल्कुल नहीं, सिर्फ और सिर्फ वहीं चीज़ें लाभ देगी जो स्वयं बेहतर हो। योग को लेकर ये मान्यताएँ हैं कि आप कुछ भी, कैसे भी कर लें, लाभ मिल जाएंगा, उससे बहुत फर्क नहीं पड़ता।हाँ, योग में हर चीज़ लाभकारी है, लेकिन अगर उस चीज़ को हम ग़लत तरीके और मात्रा में करेंगे तो लाभ के उलट वो नुक़सान में बदल सकता है। एक दवा की दुकान में हर दवा उपयोगी है, लेकिन क्या हम कुछ भी उठाकर खा लें तो फायदा हो जाएगा ? नहीं, हर दवा का सही इस्तेमाल, मात्रा और दूसरी कई चीज़ो का ख्याल रखना पड़ता है। भले ही दवा की तरह योग का कोई साइड-इफेक्ट नहीं, लेकिन गलत योग पद्धति और तरीके से ज़रूर दिक्कतें होंगी। भला गलत उपचार से कभी सही नतीजा मिला है ? तो फिर यह सिद्धांत योग पर भी लागू होता है।

आसन अभ्यास में भी यहीं बातें लागू होती है। अभ्यास की दृष्टि से आसन अभ्यास योग के प्राणायाम और ध्यान विधि से ज़्यादा समझ और वक्त की डिमांड करता है। हमने पिछले अध्याय में जाना कि आसन अभ्यास में साँस की कितनी ज़्यादा भूमिका है। उसी तरह आसन करने का तरीका यानी सही विधि, हर आसन का प्रतिक्रिया आसन या काउंटर आसन और क्रम में आसन अभ्यास हमारी साधना को ज़्यादा लाभकारी और सुगम बनाएंगी। दैनिक जीवन में भी हम गलत तरीके से घंटों बैठे या खड़े रहते हैं, जिससे अमूमन हमें कमर दर्द, गर्दन या कंधे दर्द की शिकायत का सामना करना पड़ता है। चाहे योग अभ्यास का वक्त हो या दैनिक जीवन के अलग- अलग समय अलाइन्मेंट की हर तरफ ज़रूरत है। इस अध्याय में हम बात करेंगें आसन के अलाइन्मेंट की- यानी आसन की शरीर के ढ़ांचे के हिसाब से सही-सही स्थिति की।

आखिर अलाइन्मेंट है क्या और क्यों जरूरी ?

चीज़ों को एक लाइन या स्थिति में लाना अलाइन्मेंट है। जैसे एक लकीर या रेखा हम खींचते हैं तो वो सीधी हो इसके लिए एक बिन्दु को दूसरे बिन्दु के साथ सीधा-सीधा जोड़ते हैं और एक लाइन खींच जाती है, सही लाइन करना ही अलाइन्मेंट है। आसन अभ्यास में शरीर के जोड़ को जोड़ की सीध में रखना एक उदाहरण है अलाइन्मेंट का।

जैसे अंजनी आसन में घुटने को एड़ी के साथ एक लाइन में करना सही अलाइन्मेंट है।

अंजनी आसन

सही तरीका **गलत तरीका**

अंजनी आसन हम सूर्यनमस्कार की चौथी स्थिति में भी करते हैं। कई लोग इस स्थिति में घुटने को एड़ी से काफी आगे बढ़ाकर रखते हैं, जो गलत अलाइन्मेंट या स्थिति है, इससे जो स्ट्रेच (खिंचाव) हमें जाँघ की मांसपेशियों और हिप (नितम्ब) के पीछे के हिस्से में होना था, वो नहीं मिल पाता और ज़रूरी लाभ से हम वंचित रह जाते हैं।

अलाइन्मेंट योग में नया सिद्धांत नहीं है, प्राचीन समय में भी इसपर बातें हुई हैं। श्रीकृष्ण भी अलाइन्मेंट की महत्ता को जानते और समझते थे और उन्होंने इसकी उपयोगिता को ध्यान में रखकर कुछ यूँ निर्देश दिएं हैं :

समं कायशिरोग्रीवं धारयन्नचलं स्थिरः।

काया, सिर और ग्रीवा को समान और अचल धारण किये हुए स्थिर होकर योग करें।

– गीता 6.13

ध्यान में बैठने से पहले यहाँ श्रीकृष्ण आसन में बैठने के अलाइन्मेंट को बता रहें हैं। कहते हैं कि बैठने के वक्त हमारा शरीर, सिर और गर्दन एक समान यानी एक लाइन में हो, साथ ही स्थिर। मेरे देखे श्रीकृष्ण आसन में अलाइन्मेंट का ज्ञान देने वाले पहले गुरू हैं।

समग्रीवाशिरः कायः संवृतास्यः सुनिश्चलः।

सिर, गर्दन और शरीर एक सीध में हो, मुख पूरी तरह से बंद।

– योग याज्ञवल्क्य संहिता 5.14

गीता के साथ योग की प्राचीन संहिता में भी ऋषि याज्ञवल्क्य आसन के इसी अलाइन्मेंट की महत्ता का बखान कर रहे हैं।

आसन में अलाइन्मेंट महज शरीर के ज्वाइंट को ज्वाइंट से मिलाना भर नहीं है। यह तो वो बीज है, जो आपके अंदर वृक्ष की संभावना को अनजाने ही जगाने लगता है। अलाइन्मेंट पर जब हम ध्यान देते हैं तो पहली बात होती है शरीर के तल पर हम जागरूक होना शुरू करते हैं। शरीर के एक ज्वाइंट, मांसपेशियों का दूसरे के साथ सामंजस्य करते हैं। उसके बाद आसन में हम आसन की गति का सांस के साथ तालमेल यानी अलाइन्मेंट करते है, जैसा पिछले अध्याय में हमने समझा है। आसन की किस स्थिति में हम सांस की स्थिति कैसे रखें ? फिर जब शरीर के अंगों और सांसों पर हमारा फोकस होता है, तो हमारा मन भी हमारे साथ अलाइन होने लगता है, जबकि मन का नेचर है भूत या भविष्य में होना। जैसे मन वर्तमान में होता है, फिर मन नहीं होता, फिर चैतन्य यानी आत्मतत्व का प्रकटीकरण होने लगता है। तो अलाइन्मेंट तन, सांस और आत्मतत्व के साथ एकीकरण है। चूँकि ईश्वर को हमने परमात्मा कहा, यानी आत्मओं का भी आत्मा, तो जैसे हमें खुद के चैतन्य का एहसास होता है, हमें परम चैतन्य यानी ईश्वर की झलक मिलने लगती है। ऐसे में साफ है कि अलाइन्मेंट महज शरीर के ज्वाइंट तक सीमित नहीं है, बल्कि ये तो वो बीज है, जो हमे आत्मतत्व से जोड़ेगा और परमतत्व के साथ हम अपने संबंध को महसूस कर पाएँगें। इस गहनता के साथ अगर आपने आसन में अलाइन्मेंट को जोड़ा तो यह आपके जीवन को उसी तरह रूपांतरित कर देगा जैसा सिद्धार्थ गौतम का जीवन रूपांतरित हो बुद्ध का जीवन हो गया।

आसन में हमारे पूरे शरीर की सही स्थिति क्या हो ? कैसे हम खुद जाँच पाएँ कि हमारा हर एक आसन सही है ? इस पर प्रकाश डालने से पहले हम कुछ बिंदुओं पर ध्यान दें कि आसन में एलाइन्मेंट की आवश्यकता से और क्या दूसरे लाभ होते हैं ?

आसन में अलाइन्मेंट से क्या लाभ ?

- आसन का सही एलाइन्मेंट प्राण ऊर्जा को सही दिशा देने के लिए ज़रूरी है। दरअसल, हम आसन बंद ग्रंथियों को खोल प्राण के प्रवाह को बढ़ाने के लिए करते हैं। कई बार आसन करने में साधक की रीढ़ टेढ़ी हो जाती है, जिससे छाती का हिस्सा दबने से हृदय और फेफड़ा संकुचित हो जाते हैं। इस तरह आसन का समुचित लाभ और प्राण का संचार इन अंगों तक नहीं पहुँच पाता। ऐसे ही, दूसरी स्थिति में आसन की सही विधि प्राण के प्रवाह को सुचारू कर सकता है। आसन का सही तरीका आसन को वास्तविक आसान बनाता है। हमें कम वक्त में

ज़्यादा लचीलापन और दूसरे लाभ दिखने लगते हैं। हर गति में ज़्यादा लचीलापन, स्वतंत्रता और सुगमता हम महसूस कर पाते हैं।

- आसन का सही तरीका हमें किसी तरह के नुकसान या चोट से बचाता है। दुर्भाग्य यह है कि इन दिनों योग में एनर्जी (ऊर्जा) की जगह इन्जरी (घायल) की बात ज़्यादा सामने आ रही है। गूगल में योग इन्जरी सर्च करते ही हजारों मामले सामने आ जाते हैं। इसका कारण है आसन में सही अलाइन्मेंट का ख्याल न रखना।
- आसन में गलत तरीका हमारे ज्वाइंट,मांसपेशियों और दूसरे अंगों के स्वाभाविक कार्य करने के क्रम को बिगाड़ता है, ख़ासकर जब हम गुरुत्वाकर्षण के संदर्भ में आसन करते हैं, जैसे खड़े होकर और विपरीत दिशा में करने वाले आसन- शीर्षासन, अधोमुख वृक्षासन (हैंडस्टैंड) इत्यादि।
- आसन के एलाइन्मेंट या सही तरीके का ख्याल आपको अपने शरीर के अलग-अलग हिस्सों के साथ जुड़ने में मदद करता है। इससे आप अपने शरीर के प्रति ज़्यादा जागरुक और समझ विकसित कर पाते हैं। आप अलग-अलग हिस्सों की कमज़ोरियां, मजबूतियों और प्राण के अवरोध या स्वतंत्रता यानी ग्रंथियों या ब्लाकेज़ को समझ पाते हैं और उसे महसूस कर पाते हैं।
- गीता में कहा गया है कि योग कर्म की कुशलता है। जब आप कुशलता पूर्वक सही विधि से आसन करना चाहते हैं तो आपका मन पूरी तरह से शरीर पर ध्यान केंद्रित किए होता है, इस तरह आसन में अलाइन्मेंट के प्रति कुशलता का ख्याल मन की दौड़ से आपको सहज रूप में छुटकारा दे जाता है।
- अलाइन्मेंट से संबंधित आसन अभ्यास आपके आसन को एक ध्यानात्मक अवस्था में ले जाता है, दरअसल ध्यान के मायने बस मन से मुक्ति ही है। आसन की ये अवस्था आपको वर्तमान में रहने की सीख देती है, और इस वर्तमान में ही जीवन का बसेरा है।

आसन में अलाएन्मेंट के कुछ आधारभूत सूत्र

- चाहे आप कोई भी आसन अभ्यास कर रहे हों, कुछ बारीक चीज़ों को सदा ख्याल रखें। ये बातें आसन के लाभ को कई गुणा बढ़ा देंगी और कम समय में आप ज़्यादा रूपांतरण महसूस कर पाएँगें।
- पाँव और हाथों की उँगुलियों को हमेशा फैला-फैलाकर रखें। इससे मन के तल पर खुलेपन के एहसास के साथ कई आसनों में गुरुत्वाकर्षण के खिलाफ भी संतुलन बनाने में आसानी रहेगी, जैसे वृक्षासन, बकासन और दूसरे संतुलन आसन।
- हथेली, कोहनी और कंधे को एक सीध में रखना चाहिए, जैसे दंडासन (सूर्यनमस्कार

की पाँचवीं स्थिति)। हाथ पर संतुलन करने वाले सभी आसनों में ये नियम बहुत काम आएगा और आसन में संतुलन साधना आसान रहेगा, वो भी बिना किसी बल के।

- रीढ़ की हड्डी सीधी और गर्दन और सिर के साथ एक लाइन में रहनी चाहिए। कई दूसरे आसनों के साथ ध्यान वाले सभी बैठ के किए जाने वाले आसन में इसको हम महसूस करें। ये स्थिति नहीं रहने से ही हम आए दिन कमरदर्द, स्लिप डिस्क (रीढ़ के मनके या गादी का हट जाना), साइटिका जैसी समस्याओं से दो -चार होते हैं।
- कंधे को कान की सीध में रखना चाहिए और कंधे शरीर के पीछे की ओर खिंचे हुए और सहजता से नीचे पड़े हुए हों। कंधे की यह स्थिति आपके छाती के क्षेत्र में उभार लाएगा और हृदय और फेफड़े का संकुचन नहीं होने देगा, जिससे प्राण के प्रवाह में बाधा नहीं आएगी।
- घुटने का कटोरा (कैप) ऊपर उठाकर रखें। ख़ासकर खड़े होकर करने वाले आसन जैसे त्रिकोणासन, पार्श्व उत्तानासन में इसका ख्याल रखें, जिससे आसन में स्थिरता ज़्यादा महसूस होगी और आसन में सुरक्षित रूप से आप प्रवेश कर पाएँगें।
- ख़ासकर आगे झुकने वाले किसी भी आसन में घुटने का कटोरा और जंघे की मांसपेशियाँ संकुचित करने पर आगे झुकना आसान और सुरक्षित रहेगा।
- घुटने का कैप थोड़ा ऊपर खींचने या लिफ्ट करने से अपने आप एड़ी, घुटना और जंघे का हिस्सा एक लाइन में आ जाता है।
- कई आसनों में घुटने और एड़ी एक सीध में होनी चाहिए। जैसे अंजनी आसन, वीरभद्रासन ए और बी, पार्श्वकोणासन इत्यादि।
- आसन करने के वक्त ध्यान से हमेशा मूलबंध (गुदाद्वार का संकुचन) और थोड़ा बहुत उड्डीयान बंध (उड्डियान बंध का अर्थ है सांस बाहर निकाल कर नाभिमूल को रीढ़ पर लगाना) लगाए रखें। इससे आपकी शक्ति का संचय होगा। शरीर से क्षय होने वाली ऊर्जा को आप रोक पाएंगें। इस तरह के बंध प्राकृतिक रूप से आपके अलाइन्मेंट को सुनिश्चित करते हैं।
- ख़ासकर आगे झुकने वाले आसन में साँस छोड़कर उड्डीयानबंध को पूर्णता से लगाएँ, फिर आसन की स्थिति में साँस को सहज तरीके से लें और उसे छोड़ें। साथ ही मूलबंध को भी लगाएँ। इससे आप महसूस करेंगें कि आगे झुकना आसान होगा और ज़्यादा सुऱक्षित भी होगा।
- बैकबैंड आसन के अलाइन्मेंट में ख्याल रहे कि बैकबैंड महज रीढ़ का झुकाव (स्पाइन की बैंडिंग) नहीं है, बल्कि स्पाइन को सर्वप्रथम लंबा (Lengthening) करने की ज़रूरत होती है। बैंडिंग करते हुए आपकी छाती बाहर के तरफ फैली हो, गर्दन पीछे की ओर, आपका पेल्विक और जंघे का हिस्सा आगे की ओर हो।
- ख़ास सूत्र ये है कि आप बैकबैंड में नाभि और छाती के बीच की दूरी को बढ़ाएँ,

उनके बीच दूरी कम होना आसन में प्राण का कमजोर होना और गैर-जरूरी दवाब का मांसपेशियों पर पड़ने जैसा है।

- ट्विस्टिंग आसन में भी पहली शर्त स्पाइन को लंबा करना है। फिर ट्विस्टिंग कई लोग पीठ गर्दन से शुरू करते हैं, जबकि सुरक्षित रूप में करने के लिए ज़ूरूरी है कि साँस छोड़ते हुए जब आप ट्विस्टि करें तो इसकी शुरुआत जड़ से हो, यानी पहले पेट-आंत के पास का हिस्सा ट्विस्टि हो, फिर छाती, फिर कंधे और गर्दन का। अर्ध मत्येन्द्रासन करने के वक्त आप काफी लोगों को गलत तरीके से ट्विस्टि करते देख सकते हैं। कई लोग स्पाइन को ढीला छोड़े रहते हैं और हाथ से पैर पकड़ने पर ज़्यादा जोर देते हैं, जो उतनी ज़रूरी नहीं जितनी स्पाइन से टविस्ट होने की स्थिति होती है।

अर्ध मत्स्येंद्र आसन

सही तरीका

गलत तरीका

- हिप ओपनिंग आसन जैसे बद्धकोणासन (बटरफ्लाई) उपविष्ट कोणासन में ख्याल रहें बैंड के वक्त हमेशा स्पाइन सीधी हो, स्पाइन को टेढ़ा कर किसी तरह सिर को ज़मीन से लगाने की ज़िद से कोई लाभ नहीं।
- नाभि शक्ति विकास यानी कोर या एब्स (जैसे पूर्ण नवासन या अर्ध नवासन) को चुनौती देने वाले आसनों में भी मूलबंध को ख़ासकर इस्तेमाल करने का ख्याल रखें, साथ ही स्पाइन सीधी हो, नहीं तो कमर की मांसपेशियाँ बिगड़ सकती है।
- गुरुत्वाकर्षण के खिलाफ सभी आसनों जैसे खड़े होकर, हाथ पर संतुलन वाले और विपरीत करने वाले आसनों जैसे वीरभद्रासन, शीर्षासन, बकासन में मूलबंध ज़रूर लगाएँ।

शीर्षासन और समस्थिति आसन में आप इन सभी स्थितियों पर गौर करें। सही एलाइन्मेंट से शीर्षासन या हैंडस्टैंड यानी अधोमुख वक्षासन जैसे आसन शीघ्र ही सिद्ध होने लगेंगें।

आसन के अलाइन्मेंट का चित्रांकण

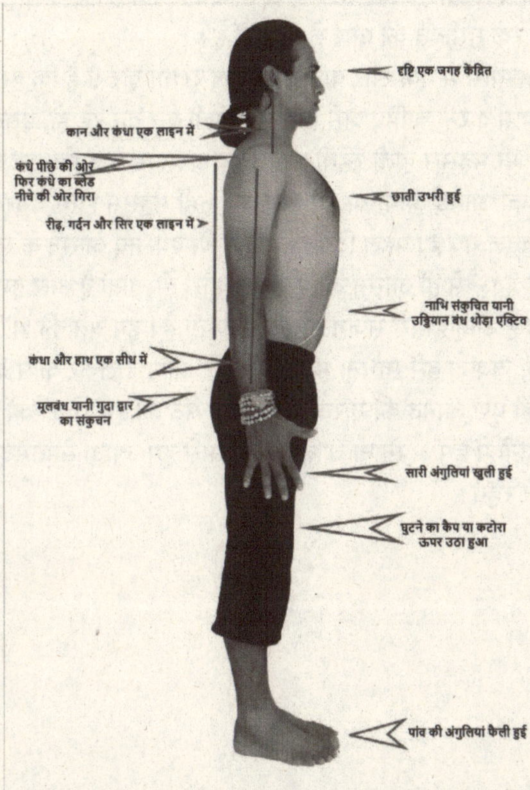

इस तरह की कई दूसरी बारीक बातों का ख्याल आप आसन अभ्यास के वक्त रखें। इसका कोई बहुत सुनिश्चित या कहें कि हार्ड या फास्ट नियम नहीं है। जैसे- जैसे आप योगासन को ध्यान से करते जाएँगे, आप ख़ुद ही महसूस करने लगेंगे कि लक्ष्मण रेखा कहाँ पार हो रही है। हमारी सीमा का उल्लंघन समस्याएँ ही पैदा करेगा, न कि लाभ देगा। आसन कोई एक्सरसाइज़ नहीं है, बल्कि एक समुचित शरीर विज्ञान को ध्यान में रखकर गढ़ी गई तकनीक है। कोई भी टूल्स को जब आप यूज़ करते हैं तो बारीकियों का ख्याल रखना ही पड़ता है।

ऐसा भी नहीं है कि शरीर के अलाइन्मेंट की ये समझ हमे बस आसन की साधना में ही लगानी है, बल्कि दैनिक जीवन में भी इसका हमें ख्याल रखना चाहिए। रोजमर्रा की ज़िंदगी में हम गलत तरीके से बैठकर घंटों काम करते रहते हैं। हमारी स्पाइन के अलाइन्मेंट का हमें कुछ ख्याल नहीं रहता। नाभि और छाती के बीच की दूरी हमेशा हमारी कम रहती है, जिससे प्राण ऊर्जा कम हो रही है और हृदय और फेफड़ें पर रोज

दवाब बढ़ रहा है। हम खड़ें होते हैं तो किसी एक पांव पर हमारा वजन ज़्यादा रहता है। सोकर उठने के वक्त हम करवट लिए बगैर सीधे उठ जाते हैं। ये छोटी छोटी गलतियाँ हमें बड़ी शारीरिक मुसीबत की ओर ले जा रहीं है।

साधना अभ्यास में एक और बात का ख्याल रखना ज़रूरी है कि हर दिन हमें इस तरीके से अभ्यास करना चाहिए जैसे हम उसे पहली बार कर रहें हो, इससे सजगता के साथ नवीनता भी महसूस होती रहेगी। लोग यह प्रश्न पूछते हैं कि गुरुजी, पहले दिन इस आसन में जो आनंद आया था, वो अब क्यों नहीं महसूस होता ? दरअसल आसन वही है, आप बदल गए हैं। पहले दिन हम सजग थे, एक नए आसन के साथ हम सहज सजग हो जाते हैं। जैसे ही आसन की पूरी जानकारी हो जाती है और हम उसे करने में सहज हो जाते हैं औह हमारी सजगता चूकने लगती है। हम यंत्र की भांति काम करने लगते हैं। नहीं, जबकि हमें साधना में हर पल पूरा प्राण डालकर काम करना चाहिए, पूरी सजगता ही पूर्ण आनंद की गारंटी है। अलाइन्मेंट की इस शिक्षा को दैनिक जीवन और साधना दोनों में हमें अपनाना चाहिए और उससे हम ज़्यादा सेहतमंद और प्राणिक ऊर्जा से भरपूर रहेंगे।

अध्याय 8

दस आधारभूत आसन

कम वक्त, संपूर्ण सेहत

कैसे करें, क्या है लाभ और क्या बरतें सावधानियाँ ?

निश्चलं ज्ञानं आसनम्।

मन का मिट जाना ही आसन है।

– आत्मपूजा उपनिषद

आत्मपूजा उपनिषद के इस सूत्र को गहरे उतर जाने दें, क्योंकि आगे हम जिन आधारभूत(बेसिक) आसनों पर निपुणता हासिल करने के लिए अभ्यास करेंगें, उनका बीज है ये सूत्र। उपनिषद के ऋषि कह रहे हैं कि मन का गिर जाना ही आसन है। ऐसी स्थिति जहाँ मन रहता ही नहीं। ऋषि आसन में शरीर की स्थिति को लेकर बात ही नहीं कर रहें कि शरीर कैसे और कहाँ रहे ? यहाँ मन की बात हो रही है, उस मन की जो हमारे साथ नहीं होता कभी। फिर प्रश्न यह है कि मन रहता कहां है ? आमतौर पर मन रहता है भूत और भविष्य में, वर्तमान में मन का बसेरा नहीं होता। जबकि उपनिषद वर्तमान में रहने का इशारा कर रहे हैं। महर्षि पतंजलि ने 'अथ' शब्द से योगसूत्र की शुरुआत की है, जिसका अर्थ है 'अब' यानी वर्तमान। आसन में सिद्धि या मास्टरी के आध्यात्मिक मायने है मन पर अधिकार या उस पर मास्टरी। आसन में मास्टरी के मायने है अ-मन की प्राप्ति। आसन में मास्टरी के मायने हैं चैतन्य में विश्राम। चूँकि मन की डोर साँसों और शरीर से जुड़ी हुई है, इसलिए आसन के दौरान गति और फिर स्थिरता दोनों स्थिति में सांसों पर बहुत ज़्यादा ध्यान केंद्रित किया जाता है। तन-सांस का तालमेल जब हम साक्षी भाव के साथ करते हैं, तो मन होता ही नहीं और चैतन्य का प्रकटीकरण हो जाता है।

हम यहाँ पर दस मुख्य आसनों की एक श्रृंखला (सीरीज़) का निर्माण कर रहे हैं। इस भागम-भाग की ज़िंदगी में आसनों की ये छोटी संख्या कम ही समय में आपको एक पूर्णता का एहसास प्रदान करेगी। इसमें पूरे आसनों को इस तरह से सजाया गया है कि इसमें आपको हर वर्ग के आसन का स्वाद करीब-करीब मिल पाएगा – खड़े होकर करने वाले आसन, संतुलन के आसन, ट्विस्टिंग, आगे झुकने वाले आसन और दूसरे आसन वर्ग इत्यादि। समय के अभाव में आप महज इन दस आसनों का अभ्यास भी कर लें, तो यह रोज़मर्रा की ज़िंदगी के लिए ज़रूरी ऊर्जा, पॉजिटिविटी और मानसिक शांति से आपको भर देगा। इस पूरी सीरीज़ में आपको सेहत का पूरा डोज और कई बीमारियों से खुद को बचाए रखने की संजीवनी दिखेगी।

आसन अभ्यास से पहले

- सीरीज़ का अभ्यास शुरू करने से पहले आप सूर्य नमस्कार का कम से कम दो से चार राउंड वार्म अप के रूप में कर सकते हैं। हालाँकि आसनों को इसमें इस कदर सजाया गया है कि वार्म अप किए बगैर भी आप इन आसनों को सहजता से कर सकते हैं।
- ये आसन एक क्रम में है तो आपसे गुज़ारिश है कि ज़्यादा लाभ के लिए इस क्रम का पालन करें। क्रम का कोई खास आसन करने में असुविधापूर्ण लगे, तो उसे छोड़ बाकी आसनों को उसी क्रम में आप जारी रख सकते हैं। पिछले अध्याय में आसन को करने को लेकर जिन बारीकियों को बताया गया है, आप उसका ख्याल रखें।
- आसन की स्थिति में आने के बाद लगातार साँस लेते छोड़ते रहें। साँसों की रफ्तार धीमी, गहरी और सहज होनी चाहिए।
- इन आसनों में हमेशा अपनी क्षमता मुताबिक ही रूकें, पाँच से दस लंबी गहरी सांसों तक रूकना काफी होगा।
- हर आसन को आप एक या दो बार दोहरा सकते हैं।

10 मुख्य योग आसन

1. अधोमुख श्वान आसन

कैसे करें अधोमुख श्वान आसन? :

अधोमुख श्वान आसन इन दिनों कई जगह पर्वत आसन नाम से भी जाना जा रहा है। इस आसन की स्थिति में आने के लिए योग मैट पर घुटने के बल खड़े हो जाएँ और फिर दोनों हथेलियों को थोड़ा आगे मैट पर रखें, हाथों की उँगुलियाँ फैली हुई हों। ख्याल रहें कि हथेलियों के बीच कंधे के बराबर और घुटने और पंजों के बीच हिप (नितंब) की चौड़ाई के बराबर दूरी हो। अब पांव की उँगुलियाँ अंदर की ओर करें। यहाँ सांस लेते हुए पहले घुटने और फिर नितंब को ऊँचा उठाएँ, फिर पीछे की ओर उसे ले चलें। साँस छोड़ते हुए कंधे को ज़मीन की दिशा में दबाएँ ताकि सिर नीचे की ओर हो ले। पैर, कमर या स्पाइन के तल पर लजीलापन कम लगे तो घुटने को मोड़कर भी आप आसन की स्थिति में रह सकते हैं। पेट की मांसपेशियों को थोड़ा अंदर की ओर खींच कर आप सहजता से रख सकते हैं। आसन की इस पूर्ण स्थिति में आने के बाद धीरे धीरे साँस लेते और छोड़ते रहें।

लाभ :

- यह पूरे शरीर को स्ट्रेच कर ऊर्जावान बनाता है।
- रीढ़ और कमर के तनाव को दूर करता है।
- तनाव और डिप्रेशन में राहत।
- कमरदर्द, अनिद्रा, सिरदर्द और थकान की स्थिति में चिकित्सा।
- हाई ब्लडप्रेशर, अस्थमा, फ्लैट फिट, साइटिका इत्यादि में लाभदायक।

सावधानी :

कलाई में समस्या और गर्भ के आखिरी चरण में इस आसन को न करें। कंधे में गहरी समस्या हो, तो प्रशिक्षक की निगरानी में ही इसे करें।

2. त्रिकोणासन

कैसे करें त्रिकोणासन :

दोनों पाँव को डेढ़ से दो फीट खोलते हुए खड़े हो जाएँ। ख्याल रहे कि दोनों एड़ी एक सीधी लाइन पर हो। अब दाहिने पंजे को दाहिनी ओर 90 डिग्री में घुमाएं। ख्याल रहे कि आपका पेल्विक एरिया यथास्थिति में सामने रहे। दोनों हाथों को कंधे की लाइन के साथ उठाकर रखें, सभी उंगुलियाँ खुली हुई हों। गर्दन को दाहिनी ओर घुमाएँ और उंगुलियों पर नज़र स्थिर करें। एक लंबी सांस लें और फिर सांस छोड़ते हुए आगे बढ़ें। अब नीचे पांव की ओर झुके, जितनी सहजता से आप झुक सकें। अपनी दाहिनी हथेली को दाहिने पाँव के ऊपर रखें। ख्याल रहे कि इस दौरान आपका दाहिना कंधा आपके दाहिने पांव के सीध में हो। आपका सिर भी दाहिने पांव की सीध और स्पाइन की लाइन के साथ में हो। दाहिने और बाँए कंधे को एक लाइन पर लाने के लिए ऊपरी शरीर को थोड़ा हल्का ट्विस्ट करें। रीढ़ की हड्डी (स्पाइन) बिल्कुल सीधी बनी रहे। बाँए हाथ को कंधे की लाइन पर सीधी ऊपर उठाएँ और दृष्टि बाँईं उंगुलियों पर फिक्स करें।

नीचे ज़्यादा जाने या पांव का अंगूठा पकड़ने की चाहत में आसन की स्थिति को खराब न करें। आसन की पूर्ण स्थिति में आने के बाद पाँच से दस लंबी गहरी सांसों तक रूकें। वापस आने के बाद दूसरी तरफ बराबर समय के साथ आसन को दोहराएँ।

लाभ :

- पूरे पैर, स्पाइन, कंधे और हाथों का स्ट्रेच।
- पूरे पांव और एड़ी में मजबूती।
- शारीरिक व मानसिक तनाव में राहत।
- पाचन में सुधार और मेनोपॉज संबंधित समस्या में राहत।
- साइटिका, हड्डीरोग, फ्लैट फीट और चिंता में चिकित्सा।

सावधानी :

निम्न रक्तचाप या लो ब्लडप्रेशर में यह आसन न करें, इसमें चक्कर खाकर आप संतुलन खो सकते हैं। संतुलन की समस्या होने पर दीवाल का सहारा लेकर आप इसे करें।

3. प्रसारित पाद उत्तान आसन

कैसे करें प्रसारित पाद उत्तानासन ?

त्रिकोणासन की स्थिति से थोड़ा ज़्यादा पाँव खोलें। दोनों एड़ी एक लाइन में हो और हाथ कमर पर। सांस लेते हुए स्पाइन को लंबी कर हल्का बैकबैंड करें, फिर सांस छोड़ते हुए सिर को जमीन की तरफ ले चलें। यहाँ से आप हाथ को ज़मीन की तरफ भी छोड़ सकते हैं या फिर पांव के अँगुठे को पकड़ें। अब सांस नॉर्मल तरीके से लगातार लेते रहें।

कमर या घुटने में दर्द की स्थिति या ओवर स्ट्रेच महसूस करने की स्थिति में आप घुटने को थोड़ा मोड़ कर आसन में रहें। आसन से वापसी के लिए कमर पर हाथ लाएँ और सांस लेते हुए बहुत धीरे-धीरे स्पाइन सीधी रखते हुए वापस आएँ।

लाभ :

- पूरे पांव को स्ट्रेच और मजबूती देता है।
- रीढ़, कमर और हिप हिस्से को स्ट्रेच।
- मन मस्तिष्क को शांति।
- सिरदर्द, तनाव, थकावट, डिप्रेशन और अवसाद में चिकित्सा।
- कमर और स्पाइन की तकलीफ में बहुत हद तक लाभदायक।

सावधानी :

- कमर या स्पाइन से संबंधित समस्या में आगे झुकने के वक्त घुटना ज़रूर मोड़ें और स्पाइन को हर हालत में सीधी रहने दें। ज़्यादा झुकने पर जोर देने से बचें।

4. पार्श्व उत्तान आसन

कैसे करें पार्श्व उत्तान आसन?

संस्कृत में पार्श्व का अर्थ है किनारा यानी साइड। आसन के नाम से ही साफ है कि शरीर के सामने या पीछे नहीं बल्कि एक साइड में आसन की स्थिति को प्राप्त करनी है। त्रिकोणासन से थोड़ी कम दूरी पर दोनों पांव को खोलें। अब दाहिना पंजा 90 डिग्री तो बांया 45 डिग्री के कोण पर दाहिनी ओर मोड़ें। इस बीच दोनों एड़ी एक ही लाइन पर बनी रहनी चाहिए। पूरे ऊपरी शरीर को भी 90 डिग्री दाहिनी ओर घुमाएं। अब दोनों हाथों को सांस लेते हुए कान के साथ लगाते हुए ऊपर उठाएं। आप चाहे तो चित्र की तरह हाथों को कमर के पीछे नमस्कार मुद्रा में भी रख सकते हैं। अब सांस छोड़ते हुए आगे की ओर सावधानी से झुकें, जितना झुका जा सकें। हाथ जमीन पर नहीं पहुंचने की स्थिति में योग ब्लॉक या सपोर्ट के लिए दूसरी चीज़ पास में लें।

आसन में अपनी सीमा मुताबिक रुकें और सांस लेते छोड़ते रहें। सांस लेते हुए स्पाइन और हाथों को सीधी रखते हुए वापस आएँ। दूसरी तरफ भी इसीतरह अभ्यास करें।

लाभ :

- पूरे पांव खासकर हेमेस्ट्रिंग को बेहतरीन स्ट्रेच कर ओपन करता है. धावकों और ज़्यादा चलने वालों के लिए उपयोगी।
- पूरे पांव में मजबूती के लिए असरदार आसन।
- संतुलन की क्षमता बढ़ाने में कारगर।
- मस्तिष्क को शांति और चेहरे को ज़्यादा रक्त संचार।
- पाचन शक्ति और फ्लैट फीट की समस्या में चिकित्सा।

सावधानी

कमर दर्द की समस्या में इस आसन को दीवाल के सहारे ही करें। पूरी तरह आगे झुकने की जगह कंधे की सीध में दीवाल पर दोनों हथेलियों को छाती के बराबर दूरी पर रखें। रीढ़ कमर दर्द की समस्या में वास्तविक आसन स्थिति में अभ्यास ना करें।

5. वृक्षासन

कैसे करें वृक्षासन?

वृक्षासन संतुलन के आसन श्रेणी में आता है। कहीं इसे ध्रुव तो कहीं भगीरथ आसन के नाम से भी जाना जाता है। इस तरह के आसन में शरीर की स्थिति के साथ दृष्टि और फोकस पर ज़्यादा दारोमदार है। आसन में आने के लिए जिस पांव पर संतुलन करना हो, उस पाँव की उँगुलियों को खोलकर खड़े रहें, उँगुलियों का ज़्यादा खुला रखना संतुलन को आसान करेगा। अब दूसरे पांव को घुटने से मोड़ते हुए ऊपर उठाएँ, फिर पाँव के पंजे को जंघे के बाहरी क्षेत्र पर जमाएँ, जैसा कि चित्र में दर्शाया गया है। पंजे की दिशा पाँव की दिशा के मुताबिक हो। रीढ़ की सीध में रखते हुए दोनों हाथों को नमस्ते की स्थिति में लाएं। अपनी नज़र को किसी एक बिंदु पर टकटकी लगाएँ और एकाग्र करें। संतुलन के लिए ये सबसे ज़्यादा उपयोगी बात है कि आँखें एक जगह टिकी रहें।

निरंतर अभ्यास से इस आसन को साधना आसान रहेगा। आसन की पूर्ण स्थिति में नियमित साँस लेते और छोड़ते रहें। आप चाहें तो इस आसन में हाथों की स्थिति समय के साथ परिवर्तित कर सकते हैं। कम से कम एक मिनट या उससे ज़्यादा

आसन में बने रहने का अभ्यास करें। दूसरे पाँव में भी बराबर अवधि से आसन में मौजूद रहें।

लाभ :

- यह एकाग्रता बढ़ाकर मन पर नियंत्रण बढ़ाता है।
- मस्तिष्क की संतुलन करने की क्षमता को बढ़ाता है।
- पांव, जंघा, एड़ी और रीढ़ को मजबूती प्रदान करता है।
- साइटिका और फ्लैट फीट जैसी समस्या में लाभदायक होता है।
- मन और तंत्रिका तंत्र को रिलैक्स व शांत रखता है।

सावधानी :

- गर्भावस्था के आखिरी चरण में आसन अंसुतलित हो सकते हैं, ऐसे में इसे न करें।
- मेडिकल की स्थिति जिसमें संतुलन की समस्या रहती हो, इसे न करें।
- अनिद्रा की स्थिति में सावधानी बरतें।
- शुरुआती संतुलन के लिए दीवाल के पास इसे सहारा लेकर करें।

6. बद्ध कोणासन

कैसे करें बद्ध कोणासन?

सुखासन की स्थिति से अपने पाँव को घुटने से मोड़ते हुए दोनों पंजे को आमने-सामने आपस में चित्रानुसार जोड़ें। एड़ी को यथा संभव पेल्विक एरिया या जनन अंगों की तरफ लाएँ। इस दौरान जितना मुमकिन हो, दोनों घुटने को जमीन की ओर छोड़ें। दोनों हाथों से पंजों को अब पकड़ें। सांस लेते हुए स्पाइन को सीधी करें। साँस छोड़ते हुए आगे

झुकते जाएँ, बस ख्याल रहें स्पाइन को मोड़ें नहीं। आसन की स्थिति में नॉर्मल सांस लेते छोड़ते रहें। सांस लेते हुए आसन से वापसी करें।

जिन साधकों को आगे झुकने में दिक्कत है वो बस पहली स्थिति में बने रहें। घुटने की समस्या में घुटने के नीचे तकिये इत्यादि का सपोर्ट दे सकते हैं।

लाभ :

- पेट के आंतरिक अंगों, गर्भाशय, प्रोस्टेट ग्लैंड, मूत्रग्रंथि ब्लाडर और किडनी को आंतरिक मालिश दे स्वस्थ करता है।
- जंघा की आंतरिक मांसपेशियों और घुटने को स्ट्रेच करता है।
- बांझपन, हाई ब्लडप्रेशर और फ्लैट फिट रोग में लाभदायक है।
- मासिक धर्म या पीरियड संबंधित समस्याओँ में राहत प्रदान करता है।
- लगातार इस आसन के अभ्यास से बच्चे की डिलीवरी में सुविधा और नेगेटिव एनर्जी दूर रखने में सहयोगी होता है।

सावधानी :

- कमर-स्पाइन स्लिप डिस्क की समस्या वाले इस आसन में आगे ना झुकें। साथ ही बैठने के वक्त हिप के नीचे तकिया या ब्लॉक इत्यादि का सहारा लें।
- घुटने की समस्या में आसन को मोडिफाइड तरीके से योग्य शिक्षक की निगरानी में ही करें।

7. जानु शीर्षासन

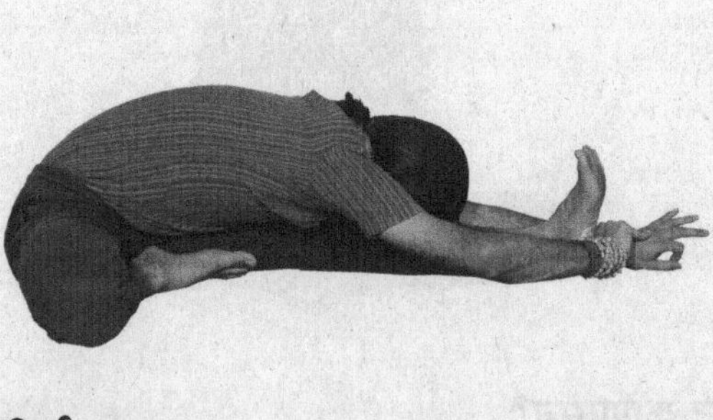

कैसे करें जानु शीर्षासन?

सुखासन की स्थिति से अपने दोनों पाँव को सामने खोलें। अब दाहिने पाँव को घुटने से मोड़ते हुए तलवे को बाँये जंघे के सामने रखें। आपका दाहिना घुटना जमीन की तरफ ढीला पड़ा हो और बाँया पाँव बिल्कुल सीधा, पाँव का पंजा चित्रानुसार अंदर की ओर। सांस लेते हुए दोनों हाथों को ऊपर उठाएँ, साथ में रीढ़ की हड्डी सीधी रहे। अब सांस

छोड़ते हुए बाँये पाँव की तरफ झुकें। दोनों हाथों से बाँये तलवे की ओर बढ़ें। पेट की मांसपेशियाँ थोड़ा अंदर संकुचित रखें। सिर गर्दन को पैर की ओर ढीला छोड़ें। यह आसन की पूर्ण स्थिति है, यहाँ लगातार सांस लेते छोड़ते रहें। वापसी के लिए साँस लेते हुए ऊपरी शरीर को स्पाइन के साथ सीधा उठाते हुए ऊपर लाएँ। साँस छोड़ते हुए हाथ नीचे लाएँ। इसे दूसरी साइड भी दुहराएँ।

लाभ :

- हाई ब्लडप्रेशर, अनिद्रा और साइन्स में चिकित्सा लाभ।
- मन-मस्तिष्क की शांति और डिप्रेशन नियंत्रण में कारगर।
- लीवर, किडनी जैसे आंतरिक अंगों की मालिश।
- चिंता, थकावट, सिरदर्द, मासिक धर्म पीरियड की परेशानी से निजात, मेनेपॉज से संबंधित असुविधा में मददगार।
- स्पाइन, पीठ की मांसपेशियों, कंधे, पांव की मांसपेशियों का पूर्ण खिंचाव या स्ट्रेच ।

सावधानियाँ :

- घुटने की समस्या हो तो आसन में घुटने को पूरी तरह मोड़ कर पेल्विक तक लाने की जरुरत नहीं है। घुटने को तकिए या मोड़े हुए कपड़ों से सपोर्ट भी कर सकते हैं।
- रीढ़ की समस्या में घुटने को मोड़कर आगे झुकें, ताकि कमर स्पाइन पर दवाब ना आए।
- साँस को लेकर बैचेनी की समस्या में इस आसन को ना करें।

8. सेतुबंधासन

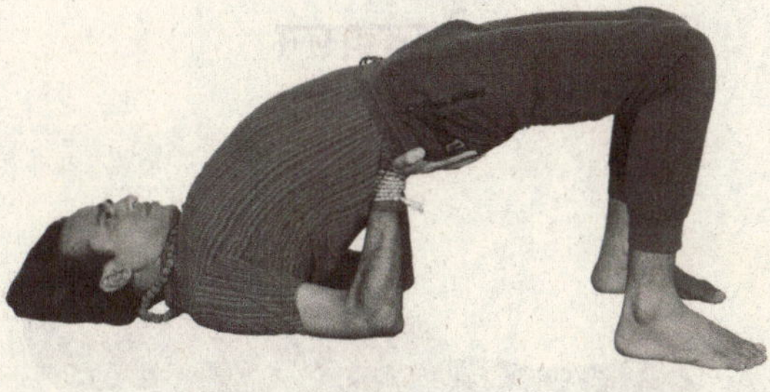

कैसे करें सेतुबंधासन?

पीठ के बल शवासन की स्थिति में लेट जाएँ। दोनों पाँव को घुटने से मोड़ते हुए नितंब (हिप) की तरफ ले आएँ। पैर की एड़ी को हिप से थोड़ी दूरी पर रखें। दोनों पाँव के

पंजे को हिप की लाइन पर समान दूरी पर रखें। घुटने एक दूसरे के समांतर हो। दोनों हथेलियों को शरीर के पास सीधा और ज़मीन की दिशा में रखें। अब साँस लेते हुए पेल्विक या कमर के भाग को ऊपर उठाएँ। ख्याल रहें कि इस बीच आपका गर्दन, कंधा और पाँव का पंजा हिले नहीं। जंघे के भाग को ऊपर उठता और स्ट्रेच होता महसूस करें। पूरी तरह ऊपर उठने के बाद आप कमर को हथेलियों की मदद से नीचे की ओर से सपोर्ट दें। पूरे शरीर को इस स्थिति में सहज कर लें। ये आसन की पूर्ण स्थिति है। यहां साँस लेते हुए वशिष्ठ प्राणायाम की तरह पेट को गुब्बारे की तरफ फुलाएँ और सांस छोड़ते हुए पेट अँदर जाने दें। साँस की यह प्रक्रिया जितनी सहजता से हो, करते रहें। साँस छोड़ते हुए हाथ का सपोर्ट कमर से हटाएँ और नितम्ब को धरती की ओर लाएँ। दोनों पाँव को सीधा कर शवासन स्थिति में फिर से लेट जाएँ।

लाभ :

- लंग्स और थायराइड के लिए रामबाण आसन।
- पेट के आंतरिकों अंगों की मालिश और पाचनशक्ति बढ़ाता है।
- मन-मस्तिष्क की शांति, तनाव और डिप्रेशन में कारगर।
- पांव की थकावट दूर कर उसमें ताज़गी का संचार, छाती, हिप, स्पाइन के लिए बेहतरीन स्ट्रेच।
- अस्थमा, हाईब्लडप्रेशर, साइन्स रोग में लाभदायक और मेनेपॉज से संबंधित तकलीफ में कारगर।

सावधानियाँ :

- घुटने और गर्दन की चोट में आसन ना करें।

9. मेरुदंडासन

कैसे करें मेरुदंडासन?

मेरुदंडासन के आठ से ज़्यादा प्रकार हैं। यहाँ एक प्रकार को हम समझते हैं। शवासन की स्थिति में ही लेटे हुए अपने बांये पांव को घुटने से मोड़ें। बाँये पाँव के पंजे को दाँए घुटने के ऊपर रखें। अब दाँये हाथ से बाँये घुटने को पकड़ें, गर्दन को विपरीत स्थिति में जमीन की ओर ढीला छोड़ें। साँस छोड़ते हुए बाँये घुटने को जमीन की ओर ले जाते हुए शरीर को ट्विस्ट करें। ख्याल रहे कि सांस छोड़ते हुए ही ट्विस्ट करना है। बिना कंधे को जमीन से उठाए घुटना जितना नीचे जा पाए, उतना ही जाने दें, जबर्दस्ती ना करें। बाँये हाथ को जमीन पर सहजता से बाँई ओर फैला कर रहने दें। आसन की इस पूर्ण स्थिति में 5-10 साँस तक रूकें। वापस आकर दूसरे साइड समान अवधि में उसे दोहराएँ।

लाभ :

- आंतरिक अंगों जैसे आँतों, लीवर, किडनी की मालिस।
- शरीर के विजातीय पदार्थ या गंदगी को हटाने में सहायक।
- स्पाइन, कमर, नितंब को बेहतरीन स्ट्रेचिंग।
- कमरदर्द और थकावट में चिकित्सीय लाभ।
- आलस्य दूर कर स्फूर्ति देता है।

सावधानियाँ :

- स्लिप डिस्क जैसी बड़ी स्पाइन की समस्या में योग शिक्षक की निगरानी में अतिरिक्त सावधानी में अभ्यास करें।

10. विपरीत करनी

कैसे करें विपरीत करनी?

चित्र में जो विपरीत करनी की स्थिति है वो वास्तविक स्थिति नहीं है, लेकिन इस मोडिफिकेशन से आसन ज़्यादा आसान और लाभकारी हो जाता है। आसन की स्थिति में आने के लिए दीवार के पास दीवार की दिशा में घुटने मोड़कर बैठ जाएँ। अब शरीर को थोड़ा इस तरह से घुमाएँ कि आपका हिप दीवाल के साथ लग जाए और दोनों पाँव चित्रानुसार ऊपर दीवार पर। दोनों पाँव के बीच हिप के बराबर दूरी करें। हिप, स्पाइन और गर्दन को एक लाइन में रखें। दोनों हांथों को शरीर के पास सहजता से छोड़ दें। आंखें बंद कर पूरे शरीर पर शवासन की तरह ध्यान दें। आसन में 5 से 10 मिनट रूकें या जो भी आरामदायक लगे, वैसा करें।

लाभ :

- थके हुए पाँव को पूरी तरह रिलैक्स करता है, धावक या लगातार खड़े होकर काम करने वालों के लिए वरदान है।
- मेनोपॉज, मासिक धर्म या पीरियड से संबंधित सभी तकलीफों में लाभदायक होता है।
- Vericose Veins यानी पांव की नसों की समस्या में रामबाण है।
- उच्च और निम्न रक्तचाप में लाभ, सिरदर्द की लंबी समस्या और माइग्रेन में राहत प्रदान करता है।
- यूरिनी-मूत्ररोग, प्रोस्टेट रोग, अनिंद्रा में लाभकारी है।

सावधानियाँ :

- मासिक धर्म और गर्भावस्था के दौरान इसे न करें।

इन 10 बेसिक आसन को नियमित करने की ज़रूरत है। लगातार सहज अभ्यास से ही सिर्फ इसमें लाभ हो सकता है। अभ्यास को सुबह या शाम कर सकते हैं या फिर इसे दोनों वक्त किया जा सकता है।

आसन की समाप्ति के बाद शवासन में 5 से 10 मिनट विश्राम करें। फिर प्राणायाम या ध्यान की प्रक्रिया में आप जा सकते हैं।

(नोट : इन आसनों का वीडियो स्वरुप आप यूट्यूब के योगगुरु धीरज चैनल पर देख सकते हैं।)

अध्याय 9

प्रतिक्रिया आसन की ज़रूरत

शक्ति का संतुलन

योगस्थः कुरु कर्माणि सङ्गं त्यक्त्वा धनञ्जय।
सिद्ध्यसिद्ध्योः समो भूत्वा समत्वं योग उच्यते॥

हे धनंजय! आसक्ति को त्याग कर तथा जय और पराजय में समभाव होकर योग में स्थित हुए तुम कर्म करो। यह समभाव ही योग कहलाता है।

– गीता 2.48

जीवन की सारी व्यवस्था दो विपरीत ध्रुवों के बीच संतुलन में स्थित है। रात के साथ दिन है, धूप के साथ छांव, हार के साथ जीत, प्रकृति(जगत) के साथ पुरुष(आत्मतत्व), पदार्थ के साथ चैतन्य, मूर्छा के साथ जागरण, आध्यात्मिकता के साथ भौतिकता, नकारत्मकता के साथ धनात्मकता। गीता में श्रीकृष्ण इसी विपरीत व्यवस्था के बीच संतुलन को स्थापित करने अर्जुन को कह रहें हैं। दो विपरीत ध्रुवों के बीच इस संतुलन को ही योग कहा गया।

बुद्ध ने इन्ही तत्वों को समझने के बाद अपने मार्ग को मध्यम मार्ग कहकर संबोधित किया। सिद्धार्थ गौतम की साधना एक अति से दूसरे अति पर होती रही थी, इसलिए प्राप्ति नहीं हुई, जैसे दोनों अति के बीच संतुलन के सार को उन्होंने समझा, वो निर्वाण यानी जागरण की अवस्था को प्राप्त हुए।

योगासन अभ्यास में भी हमें संतुलन के सार को समझना होगा। इसे संतुलन को साधने के लिए आसन के साथ प्रतिक्रिया आसन का सिद्धांत विकसित हुआ। अब हम मंदिर जाते हैं तो कम से कम तीन बार मंदिर के चारों ओर प्रदक्षिणा कर आते हैं। स्थिति यह हो गई है कुछ हो ना हो, मंदिर जाना हुआ तो प्रदक्षिणा ज़रूर हो जाती है। कभी हमने सोचा है कि आखिर मंदिर में प्रदक्षिणा की वजह आखिर क्या है ? अभी प्रदक्षिणा के पीछे की सोच कही गुम हो गई है, उसके पीछे का विज्ञान छूट गया है और बस हम यूँ ही उसे करते चले आ रहे हैं। दरअसल, मंदिर के साथ खड़ी आध्यात्मिक प्रयोगशाला

की हमारी पूरी संरचना आज ठीक वैसी नहीं है, जैसी प्राचीन वक्त में विकसित हुई थी। मंदिर महज पूजा-पाठ के लिए नहीं हुआ करता था, बल्कि साधना के केंद्र रूप में विराजमान हुआ था। मंदिर के देव या देवी के सामने साधक ध्यान में लीन हो जाते थे, समय से परे साधना सुगठित होती थी। वाजिब तौर पर लगातार ध्यान में बैठने से पैर में रक्त का प्रवाह बाधित हो जाता होगा, झुनझुनाहट होने लगती होगी। ऐसे में, प्रदक्षिणा ध्यान के बाद रक्त के प्रवाह को फिर से पूर्ववत करने की व्यवस्था होगी। तो मंदिर में प्रदक्षिणा कोई कर्मकांड नहीं, बल्कि प्रतिक्रिया आसन की कड़ी थी। जब भी आपका शरीर एक स्थिति में लंबे या छोटे वक्त के लिए होता है तो उसके विपरीत एक व्यवस्था खड़ी करनी होती है, जिससे वो नॉर्मल स्थिति को प्राप्त कर सकें और यहीं से जन्म होता है प्रतिक्रिया आसन का सिद्धांत।

क्या है प्रतिक्रिया आसन ?

प्रतिक्रिया आसन, जो इन दिनों Counter Pose नाम से ज्याादा पुकारा जा रहा है, दरअसल और कुछ नहीं बल्कि आसन में इसी संतुलन को साधने का विज्ञान है। अक्सर हम योग क्लास में जाने या अनजाने आसन के साथ प्रतिक्रिया आसन करते हैं। हमारे योग के शिक्षक या गुरु प्रतिक्रिया आसन करने को कहते हैं, लेकिन बहुत ज़्यादा हमें इसके बारे में पता नहीं होता। जैसे सर्वांगासन के बाद प्रतिक्रिया आसन के दौर पर हम मत्स्यासन, तो पश्चिमोत्तान के बाद पूर्वोत्तान आसन, शीर्षासन के बाद बालकासन इत्यादि-इत्यादि। ये सब आसन के बाद किए जाने वाले प्रतिक्रिया आसन हैं।

दरअसल, हम कोई भी शारीरिक मूवमेंट या गति करें, हमारी मांसपेशियों का एक हिस्सा कॉन्ट्रेक्ट यानी संकुचित तो दूसरा रिलैक्स होता है। जब आप अपने हाथ को कोहुनी से मोड़ें तो आपका बाईसेप कॉन्ट्रेक्ट होगा तो ट्राइसेप रिलैक्स होता है।

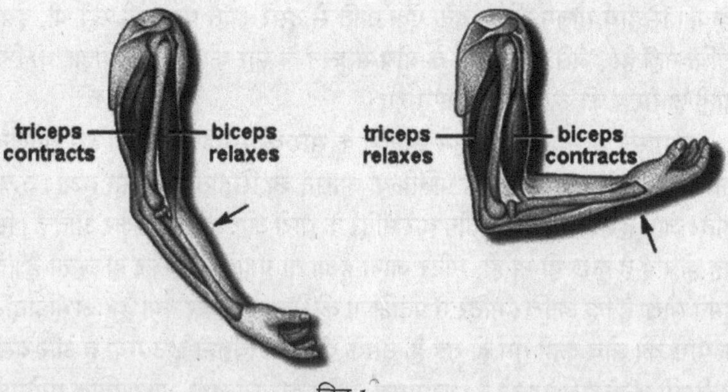

चित्र 1

आसन के दौरान हमारा शरीर कई तरह के मूवमेंट करता है। दरअसल आसन की स्थिति में हमारा शरीर एक खास स्थिति में ठहर जाता है। आसन में शरीर की स्थिति से उलट स्थिति का आसन करना ही प्रतिक्रिया आसन है। प्रतिक्रिया आसन शरीर को फिर से उसके नॉर्मल स्थिति में लाने की एक पद्धति है। आसन में ज़्यादा देर तक रहने से हो सकता है कि उस जगह की मांसपेशियों में हमें थोड़ा तनाव महसूस हो। हम जहाँ कहीं भी तनाव महसूस करते हैं, तो उसके मुताबिक प्रतिक्रिया आसन को तय कर उसे दोबारा संतुलित करते हैं, हम अपने सूक्ष्म प्राण को व्यवस्थित करते हैं।

आखिर क्यों करते हैं प्रतिक्रिया आसन ?

- प्रतिक्रिया आसन करने से मांसपेशियाँ फिर से रिलैक्स हो जाती है, आसन के बाद किसी भी तरह का टेंशन रहा हो तो वो निकल जाता है।
- हमारे शरीर में 5 मुख्य प्राण हैं। ये 5 प्राणों के बीच में संतुलन ही सेहत का राज है। हर आसन खास प्राण को ज़्यादा जाग्रत करता है। प्रतिक्रिया आसन इन प्राणों के जागरण के बीच संतुलन का कार्य करता है। पंच प्राण की ज़्यादा जानकारी हम आगे के अध्याय में हासिल करेंगें।
- प्रतिक्रिया आसन की वजह से हम शरीर के कार्य करने के ढंग को ज़्यादा समझ पाते हैं और ज़्यादा समझ हमें ज़्यादा देखभाल करने की सीख दे पाता है।
- प्रतिक्रिया आसन जाने-अनजाने हमारे अंदर जागरुकता बढ़ाता है। आसन के बाद हमारे अंदर काउंटर पोज की सजगता रहती है। आसन अभ्यास के दौरान बनी ये सजगता धीरे-धीरे हमारा स्वभाव बन जाती है और फिर हम दैनिक जीवन के हर क्रिया-कलाप में खुद को सजग और अनुशासित पाते हैं।
- कई आसन आपके अंदर सूर्यनाड़ी को ज़्यादा जाग्रत करते हैं, जैसे वीरभद्रासन, अधोमुख वृक्षासन या हैंडस्टैंड। इसके उलट इनके प्रतिक्रिया आसन जैसे बालकासन या शवासन या सुप्त वीरासन जैसे आसन चंद्रनाड़ी को एक्टिव कर दोनों नाड़ियों के बीच संतुलन लाने का कार्य कर देते हैं। इन दो नाड़ियों के बारे में ज़्यादा जानकारी हम आगे के अध्याय में हासिल करेंगें।
- इन दिनों योग में घायल होने यानी Injuries की शिकायत बहुत है या फिर योग के बाद शरीर में दर्द की शिकायत। दरअसल गलत अभ्यास इसकी बड़ी वजह है और उसमें प्रतिक्रिया आसन का सही-सही रूप में ना होना बड़ा कारण है। प्रतिक्रिया आसन Injuries और शरीर को दूसरी असुविधा से दूर रखता है।

प्रतिक्रिया आसन के ख़ास नियम

- आसन अभ्यास के नियम यानी उसमें बिना प्रयत्न के सुखपूर्वक स्थिर रहें तो प्रतिक्रिया आसन की ज़रूरत खास नहीं रह जाएगी। शुरुआती अभ्यासी इस स्थिति को हासिल नहीं कर पाते, तो प्रतिक्रिया आसन की ज़रूरत बनी रहती है।

ततो द्वन्द्वानभिघातः।

फिर दुविधा तुम्हें चोट नहीं पहुंचाती।

– योगसूत्र 2.48

प्रतिक्रिया आसन की ज़रूरत इसलिए है कि शरीर के तल पर हमें एक द्वंद दिखता है। संुतलन का अभाव हमें चोट पहुंचाता है। आसन के लिए पतंजलि सूत्र में इशारा है कि वो बिना प्रयत्न के किए जाएँ- प्रयत्नशैथिल्य। फिर द्वंद की स्थिति रहेगी ही नहीं, प्रतिक्रिया आसन की खास ज़रूरत नहीं रह जाएगी।

- एक आसन के प्रतिक्रिया आसन कई-कई हो सकते हैं। जैसे खड़े होकर करने वाले आसन का प्रतिक्रिया आसन के तौर पर आप बालकासन या सुप्त वीरासन या फिर सुप्त गरुड़ासन या फिर शवासन कर सकते हैं। ये पूरी तरह अभ्यासी की ज़रूरत और विवेक बुद्धि पर निर्भर है।
- दूसरी बात प्रतिक्रिया आसन की अवधि मुख्य आसन की तुलना में कम होती है। यानी अगर शीर्षासन में आप दो मिनट रूकें हैं तो प्रतिक्रिया आसन में आधे मिनट रूकना ही काफी है।
- कई लोग हर आसन के बाद प्रतिक्रिया आसन करते हैं, हालाँकि ऐसा ज़रूरी नहीं है। ऐसा होने से तकलीफ कम के बजाए ज़्यादा होगी। जैसे हर बैकबैंड आसन के बाद आप प्रतिक्रिया आसन के तौर पर पश्चिमोत्तानासन करें तो फिर आपकी स्पाइन ओवर वर्क (अत्यधिक कार्य) की वजह से तकलीफ महसूस करेगी। ऐसे में एक कैटेगरी के सभी आसन के बाद आप प्रतिक्रिया आसन को शामिल कर सकते हैं। या आपका शरीर प्रतिक्रिया आसन की ज़रूरत महसूस कर रहा हो तो उसे शामिल कर लें।
- सूर्यनमस्कार एक डायनेमिक मूवमेंट है तो प्रतिक्रिया आसन की ज़रूरत खास नहीं होती। फिर भी आप खड़े होकर आंख बंद कर सांसों की गति को देखते रहने को प्रतिक्रिया आसन के तौर पर कर सकते हैं। ज़्यादा असुविधा की स्थिति में सूर्यनमस्कार के बाद शवासन प्रतिक्रिया आसन के रूप में करें।
- एक आसन को एक तरफ करने के बाद दुसरी तरफ से करना प्रतिक्रिया आसन की श्रेणी में नहीं आता, हालाँकि ऐसी स्थिति में भी हम प्राण को दोनों साइड संतुलित कर रहे होते हैं।

आसन की कैटेगरी के मुताबिक प्रतिक्रिया आसन के नियम

- **खड़े होकर करने वाले आसन का प्रतिक्रिया आसन**

  खड़े होकर करने वाले स्टैंडिंग आसनों में पाँव के तल पर आपको टेंशन-थकावट महसूस हो सकती है। ऐसे में, सोकर पांव को स्ट्रेच करने वाले आसन प्रतिक्रिया आसन के लिए उपयुक्त हैं, जैसे सुप्त वीरासन, वज्रासन, बालकासन भी थके पांव को जल्द राहत देते हैं।

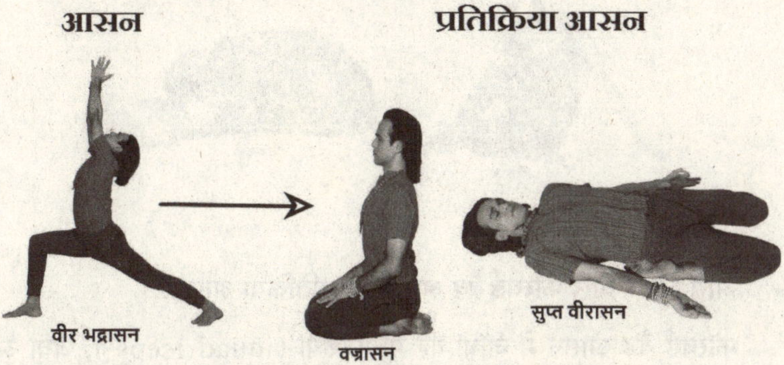

- **पीछे मुड़कर करने वाले बैकबैंड आसन का प्रतिक्रिया आसन**

  बैकबैंड आसन में रीढ़ की हड्डी पर ज़्यादा काम होता है। दैनिक जीवन में हम आगे कई कार्यों में झुकते रहते हैं, लेकिन बैकबैंड कोई नॉर्मल क्रिया नहीं है। ऐसे में ज़्यादातर लोग बैकबैंड के साथ कमर की मांसपेशियों-रीढ़ में दर्द की शिकायत करते हैं। ऐसे में साफ है कि यहाँ प्रतिक्रिया आसन बहुत ज़रूरी है। यहाँ गलती ये हो रही है कि बैकबैंड एक अति है और जब हम तुरंत पश्चिमोत्तान या दूसरे फॉरवर्ड बैंड आसन कर देते हैं, तो वो दूसरी अति हो जाती है। ऐसे में स्पाइन पर ज़्यादा काम होने की स्थिति में ट्विस्टिंग आसन को पहले प्रतिक्रिया आसन के तौर पर शामिल करें, फिर फॉरवर्ड या आगे झुकने वाले आसन करें। ये आसन बद्ध कोणासन, शशांकासन, पश्चिमोत्तान आसन इत्यादि हो सकते हैं। हाँ, बहुत सामान्य बैकबैंड आसन हो, तो शशांक आसन जैसे बहुत सहज फॉरवर्ड बैंड को आप प्रतिक्रिया आसन के तौर पर सीधे शामिल कर सकते हैं, बजाए ट्विस्ट आसन करने के। ख्याल रहे कि किसी भी आसन में स्पाइन का इस्तेमाल ज़्यादा हुआ है तो ट्विस्टि के आसन सबसे बेहतरीन प्रतिक्रिया आसन हैं। कुछ ख्याल ना रहें तो हर बैकबैंड आसन के बाद देर तक अपान आसन में रहना ना भूलें।

- **आगे झुकने वाले फॉरवर्ड बैंड आसन का प्रतिक्रिया आसन**

  फॉरवर्ड बैंड आसन में जाँघों की मांसपेशियां (quadriceps), जंघा और नितंब से जुड़ी ग्रुप मांसपेशियां (hip flexors) और रीढ़ का हिस्सा खासकर पूंछ या tailbone संकुचित और कम लचीला महसूस होने लगता है। उसको संतुलित करने के लिए सामान्य बैकबैंड आसन जैसे पूर्वोत्तान आसन अच्छा है। खासकर सेतु बंधासन इसमें बहुत उपयोगी है।

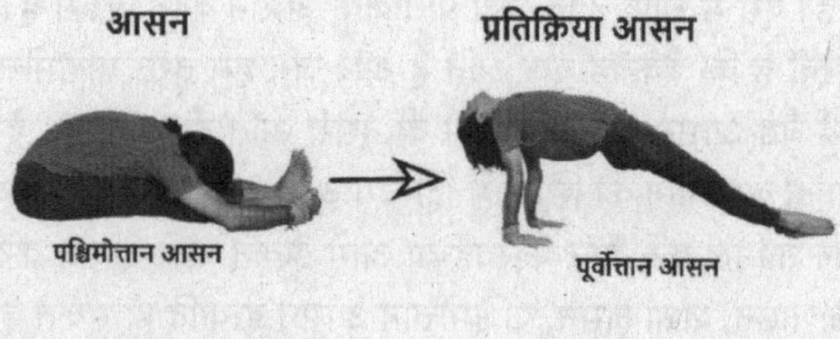

- **बैठ के किए जाने वाले आसन का प्रतिक्रिया आसन :**

  बैठ के किए जाने वाले सभी आसनों जैसे सुखासन, पद्मासन इत्यादि में Hamstrings-हैमस्ट्रिंग (जंघे के पीछे की समूह मांसपेशियां जो नितंब से होते

हुए घुटने तक जुड़ी होती है) का आकार छोटा और लचीलापन कम हो जाता है। ऐसे में हैमस्ट्रिंग को फिर से नॉर्मल स्थिति में लाने के लिए हम सुप्त पादअंगुष्ठासन जैसे काउंटर पोज का सहारा ले सकते हैं।

- **नाभि के तल पे किए जाने वाले Core or Abs वाले आसन का प्रतिक्रिया आसन**

नाभि शरीर का सेंटर प्वाइंट है और इसे शरीर का नींव माना जाता है। आप जब भी नाभि तल के आसन करते हैं तो ये दो तरीके से काम करते हैं- एक तो पेट-नाभि के सामने वाले हिस्से पर और दूसरा पीछे कमर और रीढ़ की हड्डी के तल पर। ऐसे में, सभी एब्स या कोर आसन या नाभि शक्ति विकास के आसन अभ्यास के बाद हमें इन दोनों को नॉर्मल करना होगा। खासकर नाभि पर किया गया काम आपके बैक पर प्रेशर कर देता है। सेतुबंधासन इस मामले में दोनों तल पर बहुत बेहतरीन काम करता है। सेतुबंधासन के साथ अपान आसन किसी भी तरह की एब्स वर्कआउट या योगाभ्यास के बाद सबसे महत्वपूर्ण प्रतिक्रिया आसन हो सकता है। कमर पर ज़्यादा टेंशन आने की स्थिति में ट्विस्टिंग के आसन भी साथ-साथ करें।

- **विपरीत के किए जाने वाले Inversion आसन का प्रतिक्रिया आसन**

विपरीत किए जाने वाले आसन जैसे शीर्षासन, सर्वांगासन इत्यादि में गर्दन के हिस्से में सबसे ज़्यादा दवाब आता है। Inversion के ज़्यादातर आसनों में स्पाइन की लंबाई भी दबती है। जाहिर है, इसमें पूरे कमर की मांसपेशियाँ मजबूत होने के साथ सुकड़ती भी है। इसके पीछे बड़ी वजह है गुरुत्वाकर्षण। Inversion Position में हमारा शरीर ठीक उलटा रहता है और गुरुत्वकर्षण हमें और ज़्यादा नीचे खींच रहा होता है। एक ओर आसन में ठहरना, दूसरी ओर गुरुत्वकर्षण की वजह से नीचे की ओर खिंचाव। इस संघर्ष में मांसपेशियाँ मजबूत तो होती है, रक्त का प्रवाह अंगों में भी बढ़ता है, लेकिन कंधे, गर्दन, पीठ की मांसपेशियों को अतिरिक्त दवाब झेलना होता है, रीढ़ की लंबाई दबती है। ऐसे में गर्दन को रिलैक्स करने वाले काउंटर आसन की ज़रूरत होती है, जैसे मत्स्यासन। स्पाइन की फिर से नॉर्मल रूप में लाने के लिए इससे पहले हलासन किया जाता है।

Inversion Position चूँकि शरीर के लिए ज़्यादा चैलेंजिंग रहता है, इसलिए वाजिब तौर पर सूर्यनाड़ी की ज़्यादा ज़रूरत आन पड़ती है। ऐसे में, थोड़ा बहुत सूर्यनाड़ी के बढ़ने के आसार होते हैं। सूर्य के साथ चंद्रनाड़ी को संतुलित करने के लिए यहाँ हम बालकासन या शवासन कर सकते हैं। आप सुप्त वीरासन या फिर उत्तान आसन को भी गर्दन और पीठ की मांसपेशियों को नॉर्मल करने के तौर पर अभ्यास कर सकते हैं।

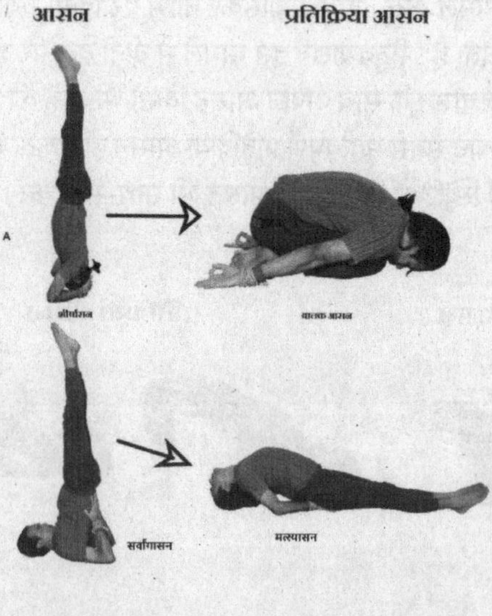

- **शवासन और विपरीत करनी : सर्वसुलभ प्रतिक्रिया आसन**

वशिष्ठ योग आश्रम की साधना में आसनों का पूरा अभ्यास खत्म होने के बाद शवासन या विपरीत करनी अभ्यास करने का चलन है। ये दोनों आसन चंद्रनाड़ी को एक्टिव करते हैं। चूंकि जब हम लगातार अभ्यास करते हैं तो हमारी सूर्यनाड़ी कमोबेश तेज़ होती है, ऐसे में ये दोनों आसन चंद्र को जाग्रत कर सूर्य और चंद्र नाड़ियों के बीच संतुलन स्थापित करने का काम करते हैं।

ऐसा पाया गया है कि दोनों आसन शरीर और मन को तुरंत शांत और रिलैक्स करते हैं। आसन के दरम्यान कहीं भी थोड़ा तनाव रह गया हो, तो ये दोनों उन्हें फिर से रिलैक्स और नएपन के एहसास के साथ तैयार कर देते हैं। पूरी आसन के बाद शवासन या विपरीत करनी को 5 से 10 मिनट कम से कम ज़रूर करना चाहिए, तभी आगे प्राणायाम या ध्यान की साधना में उतरें। शवासन की खूबियों और पद्धति की विस्तार से हम आगे के अध्याय में पड़ताल करेंगें।

शवासन

विपरीत करनी

- **अधोमुख श्वान आसन – प्रतिक्रिया आसन का एक सुंदर फूल**

अधोमुख श्वान आसन अपने-आप में कई खूबियां लिए हुए है। चूंकि ये आसन सिर से लेकर पांव तक और हाथों से लेकर कंधे तक यानी शरीर के हर हिस्से को स्ट्रेच कर नॉर्मल स्थिति में कर देता है, तो इसे आप कही भी, कभी भी प्रतिक्रिया आसन के तौर पर इस्तेमाल कर सकते हैं।

- **बालकासन : यूनिवर्सल काउंटर पोज़**

  आसन अभ्यास के दौरान आपको थकावट लगें या कही कुछ असुविधा महसूस हो तो बालकासन की शरण में आ जाएँ। किसी भी तरह के यदि दूसरे प्रतिक्रिया आसन का आपको ख्याल नहीं आता तो बालकासन को बिना देरी किए अभ्यास में लाएं। बालकासन तन-मन को तुरंत शांति प्रदान करता है। रीढ़ की हड्डी, गर्दन और पांव की मांसपेशियों को तुरंत आराम देता है। ज़्यादातर आसनों में पांव और रीढ़ की भूमिका देखते हुए बालकासन को सर्वोत्तम प्रतिक्रिया आसन में हम स्थान दे सकते हैं। अपने नाम की तरह बालकासन आपको सहज और मन से शांत कर देता है। किसी भी तरह के चैलेंजिंग आसन में आप बालकासन को उसके बाद ज़रूर अभ्यास करना याद रखें।

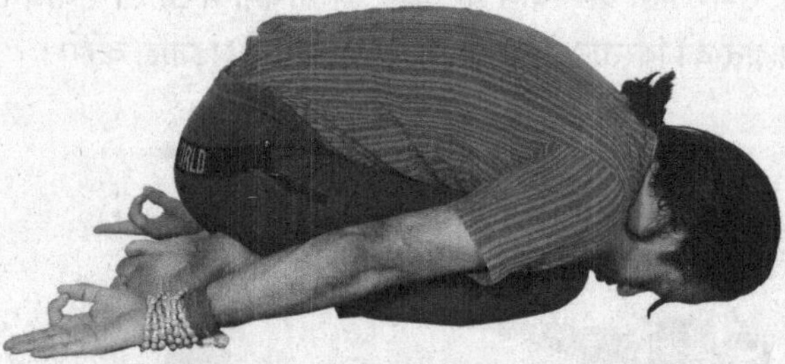

अपने योगासन अभ्यास में प्रतिक्रिया आसन के इन नियमों को ज़रूर ध्यान में रखें। ये आपके योगासन साधना को संतुलित स्वरूप देगा और अभ्यास का लाभ कई गुना ज़्यादा हर दिन आपको महसूस होगा।

अध्याय 10

प्राणायाम और बंध

शास्त्र की क्या है परम सीख?

प्राणायाम दो शब्दों से बना है, प्राण और आयाम। प्राण महज साँस नहीं है। प्राण हमारे अंदर मौजूद सबसे सूक्ष्म और महत्वपूर्ण व्यवस्था है। आयाम का तात्पर्य विस्तार से है। यानी प्राणायाम वो साधना है जिसके जरिए हम अपने अंदर मौजूद सारभौमिक ऊर्जा को विस्तार देते हैं। प्राण की सूक्ष्मता को हम अगले अध्याय में और गहराई से समझेंगे। संक्षेप में हम यहाँ समझें कि हमारे शरीर की व्यवस्था मुख्य रूप से दो तरह की ऊर्जा से चलती है। एक ऊर्जा जो हम मुख्य रूप से भोजन से प्राप्त करते हैं और दूसरी हमारी सूक्ष्म आंतरिक ऊर्जा जिसे हम प्राण कहते हैं। प्राण की ये ऊर्जा कई स्रोत से हमारे अंदर आती हैं, जिसे हम ग्रहण करते रहते हैं, जैसे भोजन, पानी, हवा, सूर्य ऊर्जा इत्यादि। ये स्रोत कई रूपों में प्रकृति में मौजूद है। इस प्राकृतिक स्रोत से प्राण को पूरे शरीर में विस्तार या आयाम देना ही प्राणायाम है।

दरअसल हमारा शरीर प्राण का भंडार स्थल है और रक्त के संचार माध्यम के जरिए यह सूक्ष्म से भौतिक स्वरुप में हमारी एक-एक कोशिका तक पहुंचता है। प्राण को लेकर हमारी समझ में मुश्किलें तब आती हैं जब प्राण का अंग्रेजी रूपांतरण हम Air यानी वायु के तौर पर करते हैं। दुर्भाग्य की बात यह है कि पश्चिम की तरह कई भारतीय योगियों ने भी इसी तरह के भाषा रूपांतरण कर प्राण की गहरी समझ से हमें दूर रखा।

वास्तव में प्राणायाम क्या है ?

प्राणापानसमायोग: प्राणायाम इतीरित:।

प्राण और अपान का संयोग ही प्राणायाम है।

– योग याज्ञवल्क्य संहिता 6.2

यहाँ प्राण का आशय ग्रहण करने वाली साँसों से हैं, तो अपान का तात्पर्य छोड़ी जाने वाली साँस से है।

तस्मिन् सति श्वासप्रश्वास्योर्गतिविच्छेदः प्राणाया।

उसके बाद (यानी आसन सिद्धता के बाद) सांस लेने छोड़ने की गति से परे यानी सजगता (ध्यान) में चला जाना प्राणायाम है।

– योगसूत्र - 2.49

महर्षि पतंजलि के इस सूत्र को ठीक-ठीक समझना होगा। इस सूत्र के व्याख्याकारों की वजह से कई तरह के राय सामने आई है और जिसने भ्रम की स्थिति पैदा की। श्वासप्रश्वास्योर्गतिविच्छेदः का अर्थ कई जगह बताया गया कि साँस का न लेना, न छोड़ना यानी कुम्भक की स्थिति ही प्राणायाम है। लेकिन ये इसकी सतही व्याख्या होगी, क्योंकि पतंजलि जैसे ऋषि महज प्रक्रिया पर जोर नहीं देते, बल्कि उस प्रक्रिया से जो परम स्थिति हम हासिल कर सकते हैं, उस पर उनका इशारा रहता है। कुम्भक की स्थिति में हम ज़्यादा वक्त नहीं ठहर सकते, फिर तुरंत आपको सांस के लेने और छोड़ने की प्रक्रिया में आना होता है, ऐसे में सूत्र के मुताबिक हम कैसे लेने छोड़ने की गति से खुद को विच्छेद यानी अलग कर पाएंगें ? दूसरा कुम्भक में ज़्यादा रूकते ही आपकी सहजता जाने लगती है, क्योंकि सांस का रूक जाना सहज स्थिति नहीं और जहाँ सहजता नहीं, वहाँ समाधि कहाँ, ध्यान कहाँ ?

ऐसे में महज कुम्भक को ही प्राणायाम कहना पूरी तरह से इशारे को ना समझने जैसा होगा।

महर्षि पतंजलि के बहुत बाद बौद्ध दर्शन का प्रादुर्भाव हुआ। बौद्ध में एक साधना काफी प्रसिद्ध है वो है- *आनापानसति*। *आनापानसति* पालि भाषा का है, लेकिन इसका मूल संस्कृत है। जिसे योग ने प्राण कहा उसे पालि में *आना* और अपान को पालि में *पान* कहा गया। *सति* का तात्पर्य सजगता से है, जिसपर बुद्ध की सारी साधना व शिक्षा का जोर रहा। वर्तमान में जिसे हम Mindfulness के रूप में जानते हैं, उसे ही पालि में *सति* कहा गया और यहाँ योगसूत्र के श्लोक में भी *सति* उसी संदर्भ में मौजूद है। तो महर्षि पतंजलि कह रहें हैं कि प्राणायाम श्वास-प्रश्वास की जो स्वभाविक गति है, उससे परे सांसों पर परम सजगता है। बाद में बुद्ध की ध्यान साधना की ये व्यवस्था ही *विपश्यना* के रूप में प्रसिद्ध हुई।

चले वाते चलं चित्तं निश्चले निश्चलं भवेत्।

साँस की गति तेज़ होने से चित्त यानी मन तेज होता है और साँस की स्थिरता से चित्त में स्थिरता आती है।

– हठयोग प्रदीपिका 2.2

हठयोग प्रदीपिका के रचनाकार स्वामी स्वात्माराम यहाँ प्राणाायाम के महत्व को रेखांकित कर रहें हैं। प्राणायाम जहाँ प्राण के विस्तार को सुनिश्चित करता है, वहीं ये सीधे हमारे चित्त यानी मन से भी संबंधित है। साँसों की तेज गति हमारे अंदर मन की तेजी को पैदा करता है। इन दिनों कई संस्थानों में तेज़ गति से सांस लेने छोड़ने की प्रक्रिया पर ज़्यादा फोकस कर रहे है, जबकि ग्रंथ का कहना है कि इससे हमारा मन ज़्यादा चंचल यानी नियंत्रण से बाहर होता है। साँसों की स्थिरता में मन स्थिर रहता और हम अपनी बहुत सारी ऊर्जा, जो मन के जरिए खपत होती है, उसका संग्रह कर सकते हैं। आइये इसको आगे और ज़्यादा विस्तार से समझते हैं।

प्राणायाम पहले या आसन ?

आए दिन साधक इन सवालों से जूझते रहते हैं कि पहले प्राणायाम करना चाहिए या आसन ? अलग-अलग संस्थान अलग-अलग राय प्रस्तुत करते हैं। कोई अष्टांग योग के आठ अंगों का सहारा लेकर कहते हैं कि प्राणायाम को आसन के बाद बताया गया है, इसलिए पहले आसन किया जाए फिर प्राणायाम हो। नहीं ऐसा नहीं होना चाहिए, अष्टांग योग के आठ अंग कोई क्रम नहीं दर्शाते, बल्कि वे अलग- अलग अभिव्यक्ति हैं। उसका एक दूसरे से संबंध है, लेकिन उसी क्रम में उसे किया जाना ज़रूरी नहीं है। पिछले अध्याय में हमने इसपर चर्चा की है।

इस सूत्र से यह इशारा साफ है कि आसन में कुशलता के बाद हमें प्राणायाम की ओर जाना चाहिए। 'तस्मिन' का अर्थ है 'उसके बाद'। सूत्र दरअसल इशारा होता है, बीज होता है, उस बीज में पूरा वृक्ष नहीं दिखता बल्कि ज़मीन में रोपने के बाद वह एक ख़ास प्रक्रिया से बाहर निकलता है। ठीक उसी तरह बीजरुपी सूत्रों को साधना की ज़मीन में हमें रोपना होगा, तभी उसके सारे इशारे स्पष्ट होकर हमारे सामने आएँगे। शब्दों को पकड़कर जब हम व्याख्या करते हैं तो हम साधना की व्यवहारिकता खो बैठते हैं।

पिछले अध्याय में हमने आसन की सिद्धि या कुशलता पर बात की है। सूत्र उसी ओर इशारा कर रहें हैं। आसन की उस स्थिति को प्राप्त कर हमें फिर प्राणायाम की ओर अग्रसर होना चाहिए। जाहिर है, हमें प्राणायाम तो करना है लेकिन आसन की अवस्था की प्राप्ति के बाद।

आसन से आंतरिक ग्रंथियाँ या ब्लॉकेज़ ख़त्म हो जाती हैं, नाड़ियों का रास्ता साफ हो जाता है और तभी हम प्राणायाम के द्वारा प्राण को इन रास्तों से होकर पूरे शरीर में विस्तार या आयाम दे पाने में सफल हो पाते हैं।

अथासने दृढे योगी वशी हितमिताशनः

गुरुपदिष्टमार्गेण प्राणायामान् समभयसेत्।

आसनों का दृढ अभ्यास हो जाने पर, योगाभ्यासी को हितकारी और मात्रायुक्त भोजन लेते हुए गुरु के बताए मार्गों के मुताबिक प्राणायाम का अभ्यास करना चाहिए।

– हठयोग प्रदीपिका 2.1

प्राणायाम प्रक्रिया के तीन अंग

प्राणायामस्त्रिधा प्रोक्तो रेचपूरककुम्भकै।

प्राणायाम के तीन प्रकार हैं– रेचक पूरक और कुम्भक।

– योग याज्ञवल्क्य संहिता 6.2

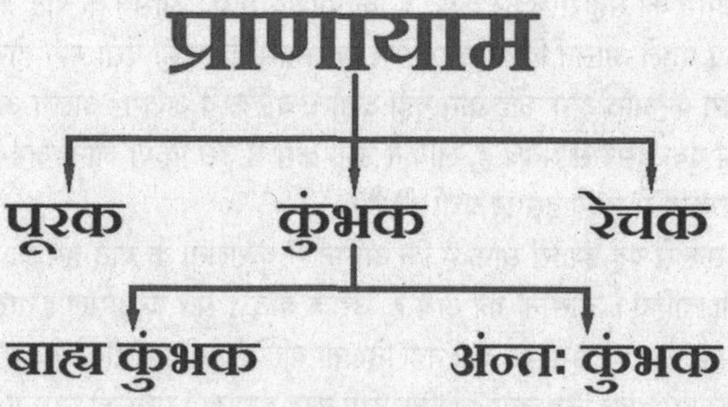

रेचकः कुम्भकश्चैव पूरकश्च त्रिधा स्थितः।

रेचक, पूरक और कुम्भक तीन रूपों में वो स्थित होता है।

– योग वासिष्ठ 6.25.10

प्राणायाम कैसे देता है लाभ ?

प्राणायामैर्दहेद् दोषान्।

प्राणायाम से शरीरस्थ दोषों का नाश होता है।

– मनुस्मृति 6.72

प्राणायाम के लाभ को लेकर हम सबके मन में कोई दुविधा नहीं है। इसपर हज़ारों बातें पहले ही लिखी और कही जा चुकी है। हमें यहाँ यह समझने की ज़रूरत है कि आखिर

कैसे प्राणायाम हमें लाभ प्रदान करता है। प्राचीन योगीगण साँस की धीमी और लयबद्ध गति के चमत्कारिक लाभ के कई प्रयोग से परिपूर्ण थे। हालाँकि आधुनिक वक्त में कपालभाति और भस्त्रिका जैसे साँसों की प्रक्रिया ने ज़्यादा स्थान ले लिया है, जबकि यौगिक लंबी गहरी प्राणायाम का कोई मुकाबला नहीं है।

कई शोधों से यह बात स्पष्ट हो चुकी है कि धीमी और प्राणायाम की लंबी प्रक्रिया हमारे पारा सिमपेथेटिक नर्वस सिस्टम यानी योग की भाषा में चंद्रनाड़ी को एक्टिव करती है जिससे हमें शांति और रिलैक्शन महसूस होता है। आप जब तनाव या किसी दवाब में होते हैं तो हमारी साँसें तेज़ गति से चलने लगती है, ऐसी स्थिति में हमारे रक्त प्रवाह में ऑक्सीजन का स्तर बढ़ जाता है और कार्बन डायऑक्साइड का स्तर नीचे गिर जाता है। ऐसी स्थिति में रक्त का pH स्तर यानी एसिड-एल्कलाइन (अम्ल-क्षार) स्तर असंतुलित हो जाता है। रक्त में pH स्तर के इस असंतुलन को Respiratory alkalosis (क्षारीयता का बढ़ जाना) नाम से जाना जाता है, जिसमें हमारी मांसपेशियां ऐंठने लगती है, इससे हमें उल्टी या चक्कर जैसा महसूस हो सकता है और चिड़चिड़ापन, हल्का सिरदर्द, कन्फ्यूजन और चिंता जैसी स्थिति बन सकती है।

इसके उलट जब हम धीरे-धीरे साँस लेते हैं तो हमारे रक्त प्रवाह में कार्बन डायऑक्साइड का स्तर फिर बढ़ जाता है। ऐसे में रक्त का pH स्तर फिर से कम क्षारीय स्तर की ओर लौट आता है। प्राणायाम के दौरान कुम्भक के प्रयोग से भी कार्बन डायऑक्साइड का स्तर बढ़ जाता है, इसलिए कुम्भक को प्राचीन योगियों ने आवश्यक बताया है।

जैसे ही रक्त का pH स्तर बदलता है, हमारे शरीर का पारा सिम्पेथेटिक नर्वस सिस्टम या चंद्रनाड़ी हमें कई तरह से शांत करना शुरू कर देता है। खासकर Vagus nerve - प्रमुख nerve जो हमारे सभी आंतरिक अंगो (Organs) से जुड़े होते हैं, वो अपना कार्य सुचारु तरीके से करने लगते हैं, जिससे सभी अंगों की कार्यप्रणाली और ज़्यादा दुरस्त होती है। खासकर Vegus Nerve महत्वपूर्ण केमिकल रिलीज़ करने लगता है जिसे Acetylcholine कहते है– ये एक तरह का न्यूरोट्रांसमीटर होता है जो पूरे शरीर की कोशिकाओं और दूसरी प्रक्रिया को संदेश भेजने लगता है। इस प्रक्रिया में हमारे हृदय की गति सामान्य होने लगती है, यानी बैलेंस ब्लडप्रेशर, पाचन तंत्र जाग्रत हो जाती है, रोगप्रतिरोधक क्षमता ज़्यादा सजग, उत्सर्जन तंत्र सुचारु रूप से कार्य करने लगते हैं। इससे इस तरह की कई ज़रूरी गतिविधियों को सपोर्ट मिलने लग जाता है।

अब आप समझ गए होंगे कि क्यों हमारे प्राचीन ऋषि-मुनि-योगी लंबी गहरी साँस वाले प्राणायाम पर जोर देते थे। दुर्भाग्य से लोगों को लुभाने के लिए इन दिनों जल्दी सांस लेने की कई प्रक्रियाओं को आम लोगों के बीच पैकेज के रूप में पेश किया जा रहा है। कपालभाति और भस्त्रिका और दूसरी तरह की जल्दी साँस लेने की क्रिया को सर्वश्रेष्ठ बताया जा रहा है। जबकि आपने शरीर की प्रणाली को जाना कि कैसे

जल्दी-जल्दी सांस लेने की प्रक्रिया हमारे लिए घातक है। कपालभाति या भस्त्रिका का अभ्यास थोड़े वक्त के लिए ही करना चाहिए, न कि काफी देर देर तक।

यथा सिंहो गजो व्याघ्रो भवेद्वश्यः शनैः शनैः
तथैव सेवितो वायुरन्यथा हन्ति साधकम्।

जैसे लोक में सिंह, हाथी, व्याघ्र को धीरे धीरे वश में किया जाता है। ऐसे ही, प्राणवायु को धीरे धीरे वश में करना चाहिए, नहीं तो ये साधक के शरीर व्यवस्था को ही रोगग्रस्त कर देता है।

– हठयोग प्रदीपिका 2.15

युक्तंयुक्तं त्यजेद्वायुं युक्तंयुक्तं च पूरयेत्।
युक्तंयुक्तं च बध्नीयादेवं सिद्धिमवाप्नुयात्॥

प्राणवायु को संतुलित रूप में छोड़ना (रेचक) चाहिए, संतुलित रूप में पूरक (लेना) चाहिए। कुम्भक भी संतुलित (जो सहज हो) साधना चाहिए। इस प्रकार शीघ्र सिद्धि यानी सफलता की प्राप्ति होती है

– शाण्डिल्योपनिषद् 1.7

किसी भी तरह की शारीरिक, मानसिक और भावनात्मक स्थिति रहे, हमेशा स्लो डीप ब्रीदिंग पर भरोसा करें, कभी भी फास्ट ब्रीदिंग के शॉटकट में फँसकर अपना अहित न करें। प्राणायाम की सही प्रक्रिया लंबे अभ्यास के साथ ही ज़्यादा फलदायी होगी। उसी तरह ही गलत प्रक्रिया लंबे वक्त के साथ शरीर की कार्यप्रणाली में बहुत बुरा असर करती है।

एक बात और ख्याल कर लें कि इसका अर्थ यह कतई न लगाएँ कि आपकी हर समस्या का समाधान स्लो डीप ब्रीदिंग में ही है। किसी भी समस्या की कई वजहें होती हैं और हमारा शरीर एक बड़े यूनिट के रूप में कार्य करता है। हमेशा एक संपूर्ण प्रणाली यानी आसन, प्राणायाम, ध्यान, रिलैक्शन, संतुलित जीवन पद्धति, बैलेंस भोजन और सही वक्त के मुताबिक गहरी नींद ही पूर्ण सेहत की गारंटी है। कोई एक प्रक्रिया सफलता की पूरी कहानी नहीं हो सकती। आपकी सांस हमेशा एक बेहतरीन साथी हो सकती है, जो तुरंत आपको तात्कालिक शारीरिक-मानसिक उलझन से दूर कर सकती है।

प्राणायाम में सावधानियाँ

हर विधि की अपनी खासियत और सीमाएँ हैं। चाहे कितनी ही बेहतरीन चीज हो, लेकिन सही पद्धति का ख्याल न रखा जाए तो वो लाभ नहीं देती, बल्कि उससे लेना का देना पड़ जाता है। इसलिए प्राणायाम की सही विधि से अभ्यास करना ही लाभदायी है।

प्राणायामेन युक्तेन सर्वरोगक्षयो भवेत्
अयुक्ताभ्यासयोगेन सर्वरोगसमुद्गमः।

युक्तिपूर्वक यानी सही विधिपूर्वक प्राणायाम से सभी रोगों का क्षय होता है, जबकि गलत रीति से अभ्यास करने से सभी तरह के रोगों की उत्पति होती है।

– हठयोग प्रदीपिका 2.16

हिक्का श्वासश्च कासश्च शिरःकर्णाक्षिवेदनाः
भवन्ति विविधाः रोगाः पवनस्य प्रकोपतः।

गलत तरीके से किए प्राणायाम विधि से
प्रकोपित वायु के जरिए साधक के शरीर में हिचकी,
दमा, खांसी, सिर-कान-नेत्र में पीड़ा
और विविध रोग उत्पन्न हो जाते हैं।

– हठयोग प्रदीपिका 2.17

- कई लोग प्राणायाम में तेज गति से सांस लेते और छोड़ते हैं, जो हानिकारक और प्राणायाम की विधि नहीं है। स्लो डीप ब्रीदिंग यानी लंबी गहरी साँस के फायदे को हम आगे भी ज़्यादा गहराई से समझेंगे।
- कपालभाति क्रिया और भस्त्रिका जैसे फास्ट प्राणायाम प्राचीन नहीं हैं। फिर भी अगर आप इसका अभ्यास करते हैं तो हर फास्ट ब्रीदिंग को कम संख्या में करें, यानी दो से तीन मिनट का इसका अभ्यास ही काफी है और शुरुआत में इसे एक शोधन क्रिया के रूप में ही करें। इससे पहले भी हमने देखा है कि ज़्यादा जल्दी साँस लेने की प्रक्रिया रक्त में pH को असंतुलित कर कई शारीरिक-मानसिक परेशानियाँ पैदा करती हैं। खासकर हृदय रोगी, अस्थमा, हाई ब्लडप्रेशर मरीज, मानसिक रोगी, संतुलन की समस्या वाले लोग फास्ट ब्रीदिंग न करें। प्राणायाम करने वाले लोगों को अलग से कपालभाति या दूसरी शोधन क्रिया को करने की ज़रूरत नहीं है।

प्राणायामैरेव सर्वे प्रशुष्यन्ति मला इति
आचार्याणां तु केषांचिद् अन्यत् कर्म न संमतम्।

शारीरिक स्थूलता, मल आदि दोषों को नष्ट करने में प्राणायाम स्वयं समर्थ है। ऐसे में हठयोग के आचार्य का मत है कि ऐसे साधकों को षट् कर्मों की सहायता की आवश्यकता नहीं है।

– हठयोग प्रदीपिका 2.37

- लंबी गहरी रीति से यानी स्लो डीप ब्रीदिंग वाले सारे प्राणायाम बहुत हितकारी है

और ऐसे प्राणायाम को आप कई बार और असीमित वक्त तक कर सकते हैं। जैसे नाड़ी शोधन या अनुलोम विलोम, वशिष्ठ प्राणायाम ऊँकार या प्रणब प्राणायाम, शीतली-सित्कारी, भ्रामरी, उज्जयी जैसे प्राणायाम आप ज़्यादा से ज़्यादा कर सकते हैं (अगले अध्याय में हम प्राणायाम विधि पर विस्तार से जानेंगें)।

- प्राणायाम को आसन के बाद करने से वह ज़्यादा लाभदायी होता है। आसन से शरीर स्थित प्राणनाड़ियाँ खुल जाती है। ग्रंथि यानी ब्लॉकेज़ खत्म होता है। ऐसे में, इसके उपरांत प्राणायाम से प्राणवायु शरीर के हर अंगों में आसानी से गमन कर पाती है।
- प्राणायाम हर वक्त किया जा सकता है, लेकिन सुबह के वातावरण में ऑक्सीजन की आपूर्ति ज़्यादा और शांति रहने की वजह से यह अभ्यास के लिए बेहतरीन वक्त है।
- प्राणायाम के बाद या दौरान आप कुम्भक का इस्तेमाल कर सकते हैं। ख्याल रहें कुम्भक का सही ज्ञान और प्राणायाम का अभ्यासी होने के बाद ही इसका अभ्यास करें। अस्थमा, साँस के दूसरे रोग और हृदय संबंधित असुविधा और रोग में कुम्भक ना करें या बहुत जानकार गुरू या शिक्षक निगरानी में ही इसे करें।
- किसी भी तरह के ऑपरेशन या गहरी बीमारी की स्थिति में फास्ट ब्रीदिंग बिल्कुल ना करें, बल्कि यौगिक वशिष्ठ प्राणायाम में डीप ब्रीदिंग का अभ्यास करते रहें।
- प्राणायाम करते हुए पसीना आना, मन की स्थिति का बिगड़ना, चक्कर आना इसके विधि के गलत होने के लक्षण है, ऐसे में उस विधि का अभ्यास तुरंत बंद करें।

प्रस्वेदजनको यस्तु प्राणायामेषु सोऽधमः
कम्पको मध्यमः प्रोक्त उत्थानंचोत्तमोत्तमः

प्राणायाम अभ्यास में पसीने का आना निम्न श्रेणी, कंपन का होना मध्यम श्रेणी और हल्केपन को महसूस करना उत्तम श्रेणी का अभ्यास माना जाता है।

– योग याज्ञवल्क्य संहिता 6.25

- प्राणाायाम करते हुए सुखकर आसनों का इस्तेमाल कर, खास बात है रीढ़ का सीधा रहना, ताकि प्राण सही दिशा में गमन कर सके। आसन में ना बैठने की मजबूरी में कुर्सी इत्यादि का इस्तेमाल आप कर सकते हैं, लेकिन फिर भी रीढ़ सीधी ही रखें।

प्राणायाम और बंध

प्राणायाम और आसन के दौरान बंध अभ्यास का अपना महत्व है। बंध का शाब्दिक मायने हैं बांधना या एकत्रित करना। योग में बंध साधना प्राण के एकत्रीकरण के अर्थ में है। बंध से ही बांध शब्द आया है। बांध पानी को एकत्रित और दिशा देने की प्रक्रिया है। जैसे बांध

की वजह से हम पानी की बर्बादी को रोक पाते हैं, पानी से होने वाली तबाही को टाल पाते हैं और जहाँ ज़रूरत हो, वहाँ पानी की दिशा को मोड़ सकते हैं, उसी तरह बंध हमारे आंतरिक प्राण का एकत्रीकरण और सही दिशा में प्रवाह को सुनिश्चित करता है। मुख्य पंच प्राणों को संतुलित करना और नाड़ियों में समुचित प्रवाह बनाएं रखने का कार्य करता है बंध।

योग में मुख्य रूप से तीन बंध की चर्चा है- मूल बंध, उड्डियान बंध और जालंधर बंध। इन तीनों बंध को जब हम सम्मिलित रूप से करते हैं तो वो महाबंध या त्रिबंध कहलाता है।

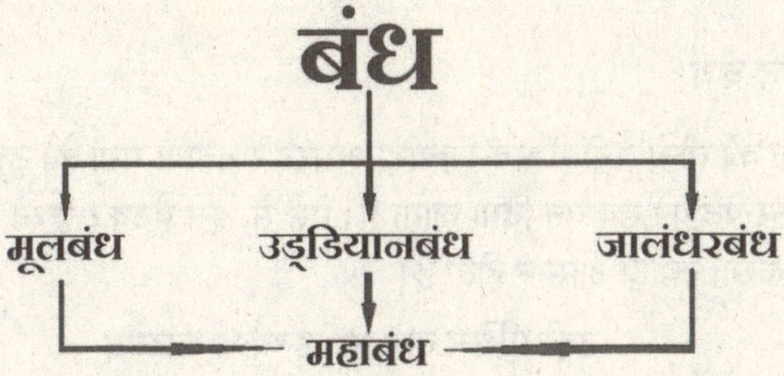

1. मूल बंध

अधोगतिमपानं वै ऊर्ध्वगं कुरुते बलात् आकुञ्चनेन तं
प्राहुर्मूलबन्धं हि योगिनः

गुदाद्वार का बलपूर्वक संकुचन कर नीचे गति करने वाली प्राण वायु - 'अपान' को ऊर्ध्वगामी(उपर की ओर) करने को योगियों ने मूलबंध कहा है।

– हठयोग प्रदीपिका 3.62

घोड़े को आप इस तरह कई बार करते हुए देखे होंगे। कहीं-कहीं इसे अश्विनी क्रिया भी कहते हैं।

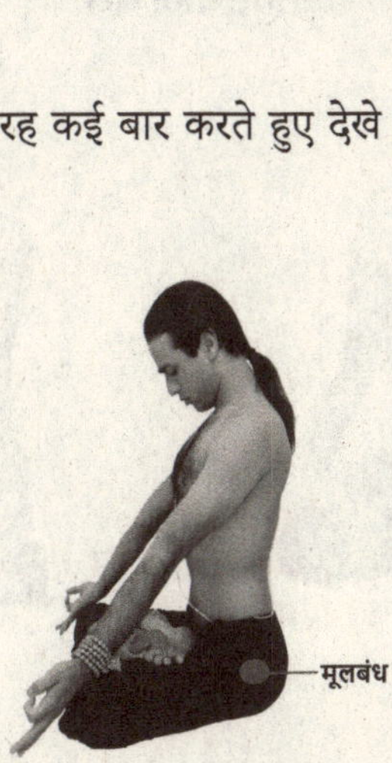

मूलबंध उपयोग

मूलबंध का उपयोग नीचे जा रही ऊर्जा यानी अपान वायु के क्षय को रोकना है। प्राणायाम और आसन में लगातार आप मूलबंध का उपयोग कर सकते हैं। मूलबंध से प्राणायाम में सांस छोड़ने की प्रक्रिया लंबी होती है। आसन में मूलबंध स्थापना व दृढ़ता देता है। शक्ति चैलेंज देने वाले आसन में मूलबंध से आसन अभ्यास में बहुत आसानी होती है। मूलबंध पूरी साधना में एकाग्रता को बनाए रखने में मददगार है। मूलबंध का नियमित अभ्यास गर्भवती महिलाओं को प्रसव के दौरान सहयोग देता है।

2. उड्डीयान बंध

उड्डीयान बंध को तीनों बंधों में सबसे ज़्यादा असरदार बताया गया है। उड्डीयान बंध में सांस छोडकर पेट को संकुचन दिया जाता है। ऐसे में, इसे बैठकर करने की तुलना में खड़े होकर करना ज़्यादा आसान होता है।

उदरे पश्चिमं तानं नाभेरूर्ध्वं च कारयेत्
उड्डीयानो ह्यसौ बन्धौ मृत्युमातङ्गकेसरी

पेट के नाभि से ऊपर वाले हिस्से को अपनी रीढ़ की तरफ खींचना ही उड्डीयान बन्ध कहलाता है। यह मृत्यु रूपी हाथी के आगे सिंह अर्थात् शेर के समान है।

– हठयोग प्रदीपिका 3.57

उड्डियान बंध

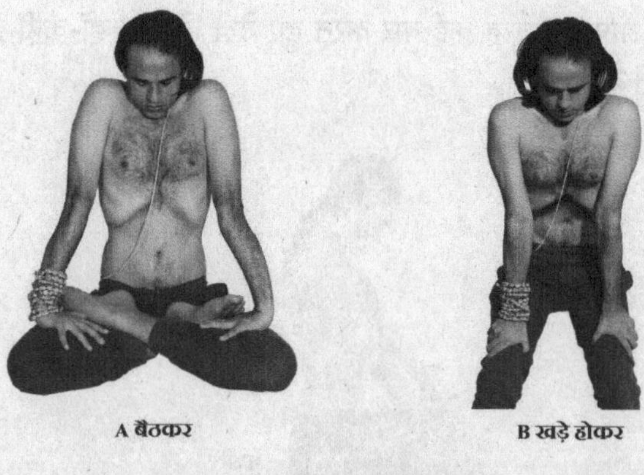

A बैठकर B खड़े होकर

उड्डीयान बंध को बैठकर पद्मासन या सुखासन में किया जा सकता है। हालाँकि खड़े होकर घुटने को मोड़कर इस बंध को लगाना आसान है, क्योंकि घुटने के मुड़ने से पेट की मांसपेशियाँ ज़्यादा ढीली हो जाती है। पहले पूरी तरह साँस को बलपूर्वक बाहर निकालें, फिर बाह्य कुम्भक यानी सांस को बाहर रोकते हुए हाथों को घुटने के ऊपर रखकर पेट-नाभि हिस्से को अंदर रीढ़ की दिशा में ले जाएँ। जब तक साँस रोकने की सहजता महसूस हो, तभी तक उड्डीयान बंध में रहें, फिर सांस लेते हुए वापस आएँ।

उड्डीयान बंध का उपयोग

उड्डीयान बंध खासकर मध्य प्राणवायु यानी समान वायु को संतुलित कर उसे ऊर्ध्वगामी बनाता है। अपान और प्राण वायु को संतुलित कर उड्डीयान बंध मुख्य नाड़ी सुषुम्ना की ओर प्राण का प्रवाह सुनिश्चित करता है। उड्डीयान बंध हमेशा खाली पेट में ही अभ्यास करें। हर प्राणायाम के बाद उड्डीयान बंध की साधना की जा सकती है। आसन में खासकर आगे झुकने वाले सभी आसनों में उड्डीयान बंध को थोड़े स्वरूप में कर सकते हैं, जिसमें साँस तो चलती रहें, लेकिन पेट थोड़ा संकुचित रहे, इससे आसन के दौरान मदद मिलती है। उड्डीयान बंध पेट, उदररोग, आंतों की समस्या, अपचन और डायबिटीज़ जैसे रोगों में काफी उपयोगी है। हृदय व अस्थमा-फेफड़े को रोग में उड्डीयान बंध न करें। गर्भावस्था में उड्डीयान की सख्त मनाही है

3. जालंधर बंध

कण्ठ माकुञ्च्य हृदये स्थापयेच्चिबुकं दृढम्
बन्धो जालन्धराख्योऽयं जरामृत्युविनाशक:

कण्ठ प्रदेश को सिकोड़ कर ठुड्डी को छाती पर अच्छे से लगाना जालन्धर बन्ध कहलाता है। इसका अभ्यास करने से साधक बुढ़ापा और मृत्यु पर विजय प्राप्त कर लेता है।

– हठयोग प्रदीपिका 3.71

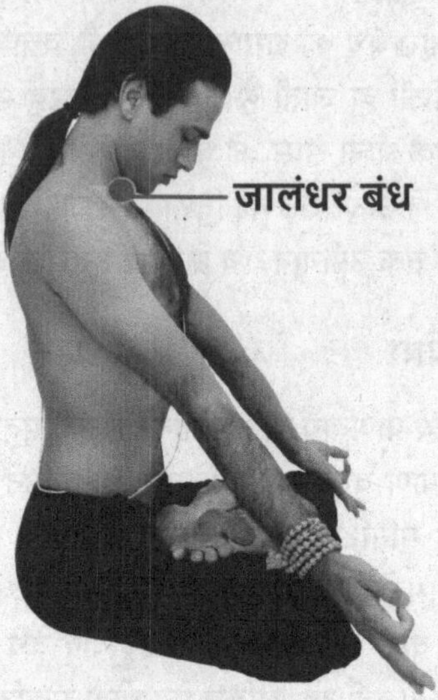

जालंधर बंध उपयोग

जालंधर बंध का उपयोग मुख्य रूप से प्राणायाम के दौरान या बाद में ही किया जाता है। प्राणायाम के उपरांत ऐसा करने से नर्वस सिस्टम का कई सिग्नल मस्तिष्क तक थोड़ी देर के लिए नहीं पहुँच पाता और इस तरह मस्तिष्क के कार्य में कुछ देर के लिए विराम व विश्राम हो पाता है। इसके अभ्यास से तत्क्षण आपको मस्तिष्क के तल पर शांति महसूस होती है। ध्यान रहे कि जालंधर बंध के दौरान गर्दन को सहजता से ही नीचे झुकाकर रखें, जबर्दस्ती दबाकर नहीं। ये बंध प्राण और उदान वायु को संतुलित करता है और उसको क्षय होने से बचाता है।

महाबंध

तीनों बंध को जब हम एक साथ करते हैं तो वो महाबंध कहलाता है। प्राणायाम के दौरान या उसके अभ्यास के बाद महाबंध का अभ्यास ज़रूरी है और इसे कई लाभों से युक्त बताया गया है।

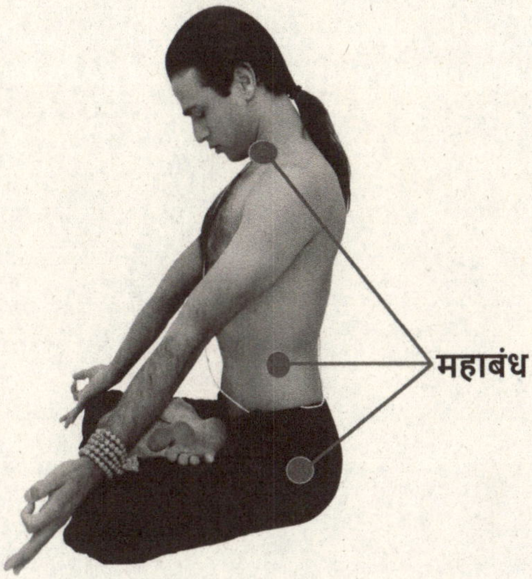

प्राण की महत्ता को समझते हुए साधकों को नियमित प्राणायाम और बंध का अभ्यास करते रहना चाहिए। प्राण का संचयन में बंध कारगर होने के साथ नाड़ी और मन शुद्धि के लिए अति लाभदायी है। आगे के अध्याय में हम मुख्य 10 प्राणायाम विधि उसके लाभ व सावधानियों की चर्चा करेगें।

अध्याय 11

प्राण का संपूर्ण आयाम

दस मुख्य प्राणायाम

प्राणायाम की महत्ता को जितना बताया जाए, उतना ही कम है। पिछले अध्याय में हमने समझा कि प्राणायाम क्या है, यह कैसे लाभ पहुँचाता है और इसमें क्या सावधानियाँ रखनी ज़रूरी है। प्राण के इर्द-गिर्द ही हमारे जीवन का सारा खेल है, इसलिए प्राणायाम की साधना सदियों से अति महत्वपूर्ण रही है। हम योग की बातों को कितना भी समझ लें और रट लें, लेकिन उसे अभ्यास में न लाएँ, तो उसका कोई अर्थ नहीं। यहाँ हम प्राणायाम की विधि, लाभ और सावधानियों के दस तरीकों को प्रस्तुत कर रहें हैं। साथ ही हम श्वसन की दो प्रसिद्ध क्रियाओं का भी यहाँ उल्लेख कर रहें हैं। आप इसे भली भाँति समझकर नियमित अभ्यास में लाएं

श्वसन क्रिया

योग में क्रिया से तात्पर्य शोधन कर्म यानी सफाई से है। साँस प्रक्रिया के जरिए सफाई की वजह से हम इसे श्वसन क्रिया कहते हैं। ख्याल रहें, श्वसन क्रिया और प्राणायाम में मूलभूत अंतर है। जैसा हमने पहले भी समझा है कि प्राणायाम की प्रक्रिया लंबी गहरी साँस के लेने और देर तक साँस छोड़ने से संबंधित है। साथ ही कुम्भक का भी यथोचित इस्तेमाल प्राणायाम की विशेषता है। इसके विपरीत, श्वसन क्रिया में तेज गति से सांस लेने व छोड़ने पर जोर है ताकि हम अपने नासिका मार्ग का शोधन यानी सफाई कर सकें। आधुनिक समय में इन शोधन श्वसन क्रिया को प्राणायाम के नाम से पुकारे जाने का चलन हो गया है। आइये, सबसे पहले हम इन्हीं दोनों श्वसन क्रिया को यहाँ समझते हैं :

1. कपालभाति क्रिया

विधि

किसी भी सुखकर स्थिति में आँख बंद कर बैठ जाएँ। पहले धीरे से साँस लेते हुए पेट फुलाए, फिर वेगयुक्त साँस बाहर करते हुए पेट को अंदर की ओर जाने दें। इसी प्रक्रिया को लगातार करते रहें। ख्याल रहें ये प्रक्रिया बहुत जल्दी ना हो। सांस के लेने छोड़ने दोनों पर फोकस बनाए रखें। हालाँकि साँस लेने की तुलना में छोड़ने पर ज़्यादा जोर दिया जाना चाहिए।

लाभ

- नासिका के साथ श्वसन प्रणाली की सफाई
- नासिका में फँसे कफ का शोधन
- पेट की मांसपेशियों को मजबूती
- साँस प्रक्रिया होने की वजह से मन की शांति में सहायक

सावधानियाँ

- बहुत तेज़ गति और बहुत ज़्यादा मात्रा में करने से बचें
- ज्यादा व गलत अभ्यास सूर्यनाड़ी को बढ़ाकर उच्च रक्तचाप, गुस्सा, चिड़चिड़ापन व सिरदर्द की वजह बन सकता है
- गर्भधारण के वक्त भूलकर ना करें

- अस्थमा में ना करें, ज़्यादा अस्थमा एक्टिव हो तो जानलेवा हो सकता है
- हृदयरोग और हाईब्लडप्रेशर की स्थिति में नज़रअंदाज़ करें
- माइग्रेन व सिरदर्द की समस्या में ना करें, असहजता ला सकता है
- पीरियड या मासिक धर्म के वक्त बिल्कुल अभ्यास ना करें

2. भस्त्रिका क्रिया

भस्त्रिका एक वेगयुक्त या फास्ट श्वसन क्रिया है। कपालभाति की तरह इसमें भी जल्दी-जल्दी साँस छोड़ने की प्रक्रिया है, इसलिए ये भी श्वसन क्रिया के अंतर्गत ही लिया जाएगा। कपालभाति में जहां सांस के छोड़ने पर ज़्यादा फोकस होता है वहीं भस्त्रिका में सांस का लेना और छोड़ना दोनों एक समान और वेगयुक्त रहेगा। कपालभाति में जहाँ साँस लेने-छोड़ने के वक्त पेट का हिस्सा केंद्र में है तो भस्त्रिका चेस्ट ब्रीदिंग अभ्यास है। चूंकि फास्ट ब्रीदिंग हमेशा सूर्यनाड़ी को जाग्रत करती है, ऐसे में संतुलित अवधि और सामान्य गति में करने का ही निर्देशन है। हर राउंड में 20-30 स्ट्रॉक (सांस लेना-छोड़ना) और ज़्यादा से ज़्यादा 3 राउंड कर सकते हैं। अलग अलग संस्थानों में भस्त्रिका करने की विधि में थोड़ा बहुत अंतर पाया जाता है। वशिष्ठ योग आश्रम में भस्त्रिका को करने की तीन से चार विधियां ईजाद की गई है। यहाँ हम ज़्यादा चर्चित एक विधि का वर्णन करते हैं -

विधि

किसी भी सुखकर स्थिति में आँख बंद कर बैठ जाएँ। दोनों हथेलियों की मुट्ठी बंद कर छाती के पास रखें। इस दौरान हथेलियां बाहर की दिशा में हों। सांस लेते हुए दोनों

हाथों को छाती के बराबर दूरी रखते हुए ऊपर ले जाएं, अंगुलियां ऊपर खुल जाए। सांस को वेगयुक्त छोड़ते हुए हाथ-हथेलियों को वापस छाती के पास लाएं। फिर मुट्ठी यहाँ बंद हो जाएगी। ख्याल रहे कि साँस का लेना और छोड़ना समान अवधि का हो। इसी प्रक्रिया को 10 से 20 बार दोहराएँ।

लाभ

- नासिका, श्वसन नली की सफाई
- सामान्य कफ की तकलीफ़ में लाभदायी

सावधानियाँ

- माइग्रेन (सिरदर्द) की समस्या में ना करें, इसमें चक्कर आ सकता है
- पीरियड या मासिक धर्म के वक्त इसका बिल्कुल अभ्यास ना करें

आइये, प्राणायाम साधना में आगे बढ़ने से पहले दो जरूरी मुद्रा को हम समझते हैं, जो साधना में उपयोगी साबित होंगी। पहली मुद्रा है ज्ञान मुद्रा और दूसरी विष्णु मुद्रा।

ज्ञान मुद्रा की विधि

पहले पांचों उँगुलियों को पूरा फैला दें, सभी उँगुलियाँ आपस में सटी-सटी हो। अब तर्जनी और अंगुठा को मोड़ते हुए उसके किनारे को एक दुसरे से मिलाते हुए एक वर्तुल यानी सर्कल बनाएं, बाकी तीनों अंगुलियां सीधी होगी, जैसा चित्र में दिखाया गया है। इस स्थिति को ज्ञानमुद्रा के नाम से जाना जाता है।

ज्ञान मुद्रा

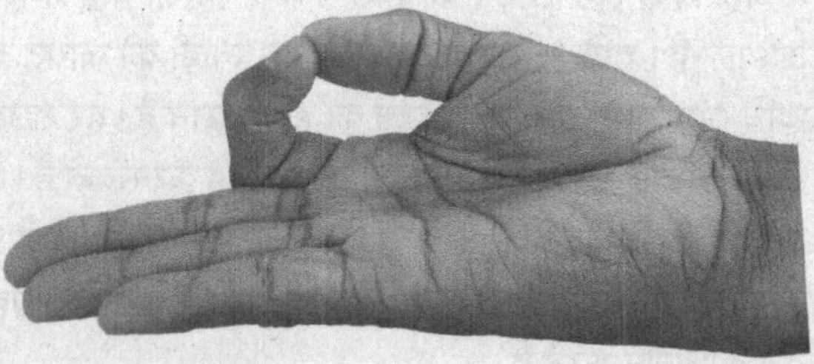

विष्णु मुद्रा की विधि

पांचों उँगुलियों को एक दूसरे से सटाते हुए बाहर की तरफ खोलकर रखें। अब तर्जनी, अनामिका उँगुलियों को मोड़ते हुए हथेली की तरफ ले चलें। बाकी दो उँगुलियाँ और

अंगूठा बाहर की तरफ सीधी रहे, जैसा चित्र में दिखाया गया है। इस स्थिति को विष्णु मुद्रा कहते हैं। ख्याल रहे अलग-अलग संस्थानों में मुद्रा के अलग-अलग नाम हो सकते हैं। नाम को लेकर संदेह में ना आकर इसके हेतु को समझना है।

विष्णु मुद्रा

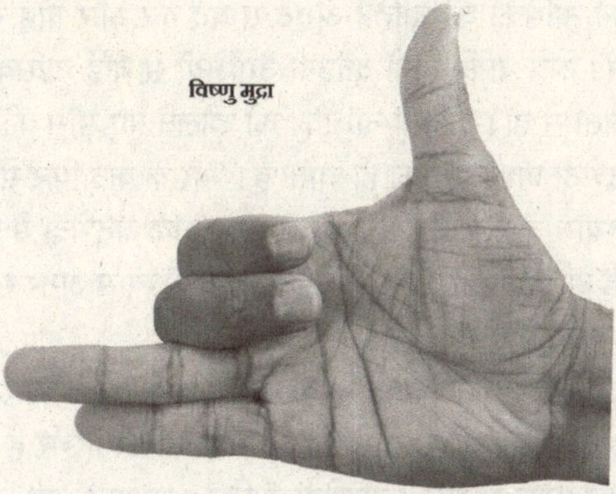

1. चंद्रभेदी प्राणायाम

चंद्रनाड़ी को जाग्रत करने में सहायक होने की वजह से इसे चंद्रभेदी प्राणायाम कहा गया। हमारी बाँई नासिका चंद्रनाड़ी का प्रतिनिधित्व करती है। चंद्रनाड़ी हमारे अंदर विश्राम, शांति, पाचन, उत्सर्जन, रिपेयरिंग यानी आंतरिक मरम्मत, प्रेम और करुणा को बनाए रखती है।

विधि

किसी भी सुखकर स्थिति में आँख बंदकर बैठें। आपका बाँया हाथ ज्ञान मुद्रा में बाँए घुटने के ठीक उपर हो, कोहनी थोड़ी मुड़ी होनी चाहिए। अब दाहिने हाथ में विष्णु मुद्रा तैयार करें। दाहिने नासिका को दाहिने अंगूठे से बंद करें और बाँई नासिका से बहुत धीरे-धीरे सांस लें। अब बाकी दोनों दाहिनी उँगुलियों से बाँई नासिका पूरी तरह बंद करे, ये सब सहजता से हो। दाहिनी नासिका को खोलते हुए साँस को बाहर करें, यह एक पूरा चक्र चंद्रभेदी प्राणायाम का हो जाता है। इसके बाद फिर से बाँई नासिका से सांस लेते हुए अभ्यास जारी रखें। यानी इससे स्पष्ट है कि चंद्रभेदी में हमेशा साँस बाँई नासिका से लेनी है और दाहिनी से साँस छोड़नी है। ये अभ्यास अगर सहजता से हो, तो रेचक की अवधि पूरक से दोगुनी रखें।

जो साधक कुम्भक लगाना चाहते हैं, वो यहाँ कुम्भक का अभ्यास भी जोड़ सकते हैं। कुम्भक की अवधि आपकी सांस रोकने की सहजता पर निर्भर है। शास्त्र अनुसार कुभ्भक की अवधि पूरक से चार गुनी होनी चाहिए। अस्थमा, सांस की दूसरी गंभीर तकलीफ, बहुत ज़्यादा हाई ब्लडप्रेशर या हृदय जनित गंभीर रोग या सर्जरी में कुम्भक बिल्कुल न करें।

लाभ

- मन की शांति और तन को शीतलता
- हाईब्लड प्रेशर को नियंत्रित करने में कारगर
- हृदय संबंधित रोग और न्यूरोलॉजिकल या नर्वस सिस्टम से संबंधित रोग में राहत
- एसिडिटी, हृदय चलन,आईबीएस - संग्रहणी रोग में भारी राहत
- पाचन तंत्र, उत्सर्जन तंत्र को एक्टिव करना

सावधानियाँ

- आलस्य या सुस्ती की स्थिति में आप इसे नज़रअंदाज़ कर सकते हैं।

2. सूर्यभेदी प्राणायाम

सूर्यनाड़ी को जाग्रत करने में सहायक होने की वजह से इसे सूर्यभेदी प्राणायाम कहा जाता है। हमारी दाहिनी नासिका सूर्यनाड़ी का प्रतिनिधित्व करती है। सूर्यनाड़ी हमारे अंदर स्फूर्ति, उत्साह और क्रियाशीलता जैसे गुणों को प्रेरित करती है। वहीं ज्याद सूर्यनाड़ी कई समस्या की वजह बन सकती है। सूर्य व चंद्रनाड़ी के बारे में और विस्तार से हम अगले अध्याय में मंथन करेंगे।

विधि

चंद्रभेदी से विपरीत यहाँ शुरूआत दाईं नासिका से साँस लेकर करें और बाईं से साँस बाहर जाने दें। बस इसी प्रक्रिया को अनवरत करते जाएं। रेचक की अवधि पूरक से दोगुनी रखें। कुम्भक का साधक यहां इस्तेमाल अपनी सहजता से कर सकते हैं। अस्थमा, सांस की दूसरी गंभीर तकलीफ, बहुत ज़्यादा हाई ब्लडप्रेशर या हृदय जनित गंभीर रोग या सर्जरी में कुम्भक बिल्कुल न करें।

लाभ

- चिंता, अवसाद (डिप्रेशन) जैसे मानसिक रोग में सहायक।
- हठयोग ग्रंथ का मानना है कि सूर्यभेदी मस्तिष्क शक्ति को जाग्रत करता है और शरीर की आंतरिक गर्माहट को बढ़ाता है।
- जब आप ढीले या निराशा महसूस करते हैं उस वक्त सूर्यभेदी आपके शरीर में ऊर्जा और स्फूर्ति का संचार कर सकता है।

- रक्त की अशुद्धिता को दूर करने और त्वचा जनित रोग को काबू करने में सहायक।

सावधानियाँ

- हाईब्लडर प्रेशर और हृदय रोगी इसे न करें
- गर्मी के दिन में इसे कम करें या न करें
- आंतरिक गर्माहट, एसिडिटी, अल्सर रोग में इसे न करें
- रात्रि में सोने के वक्त इसे करने से नींद बाधित हो सकती है

3. नाड़ी शोधन प्राणायाम

चंद्रभेदी और सूर्यभेदी का मिश्रित रूप है नाड़ी शोधन प्राणायाम। आजकल अनुलोम-विलोम प्राणायाम के नाम से भी इसे जाना जाता है। यह कहना गलत है कि जब अनुलोम-विलोम प्राणायाम में हम कुम्भक का इस्तेमाल करते हैं तो वो नाड़ी शोधन कहलाता है। सिर्फ कुम्भक करने से अगर प्राणायाम के नाम बदल जाते, तो हर प्राणायाम का नाम बदल जाता, क्योंकि सभी में कुम्भक को किया जा सकता है।

नाड़ी शोधन नाम से ही साफ है कि यह प्राणायाम आंतरिक प्राण नाड़ी की सफाई करता है। नाड़ी के शोधन के साथ हमारे शरीर में स्थित 72,000 नाड़ियों में प्राण का प्रवाह बेहतर तरीके से हो पाता है।

विधि

सुखकर स्थिति में आँख बंद कर बैठ जाएँ। हमेशा की तरह रीढ़ ज़रूर सीधी रखें। बाएँ हाथ को ज्ञान मुद्रा में घुटने पर रखें और दाहिने में विष्णु मुद्रा के साथ दाहिने

नासिका को बंद करें। अब बाईं नासिका से धीरे-धीरे लंबी-गहरी साँस लें। दोनों नासिका को फिर बंद करें, और दाहिने से साँस को छोड़ें। साँस छोड़ने की अवधि को साँस लेने की तुलना में करीब दोगुनी रखें। पूरी तरह साँस छोड़ने के बाद दाहिनी नासिका से ही साँस को धीरे- धीरे वापिस भरें। फिर नासिका बंद करें और बाएँ से बहुत धीरे-धीरे सांस को बाहर करें। यहां फिर सांस छोड़ने की अवधि लेने से करीब दोगुनी हो।

जो साधक कुम्भक का इस्तेमाल करना चाहते हैं वो हर बार साँस लेने के उपरांत अंतत: कुम्भक का इस्तेमाल करें। उच्च साधक बाह्य कुम्भक का भी इस्तेमाल साथ-साथ साँस छोड़ने के उपरांत कर सकते हैं। ये एक चक्र नाड़ी शोधन प्राणायाम का होता है। आप इस तरह इसका कई चक्र कर सकते हैं। शास्त्र के मुताबकि पूरक कुम्भक और रेचक की अवधि का अनुपात 1:4:2 रखें यानी साँस लेने से 4 गुना कुम्भक तो दोगुना रेचक करने की कोशिश करें। जो साधक इस अनुपात में इसे नहीं कर पाते,तो ऐसी स्थिति में वो करें जो सहजता हो जाए। कुम्भक भी अपनी सहजता का ध्यान रखकर ही करें, नहीं तो सिर्फ पूरक-रेचक प्रक्रिया करें। स्लो ब्रीदिंग होने की वजह से इसे ज़्यादा वक्त तक कर सकते हैं, इसकी कोई सीमा नहीं है, इसे आप जितनी बार करेंगे, उतना ही आपको लाभ होगा।

लाभ

- मन को तुरंत शांति देकर तनाव पर काबू
- नर्वस सिस्टम तंत्रिका तंत्र के Fight-Flight रेस्पॉन्स को नियंत्रित कर हृदय गति को सामान्य बनाए रखता है
- अपचन, पेट-आंत रोग में बहुत लाभदायक
- अनिद्रा चिंता जैसे मानसिक रोग दूर करने में सहायक
- प्राणों का भंडारण और नियंत्रण

सावधानियाँ

- अगर हृदय जनित बीमारी, हाईब्लडप्रेशर ज़्यादा रहता हो और साँस की गंभीर तकलीफ हो तो नाड़ीशोधन के दौरान कुम्भक न करें।

4. शीतली-सीत्कारी प्राणायाम

आंतरिक अंगों को शीतलता देने की वजह से इस प्राणायाम को शीतली-सीत्कारी प्राणायाम कहा जाता है।

विधि

सुखकर स्थिति में आँख खोलकर बैठ जाएँ। आँख खोलकर इसलिए बैठें क्योंकि साँस की गति मुँह से होगी और कोई कीट-पतंग सजगता के अभाव में मुँह में प्रवेश कर सकता है। यह प्राणायाम धूल वाले स्थान पर भी न करें, क्योंकि नाक की तरह मुँह के पास वायु को फ्लिटर कर प्रवेश कराने की व्यवस्था नहीं होती है।

अब जीभ को इस तरह से फोल्ड या अंदर की ओर मोड़े की एक पाइप की तरह का आकार ले ले। कई लोग जेनेटिक या अनुवांशिक वजहों से जीभ को इस तरह मोड़ नहीं पाते हैं, ऐसे में वो शीतली को छोड़ सीत्कारी का अभ्यास करें।

जीभ को इस तरह से मोड़ कर धीर- धीरे अब साँस को मुँह के जरिए अंदर प्रवेश कराएँ। वायु जैसे-जैसे अंदर जाएगी आपको शीतलता की अनुभूति होगी, इसलिए इसे शीतली कहते हैं। सांस को नाक के ज़रिए पूरी तरह बाहर करें और फिर इसी प्रक्रिया को आगे दोहराएँ।

जो लोग जीभ फोल्ड कर शीतली न कर सकें वो सीत्कारी करें।

इसमें दांतों को एक दूसरे के ऊपर हल्के से रखें। अब ओठों को थोड़ा खोलें फिर सांस को इस तरह से अंदर धीरे-धीरे लें कि एक सीटी की पतली आवाज़ जैसी ध्वनि आए। इस हल्की ध्वनि की वजह से ही इसे सीत्कारी कहते हैं। दोनों का लाभ एक जैसा ही होता है।

लाभ

- ख़ासकर गर्मियों में पित्त दोष संतुलित करता है।
- पूरे शरीर, नर्वस सिस्टम और मस्तिष्क को शीतलता प्रदान करता है।
- पेट में जलन, खट्टे डकार, आईबीएस कोलाइटिस संग्रहणी रोग में चिकित्सा प्रदान करता है।
- तनानऔर चिंता दूर करता है और ब्लडप्रेशर नियंत्रित करता है।
- मन की एकाग्रता और स्वच्छता बढ़ाता है।

सावधानियाँ

- ठंड में, कफ, टॉन्सिल की समस्या में इसे न करें।

5. ऊँकार या प्रणब प्राणायाम

ऊंकार को प्रणब यानी ईश्वर के समान शक्तिशाली और गुणों से युक्त बताया गया है।

तस्य वाचकः प्रणवः ॥

तज्जपः तदर्थभावनम् ॥

वो (ऊँ) ईश्वर है और उसका जाप भाव के साथ किया जाना चाहिए

– योगसूत्र 1.27-28

यही वजह है कि योग अभ्यास की शुरुआत और अंत हम ऊँकार ध्वनि से करते आए हैं। ऊँकार में दो चीजें होती है। एक तो आप सामान्य से ज़्यादा लंबी साँस छोड़ पाते हैं, जिससे पारा सिम्पेथेटिक नर्वस सिस्टम और चंद्रनाड़ी जाग्रत होती है और हम रिलैक्स और रिपेयर खुद को ज़्यादा कर पाते हैं। दूसरी, यह एक ध्वनि है। जब भी हम कोई भी लयबद्ध ध्वनि निकालते हैं तो हमारा मन मिट जाता है, शांत हो जाता है। विचार के बादल आसानी से छँट जाते हैं। इन दो प्रभावों की वजह से ऊँकार को महामंत्र की श्रेणी में रखा गया है, जिसको करने की कोई खास विधि नहीं है और सहजता से ज़्यादा लाभ और पुण्य प्राप्त होता है।

विधि

सुखकर स्थिति में आँख बंद कर बैठ जाएँ। पहले धीरे-धीरे लंबी गहरी साँस लें और फिर साँस छोड़ते हुए ऊँकार ध्वनि को निकालें। कई लोग पहले **'अ'**, फिर **'उ'** और आखिर में **'म'** को उच्चारित कर ऊँकार को पूर्ण करते हैं, लेकिन ऐसी कोई अनिवार्यता नहीं है, बल्कि ज़्यादा ध्वनि के निकालने पर फोकस से मन की समाप्ति होगी और चैतन्य जाग्रत होगा। जैसा श्लोक में वर्णित है कि उसको भाव के साथ किए जाने से

ही कल्याण है। ऊँकार को और ज़्यादा बेहतर करने के लिए उस दौरान मूलबंध यानी गुदा द्वार का संकुचन करें, ऐसा करने से साँस लंबी अवधि तक छूटेगी और ऊँकार लंबा होगा। इसके बाद साँस लेने में बिना जल्दबाजी के गहरी लंबी सांस फिर से लें और सांस छोड़ते हुए फिर ऊँ की ध्वनि करें। इस तरह आप इसे कई-कई बार कर सकते हैं। योगसूत्र में बताया गया है कि इसका जाप इसको महसूस करते हुए करने की ज़रूरत है, यानी यंत्रपूर्वक ऊँकार करने से कोई लाभ नहीं होता, बल्कि उसके साथ स्वयं को पूर्णता से जोड़ना होगा।

लाभ

- शारीरिक और आध्यात्मिक ऊर्जा की वृद्धि
- मन की शांति और स्थिरता
- विचारों में स्पष्टता और एकाग्रता
- तन-मन के तनाव से मुक्ति
- रोगप्रतिरोधक क्षमता, रक्त-संचार और हार्मोन्स संचार में बेहतरी
- श्वसन प्रणाली प्रक्रिया में बेहतरी, हृदय और तंत्रिका तंत्र को लाभ
- पेट आंत रोग व अपचन समस्या में लाभ

6. भ्रामरी प्राणायाम

भ्रामरी प्राणायाम की विधि भी करीब-करीब ऊँकार की तरह ही है। अंतर बस इतना है कि ऊँकार में मकार ध्वनि जो आखिर में आती है, वही भ्रामरी का मुख्य आधार है। चूँकि भौंरा इसी तरह का गुंजन करता है, तो इसे योगियों ने भ्रामरी प्राणायाम का नाम दिया।

विधि

किसी भी सुखकर स्थिति में आँख बंद कर बैठ जाएं। अब अपनी तर्जनी से दोनों कानों को बंद करें। बाकी उँगुलियां मोड़कर मुट्ठी बनाएँ। कहीं-कहीं इन उँगुलियों से आंखों को ढँका जाता है, लेकिन इसकी अनिवार्यता नहीं है। अपनी कोहनी को अंदर की ओर शरीर के साथ लगाकर रखें। कुछ लोग इसे बाहर रखते हैं, जिससे थोड़ी देर में हाथों में दर्द की अनुभूति होती है और प्राणायाम से ध्यान हट जाता है। अब एक लंबी गहरी साँस लें। तत्पश्चात साँस छोड़ते हुए **'म'** की ध्वनि निकालें, जैसी भ्रमर की ध्वनि होती है। ध्वनि को देर तक निकालने के लिए ज़रूरी है कि ध्वनि के साथ-साथ साधक मूलबंध को साधते रहें। अब धीरे-धीरे फिर से साँस भरें और अगले राउंड के लिए ध्वनि गुँजायमान करें। भ्रामरी प्राणायाम आप कहीं भी, कभी भी कर सकते हैं। समय सीमा से परे इसे अभ्यास में लाया जा सकता है। यह मन के विसर्जन में तत्काल काम करता है।

लाभ

- तनाव, गुस्सा और चिंता में तत्काल राहत देता है।
- मन को परम शांति, शरीर को हल्कापन प्रदान करता है।
- मस्तिष्क में मौजूद पीनियल और पीट्टियूरी (Pineal & Pituitary Glands) ग्रंथियों की कार्यप्रणाली को दुरस्त करता है।
- हाईबल्डप्रेशर और नर्वस सिस्टम से संबंधित रोग में चिकित्सा का काम करता है।
- साइनस और अपचन में बहुत ज़्यादा कारगर है।
- आवाज़ में मजबूती और मधुरता लाता है।
- पेट आंत व अपचन रोग में आराम देता है।

सावधानियाँ

- कान की गंभीर बीमारी में इसे न करें।

7. उज्जयी प्राणायाम

जैसा की नाम से ही स्पष्ट है, यह प्राणायाम आपको जयी यानी विजेता बनाता है। यह विजय मन के ऊपर है। उज्जयी प्राणायाम की प्रक्रिया सहजता से मन का विसर्जन करती है। मन और उज्जयी एक साथ होना मुमकिन नहीं। एक खास तरह की लयबद्धता के साथ किए जाने वाला यह प्राणायाम सहज ध्यान की अवस्था का एहसास देता है।

विधि

दूसरे प्राणायाम की तुलना में उज्जयी थोड़ा कठिन है। यही वजह है कि ज़्यादातर जगहों पर उज्जयी को गलत पद्धति से अभ्यास में लाया जा रहा है, जिससे उज्जयी का मक़सद पूरा नहीं हो पाता। लिखने सुनने में यह जितना सहज लगता है, यह सभी साधकों के लिए उतना सहज है नहीं। आइये, यहाँ हम उसकी विधि को समझते हैं, फिर कुछ दूसरी तकनीक से इसको आसान करने की कोशिश करते हैं।

किसी भी सुखकर स्थिति में आँख बंद कर बैठ जाएँ। अब सांस को धीरे-धीरे नाक से इस तरह से लें कि साँस का स्पर्श गले के पास हो और एक हल्की सी ध्वनि निकले। ये ध्वनि वैसी ही हो, जैसे धीरे-धीरे हवा अंदर बह रही हो। सांस को लंबा करने के लिए बहुत धीरे-धीरे उसे लेने के साथ पहले पेट की ओर साँस भरें, फिर उसी साँस को छाती की तरफ शिफ्ट करें। साँस छोड़ने के वक्त भी इसी तरह की आवाज़ के साथ नाक से साँस बाहर करें। इस प्रक्रिया को कई बार दोहराएँ।

उज्जयी की आसान विधि

ऊपर बताए सभी प्रक्रिया को ध्यान में रखें। बस इस बार अपने मुँह को थोड़ा सा खोलें और फिर सांसें धीरे-धीरे लेनी शुरू करें। समझें जैसे कोई अजगर किसी चीज़ को धीरे-

धीरे सांसों से खींच निकलना चाहता हो। ख्याल रहे कि इस दौरान आँखें खुली रखें, ताकि कोई कीड़ा या दुसरी चीजें मुंह में प्रवेश न करें। साँस पूरी लेने के बाद मुंह बंद करें और नाक से सहजता से साँस छोड़ें।

ये प्रक्रिया आपको ये समझने में मदद करेगी कि हमें कहाँ साँस का स्पर्श गले में कराना है और कैसे उससे लयबध्द आवाज़ आएगी।

इस प्रक्रिया को आगे अभ्यास में लाते हुए फिर साँस लेते हुए खुले मुँह को बंद करना शुरू करें, लेकिन साँस फिर भी लेनी जारी रहे। फिर आप मुंह बंद कर भी साँस के स्पर्श को गले के साथ महसूस कर पाएँगें।

लाभ

- एकाग्रता बढ़ाता है और मन को शांति प्रदान करता है।
- आंतरिक शरीर की प्रणाली में मौजूद विजातीय पदार्थ यानी अशुद्धता को दूर करता है।
- श्वसन प्रणाली, पाचन शक्ति और नर्वस सिस्टम की प्रणाली को दुरुस्त करता है।
- थाइरायड में लाभदायक और खर्राटे को नियंत्रित करने में उपयोगी है।
- बहुत ध्यान से किया गया उज्जयी शरीर के तनाव और उसकी जड़ता को खत्म कर सकता है।
- हाईबीपी और हृदय जनित रोग में चिकित्सा प्रदान करता है।

सावधानियाँ

- ध्यान रहें उज्जयी के दौरान कंठ प्रदेश को ज़्यादा टाइट ना करें। साँसों पर बिल्कुल जोर न लगाएँ और न ही कर्कश ध्वनि निकालें।

8. वशिष्ठ प्राणायाम

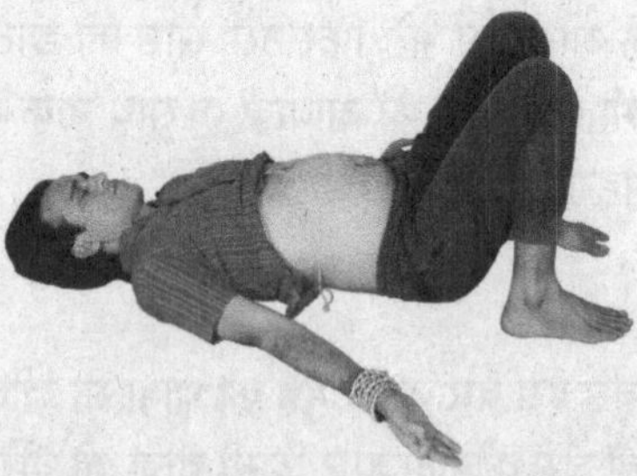

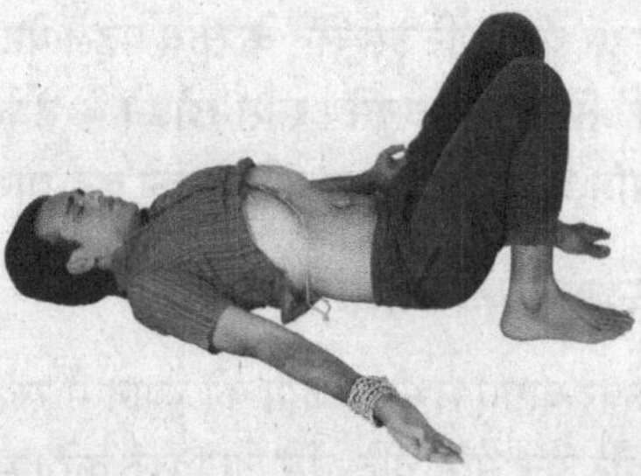

प्राचीन काल में जितने भी प्राणायामों का आविष्कार किया गया या उन्हें विकसित किया गया, वो सब बैठकर करने वाले प्राणायाम हैं। बैठकर प्राणायाम करने से दो बातें होती हैं- एक तो छाती के चारों तरफ के हिस्से को सांस लेने के वक्त आप बेहतर विस्तार दे पाते हैं। दूसरा, प्राणायाम से आने वाला गहरा आराम या रिलेक्शेसन आप को नींद की ओर नहीं ले जाता। इसके उलट वशिष्ठ प्राणायाम ज़्यादा आधुनिक और लेट कर किया जाने वाला प्राणायाम है। वाजिब तौर पर देर तक वशिष्ठ प्राणायाम करने से आई शांति के बाद आपका शरीर तुरंत नींद की ओर जाने लगता है। विज्ञान इसे डॉयफ्रामेटिक ब्रीदिंग या एब्डोमिनिल ब्रीदिंग के नाम से जानता है। डॉयफ्राम शरीर का वो हिस्सा है जो हमारे फेफड़े से लगा होता है, जब डॉयफ्राम नीचे की ओर आता है तो ज़्यादा सांसें शरीर के अंदर आती है, फिर डॉयफ्राम रिलैक्स होता है तो वो ऊपर की ओर जाते हुए सांस को बाहर करता है। दरअसल जितना ज़्यादा मजबूत और एक्टिव डॉयफ्राम होता है, उतनी ही बेहतर साँस की प्रक्रिया आपकी होती है। वशिष्ठ प्राणायाम डॉयफ्राम को मजबूती देने के साथ-साथ साँसों के साथ शरीर के तालमेल और मन के नियंत्रण को हमें सहजतापूर्वक सिखाता है। सबसे बड़ी खासियत यह है कि बीमार से लेकर बुजुर्ग तक और दूसरे किसी भी तरह के साधक इसको कर सकते हैं। कोरोना काल में वशिष्ठ प्राणायाम के फायदे जगजाहिर हुए है। कई अखबारों में ये प्रकाशित हुआ कि कैसे वशिष्ठ प्राणायाम से कोरोना जनित साँस की परेशानियाँ नियंत्रित हुईं और शरीर में ऑक्सीजन के स्तर को बनाए रखने में भारी मदद मिली। मौजूदा वक्त में वशिष्ठ प्राणायाम कलियुग में सहज वरदान जैसा ही है।

विधि

पीठ के बल शवासन की स्थिति में लेट जाएँ। अब दोनों पाँव को घुटने से मोड़ें और पंजे को हिप या नितंब के करीब लाएँ। एड़ी और नितंब के बीच थोड़ी-सी दूरी बनी रहे। दोनों पंजे के बीच नितंब की चौड़ाई के बराबर दूरी हो। दोनों हाथों को शरीर के पास बाजू में रखें और हथेलियाँ आसमान की ओर हों। अब प्राणायाम की प्रक्रिया शुरू करें, धीरे-धीरे साँस लें और पेट को गुब्बारे की भांति फूलने दें। पेट के फूलाने से डॉयफ्राम को नीचे आने के लिए ज़्यादा जगह मिलती है, जिससे साँस को लंबा करना आसान होता है। साँस लेने की प्रक्रिया को जितनी ज़्यादा लंबी गहरी और धीरे-धीरे रखें, उतना ही बेहतर। फिर साँस को बहुत धीरे-धीरे छोड़ें और पेट को अंदर की ओर जानें दें। यहाँ पर भी साँस को जितना ज़्यादा आप बाहर कर सकें, करें। अगले चरण के लिए फिर धीरे -धीरे सांस लें और उस प्रक्रिया को दोहराएँ। नवजात या छोटे उम्र के बच्चे को आप इस तरह से सांस लेते हुए देख सकते हैं, ये सबसे स्वाभाविक साँस लेने

की विधि है, जिसे बड़े होकर हम खो देते हैं और फिर सांस छाती की ओर गमन करने लगता है, पेट की ओर नहीं।

वशिष्ठ प्राणायाम की एडवांस विधि

पहले जो प्रक्रिया बताई गई है, उसको पूर्ण करें। बस साँस लेने की प्रक्रिया में अंतर रहेगा। यहाँ साँस लेने की यौगिक डीप ब्रीदिंग तरीके को हम अपनाएंगे। इसमें सांस लेते हुए पहले पेट फुलाएँ, फिर पूरी तरह से पेट भरने के बाद उसी साँस को छाती की ओर धीरे-धीरे शिफ्ट करना शुरू करें। ख्याल रहे कि इस बीच साँस बीच में टूट न जाए। साँस का लेना इस बीच लगातार जारी रहेगा और आप महसूस करें कि ये छाती से ऊपर तक जा रहें हैं। अगर आप ये सब सहज ढंग से कर पा रहे हैं तो यहाँ पर आप आंतरिक कुम्भक का इस्तेमाल कर सकते हैं। फिर सांस छोड़ने की प्रक्रिया शुरू करें। महसूस करें कि पहले सांस छोड़ते हुए छाती का हिस्सा नॉर्मल स्थिति में आ रहा है और फिर आखिरी वक्त में सांस छोड़ते हुए पेट को अंदर की ओर ले चलें। साँस अगर अचानक आपसे छूट रही है तो यहाँ साँस छोड़ने के वक्त भ्रामरी प्राणायाम की तरह ध्वनि निकालते हुए पेट को अंदर जाने दें। साँस छोड़ने में जल्दबाजी ना करें, पूरी प्रक्रिया बहुत धीमी गति से होने दें। अपनी सहजता के हिसाब से आप यहाँ बाह्य कुम्भक का अभ्यास कर सकते हैं। उच्च साधक साँस छोड़ने के उपरांत पेट को अंदर पूरी तर संकुचित कर उड्डीयान बंध की प्रक्रिया को भी अपनी क्षमता में अभ्यास कर सकते हैं, फिर अगले चरण में साँस के शांत होने के बाद प्रक्रिया को दोहराते रहें। साँस के साथ किसी भी तरह से जबरदस्ती न करें।

लाभ

- पूरे शरीर की व्यवस्था में आपको एक लयबद्धता जैसी महसूस होती है।
- मन की शांति और तन को गहरा विश्राम प्रदान करता है।
- डायफ्रॉम और फेफड़े को मजबूती व बेहतरी देता है।
- हृदय जनित रोग के होने की संभावना में कमी लाता है।
- नींद की गुणवत्ता में वृद्धि करता है।
- सोने के वक्त इसे करने से अनिंद्रा की समस्या से जल्द निजात मिलती है।
- Serotonin हार्मोन जिसे Feel Good हार्मोन भी कहते हैं, इसे यह एक्टिव करता है।
- पेट-आंत व अपचन रोग में यह रामबाण सरीखा है।

सावधानियाँ

इसे भोजन के तुरंत बाद नहीं करें, कम से कम 2 घंटे का वक्त लें। गर्भधारण के तीसरे महीने से इसे न करें या लेटकर साँस को सामान्य स्थिति में लें छोड़े, पेट की ओर उसे केंद्रित न करें।

9. परशुराम प्राणायाम

वशिष्ठ योगाश्रम के योगगुरु धीरज की साधना से इस प्राणायाम की खोज हुई है। चार से पांच दूसरे प्राणायाम को मिश्रित कर परशुराम प्राणायाम को तैयार किया गया है, इसलिए इसका लाभ कम समय में कई गुणा ज़्यादा है। ऋषि परशुराम के परम तेज़, शक्ति और नकारात्मकता को समाप्त करने के गुणों से युक्त होने की वजह से इस प्राणायाम का नाम उनको समर्पित करते हुए परशुराम प्राणायाम रखा गया है। अब तक जिन साधकों ने परशुराम प्राणायाम की साधना की है, उन्हें उसका जबरदस्त असर तुरंत महसूस हुआ है।

विधि

परशुराम प्राणायाम का आधार है वशिष्ठ प्राणायाम। अगर वशिष्ठ प्राणायाम की उच्च अभ्यास साधना को आपने अभ्यास में नहीं लाया है तो परशुराम प्राणायाम सहजता से समझ में नहीं आने वाला है। परशुराम प्राणायाम अभ्यास करने के लिए किसी भी सुखकर आसन स्थिति में आंख बंदकर बैठ जाएँ। अब धीरे-धीरे सांस को उज्जयी प्राणायाम की तरह लेते हुए लयबद्ध ध्वनि निकालें और वशिष्ठ की तरह पेट में भरें। अगर उज्जयी प्राणायाम पर पकड़ स्थापित नहीं हुई है, तो साँस को सहजता से लेते हुए पेट में भरें। अब इसी सांस को लेते हुए छाती की तरफ शिफ्टिंग शुरू करें। ये ख्याल रहें कि इस बीच सांस लेने की प्रक्रिया टूटे नहीं। अब धीरे धीरे सांस को पूरी

तरह छाती से ऊपर भरता हुआ महसूस करें। यहां अगर आप सहज हैं तो आंतरिक कुम्भक का इस्तेमाल करें। अब कपालभाति क्रिया की तरह सांस को वेगयुक्त गति से नासिका से छोड़े और पेट अंदर करें। फिर भी सांस कुछ अंदर बची रह जाएगी। बची सांस को आप ओठों को मोड़कर वुर्तुल बनाते हुए मुँह से बाहर करें या फिर बची साँस को भ्रामरी की तरह मकार करते हुए पूरी तरह बाहर निकालें। ये परशुराम प्राणायाम का एक चरण हुआ। फिर आगे के चरण को साँस की सहजता होने पर दोहराते रहें। ख्याल रहे कि शुरूआती प्राणायाम प्रक्रिया पर अगर आपकी पकड़ स्थापित नहीं हुई है, तो परशुराम प्राणायाम आपको शुरूआती कुछ दिन चुनौती पूर्ण लग सकते हैं। सांस लेने की क्षमता ज़्यादा बेहतर होने के बाद ही परशुराम प्राणायाम सिद्ध होगा। वशिष्ठ प्राणायाम इसलिए इसके लिए आधारभूत अभ्यास है।

लाभ

- यह सांस लेने व फेफड़े की क्षमता बढ़ाता है।
- डॉयफ्रॉम व श्वसन प्रक्रिया को मजबूत कर सांस को बेहतर करता है।
- फेफड़ों में मौजूद गंदगी का शोधन कर विजातीय पदार्थ दूर करता है।
- शरीर की डिटॉक्स प्रक्रिया में बहुत सहायक होता है।
- अनिंद्रा दूर कर नींद की गुणवत्ता को बेहतर करता है।
- मन को तुरंत शांत कर तनाव दूर करता है।
- सांस से संबंधित रोगों को होने नहीं देता।

सावधानियाँ

- अस्थमा या सांस के रोग, हृदय या सर्जरी की स्थिति में प्राणायाम के दौरान कुम्भक का अभ्यास न करें।
- गर्भधारण के तीसरे महीने के बाद ये प्राणायाम साधक के लिए सहज नहीं है।

10. वाल्मीकि प्राणायाम

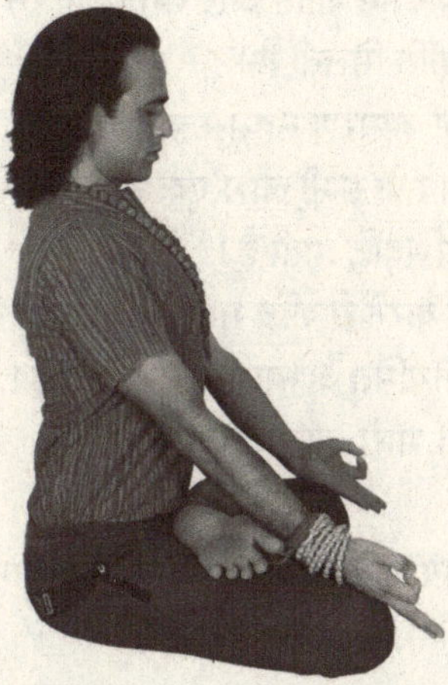

वशिष्ठ, परशुराम के साथ वाल्मिकी प्राणायाम भी वशिष्ठ योगाश्रम की साधना की उपज है। पहले ऋषि मुनि नित्य साधना कर नए-नए प्राणायाम का आविष्कार कर आमजन तक इसका लाभ पहुँचाते रहते थे। वाल्मीकि प्राणायाम सनातन ऋषि परंपरा के श्रेष्ठ तपस्वी वाल्मीकि ऋषि के नाम से समर्पित है। ये प्राणायाम यौगिक डीप ब्रीदिंग और मंत्र की मिश्रित प्रक्रिया से तैयार हुआ है।

विधि

किसी भी सुखकर आसन की स्थिति में आँख बंद कर बैठ जाएं। अब बहुत धीरे-धीरे साँस लें। बेहतर रहेगा यदि आप यहाँ परशुराम प्राणायाम की तरह सांस पहले पेट में भरे और फिर उसी सांस को आगे बढ़ाते हुए छाती तक ले जाएँ। पूरी तरह से सांस भरने के बाद आप सांस छोड़ते हुए कोई भी मंत्र धीरे धीरे बुदबुदाएँ। ख्याल रहे कि सांस छोड़ने की एक पूरी प्रक्रिया में मंत्र पूर्ण हो जाए। ऐसे में ख्याल रखें कि अगर आप की सांस छोड़ने की रफ्तार तेज़ है तो छोटे मंत्र के साथ पहले इसकी शुरुआत करें। जैसे सांस छोड़ते हुए आप रागात्मक रूप में *ऊँ नमः शिवाय* या *श्रीकृष्ण शरणं ममः* जैसे मंत्रों का जाप कर सकते हैं। अगर आप देर तक सांस छोड़ सकने में सक्षम हैं तो गायत्री या महामृत्युजय मंत्र का जाप कर सकते हैं। मंत्र को बोलने में जल्दबाजी ना हो और भाव को महसूस करते हुए ध्यानमग्न होकर करने से ये वाल्मीकि प्राणायाम ज़्यादा लाभदायी होगा। मंत्र पूर्ण होने के बाद फिर आप धीरे धीरे यौगिक साँस लेने की प्रक्रिया करें और फिर साँस छोड़ते हुए मंत्र का जाप।

लाभ

- चंद्रनाड़ी को जाग्रत कर हमें शांति और रोग दूर करने में सहायक होता है।
- इससे मन को तुरंत शांति मिलती है।
- आध्यात्मिक ऊर्जा का जागरण महसूस होता है।
- प्राणायाम के साथ जाप के सभी लाभ एक साथ मिलते हैं।
- सांस की क्षमता में अभिवृद्धि होती है।
- रात्रि में सोने के वक्त करने से शीघ्र गहरी नींद आती है।
- अनिंद्रा की समस्या नियमित अभ्यास से दूर होता है।
- माइग्रेन सिरदर्द में भी भारी आराम देता है।

(नोट : इन प्राणायाम के वीडियो यूट्यूब पर योगगुरु धीरज चैनल पर भी उपलब्ध हैं)

इन सभी प्राणायामों को भलीभांति समझकर सही-सही नित्य प्रतिदिन करें। ख्याल रहे कि योग किसी शॉर्टकट में यकीन नहीं करता, इसलिए प्राणायाम के नाम पर आप भी किसी भी भटकाव का शिकार न हो। समय की कमी की स्थिति में इन 10 में से कम से कम तीन प्राणायाम का आप नित्य अभ्यास जरूर करें।

अध्याय 12

पंच प्राण, साधना और योग चिकित्सा

प्राण है शरीर की दवा

यावद् वायुः स्थितो देहे तावज्जीवनमुच्यते
मरणं तस्य निष्क्रान्तिस्ततो वायुं निरोधयेत्

शरीर में जब तक प्राण वायु प्रवाहित रहती है तभी तक ये जीवन रहता है। प्राण वायु निकल जाने पर शरीर निष्क्रिय हो जाता है, ऐसे में प्राण वायु का निरोध नियंत्रण करना चाहिए।

– हठयोग प्रदीपिका 2.3

प्राण के इर्द-गिर्द जीवन की सारी व्यवस्था बुनी गई है। प्राण वायु से हमारा पूरा अस्तित्व संचालित होता है। योग और आयुर्वेद में प्राण को जीवन शक्ति बताया गया है। साथ ही ये ब्रह्मांड में व्याप्त शक्ति के रूप में परिभाषित है।

प्राणो विराट् प्राणो देष्ट्री प्राणं सर्व उपासते
प्राणो ह सूर्यश्चन्द्रमा प्राणमाहुः प्रजापतिम्

उस प्राण की सभी देवता उपासना करते है, जो विराट और सर्व प्रेरक है। वह ही सबको प्रेरणा देने वाला सूर्य, अमृतरुप सोम् तथा प्रजाओं को उत्पन्न करने वाला प्रजापति है।

– अथर्व वेद 11.4.12

जन्म के साथ ही प्राण का स्पंदन शुरू होता है। फिर एक दिन प्राण छूट जाता है और शरीर छूट जाता है। प्राण के साथ चैतन्यता हमारे अंदर प्रविष्ट करती है, प्राण छूटने के साथ ये चैतन्यता चली जाती है। हम कहते आएँ हैं कि हमारे अंदर ईश्वर बसता है। वो जो बाहर है हमारे अंतस: में भी वहीं विराजमान है। ये प्राण ही उस चैतन्य के होने की उपस्थिति का प्रमाण है। इसलिए ये प्राण महज प्राण नहीं, ईश्वर है। प्राण छूटते ही शरीर तो निष्क्रिय होता ही है, उसके साथ हमसे जुड़ी हर चीज निष्क्रिय हो जाती है।

लोग शरीर का नाम तक लेना बंद कर देते हैं, और फिर उसे लाश या डेड बॉडी कहकर संबोधित करने लगते हैं। प्राण के साथ शरीर ही नहीं; नाम भी गिर जाता है।

योग प्रणाली ने प्राण की इस महत्ता को समझा और सारा शास्त्र, सारी अभ्यास प्रणाली प्राण को केंद्र में रख रची बुनी गई। चूंकि प्राण केंद्र है, इसलिए चाहे तन हो, मन हो या फिर आत्मतत्व, सबकी डोर प्राण से ही बंधी है। इस प्राण की मौजूदगी की वजह से हमने खुद को प्राणी कह संबोधित किया। योग जिसे प्राण कह संबोधित कर रहा है उसका तात्पर्य सिर्फ आती-जाती सांसों से नहीं है। प्राण उससे सूक्ष्म वो शक्ति है जिससे हर चीज का होना सिद्ध होता है। चराचर जगत में जो कुछ है,वो प्राण की मौजूदगी की वजह से ही मुमकिन है।

सोऽयमाकाशः प्राणेन वृहत्याविष्टव्धः तद्यथा यमाकाशः
प्राणेन वृहत्या विष्टब्ध एवं सर्वाणि भूतानि आपि पीलिकाभ्यः
प्राणेन वृहत्या विष्टव्धानी त्येवं विद्यात्

प्राण ही इस विश्व को धारण करने वाला है। प्राण की शक्ति से ही यह ब्रह्मांड अपने स्थान पर टिका हुआ है। चींटी से लेकर हाथी तक, सब प्राणी इस प्राण के ही आश्रित हैं। यदि प्राण न होता तो जो कुछ हम देखते हैं, हमें कुछ भी न दिखता।

– एतरेय उपनिषद 2.1.6

हमारे शरीर की कार्य प्रणाली प्राण से ही संचालित है। हमारा चलना, बैठना, उठना, सोचना, मन की गति और चैतन्य की उपस्थिति सब प्राण से ही संभव है। कोई अंग बीमार हो गया है तो उसका कुल मतलब इतना ही है कि उस अंग विशेष में प्राण की मौजदूगी कम है। योगाभ्यास के जरिए हम प्राण के गमन करने के रास्ते यानी नाड़ी को साफ करते है, प्राण को उस अंग की ओर गतिशील करते हैं और ऐसा होते ही वो अंग विशेष स्वास्थ्य को उपलब्ध हो जाता है या वो आगे बीमार नहीं पड़ता।

इस प्राण के 5 मुख्य भाग और 5 उपभाग हैं :

प्राणोऽपानः समानश्च उदान व्यान एव च
नागः कूर्मोऽथ कृकरो देवदत्तो धनञ्जयः

प्राण, अपान, समान, उदान और व्यान मुख्य पांच प्राण है जबकि नाग, कूर्म कृकर, देवदत्त और धनंजय पांच उपप्राण हैं।

– योग य़ाज्ञवल्क्य संहिता 4.47

उत्पत्ति मायाति स्थानं विभुत्वं चैव पंचधा
अध्यात्म चैब प्राणस्य विज्ञाया मृत्यश्नुते

प्राण कहाँ से उत्पन्न होता है ? कहाँ से शरीर में आता है ? कहाँ रहता है ? किस प्रकार व्यापक होता है ? उसका अध्यात्म क्या है? जो इन पाँच बातों को जान लेता है, वह अमृतत्व को प्राप्त कर लेता है।

–भृगुतंत्र

यहाँ हम पाँच मुख्य प्राण, उसकी मौजूदगी स्थल, उसके कार्य, किस तरह की शारीरिक-मानसिक समस्याओं में ये प्राण मदद करते हैं, इन सबको इस अध्याय में हम समझेंगें।

हृदि प्राणो वहेन्नित्यमपानो गुदमण्डले समानो नाभिदेशे तु उदानः
कण्ठमध्यगः व्योनो व्याप्य शरीरे तु प्रधानाः पञ्च वायवः

हृदय में प्राण, गुदा में अपान, नाभि में समान, कण्ठ में उदान, सारे शरीर में व्यान– ये पाँचों प्राण प्रसिद्ध हैं।

– घेरंड संहिता - 5. 60/61

पंच प्राण

प्राण	स्थल	चक्र	ग्लैंड अंतःस्रावी ग्रंथि	मुख्य कार्य
अपान	नाभि से नीचे	मूलाधार व स्वाधिष्ठान	Gonads गोनाड्स ग्लैंड	उत्सर्जन तंत्र, प्रजनन तंत्र
समान	नाभि	मणिपुर	पैनक्रियाज़	पाचन तंत्र
प्राण	हृदय	अनाहत	थाइमस ग्लैंड	श्वसन तंत्र, हृदय, रोगप्रतिरोधन
उदान	कंठ	विशुद्धि	थाइरॉइड	आहार, श्वसन, स्वर, उच्चारण, शरीर विकास व गति
व्यान	पूरे शरीर की परिधि पर	आज्ञा, सहस्रार	पीनियल, पिट्यूटरी, हाईपोथेलेमस	रक्तसंचार, रोगप्रतिरोधक तंत्र, मांसपेशियां, हड्डी, नर्वस ऊर्जा, वस्तुओं पर पकड़

पंच प्राण असंतुलन और बीमारी

पाँच प्राणों के साथ हम पूरे शरीर की कार्यप्रणाली को संतुलित रख सकते हैं। ऊपर के चित्र और नीचे के चार्ट से एक मोटा-मोटी इशारा मिल जाता है कि ये प्राण शरीर के किस इलाके में मौजूद हैं और इनका मुख्य कार्य क्या है। ये पाँच प्राण हमारे कुण्डलिनी चक्र के साथ भी जुड़े हैं और कुण्डलिनी आंतरिक शक्ति का खजाना है। योग मानता है कि हर व्यवस्था दूसरी व्यवस्था के साथ मिलकर कार्य करती है, एक का दूसरे के साथ गहरा जुड़ाव है। इन व्यवस्थाओं के बीच असंतुलन ही बीमारी है और संतुलन ही बेहतर स्वास्थ्य है। इन पाँच प्राणों में से कोई भी एक असंतुलित होगा तो दूसरे के कार्य और स्थिति पर भी असर डालेगा क्योंकि सभी संबंधित हैं।

हर प्राण के अंसुतलन से मोटे तौर पर किन बीमारियों के चपेट में लोग आ जाते हैं, आइये उसे समझते हैं :

अपान असंतुलन, बीमारी और योग उपचार

अपनयति प्रकर्षेण मलं निस्सारयति अपकर्षाति च शक्तिम्
इति अपानः

जो मलों को बाहर फेंकने की शक्ति में सम्पन्न है वह अपान है।
(मल-मूत्र, स्वेद, कफ, रज, वीर्य आदि का विसर्जन, भ्रूण का प्रसव आदि बाहर फेंकने वाली क्रियाएँ)

– आयुर्वेद

अपानवायोः कर्मैतद्विण्मूत्रादिविसर्जनम्

मूत्र-मल के विसर्जन का कार्य अपान करता है।

– योग याज्ञवल्क्य संहिता 4.66

अपान वायु नाभि के नीचे स्थित है। शरीर के उत्सर्जन तंत्र से लेकर प्रजनन तंत्र को संभालने का मुख्य कार्य अपान प्राण करता है। साफ है अपान के गड़बड़ होने से मल-मूत्र से संबंधित रोग उत्पन्न हो सकते हैं, जैसे कब्ज, बवासीर, मूत्ररोग, यूरिन ब्लाडर की समस्या, पुरुष में प्रोस्टेट ग्लैंड की समस्या इत्यादि।

महिलाओं में पीरियड और गर्भ धारण अपान से ही संबंधित है। अपान के असंतुलन से पीरियड अनियंत्रित, अनियमित और दर्दयुक्त हो सकता है। उम्र से पहले महिलाओं का पीरियड बंद होना और मेनेपॉज़ अवस्था में आ जाना मुमकिन है। गर्भधारण की समस्या, गर्भ के बिगड़ने या नॉर्मल डिलिवरी न होने की स्थिति अपान प्राण के प्रकोप से हो सकती है।

सेक्स जनित सभी स्त्री-पुरुष रोग अपान की अव्यवस्था से होते हैं। सेक्स को लेकर सुस्ती या अत्याधिक सेक्स की इच्छा अपान के अंसुतलन का ही परिणाम है। पुरुषों में वीर्य की कमी होना, वीर्य का पतला होना या बांझपन अपान वायु के संकट की ओर इशारा है। स्त्री-पुरुष के Reproductive System अपान वायु से ही व्यवस्थित रहते हैं।

अपान वायु का असंतुलन हमें कई तरह से नकारात्मक ऊर्जा से भी भर देता है।

अपान संतुलन के लिए योग उपचार

- आसन – खासतौर पर हिप-थाई ओपनिंग आसन अपानवायु को एक्टिव और संतुलित करता है।
- आसन उदाहरण – बद्धकोणासन, अंजनी आसन, उपविष्ट कोणासन
- प्राणायाम – वशिष्ठ प्राणायाम, परशुराम प्राणायाम
- बंध – मूलबंध
- यौगिक विश्राम – शवासन

समान असंतुलन, बीमारी और योग उपचार

रसं समं नयति सम्यक् प्रकारेण नयति इति समानः

जो रसों को ठीक तरह यथास्थान ले जाता और वितरित करता है
वह समान है।

– आयुर्वेद

समानजयाज्ज्वलनम्

समान द्वारा शरीर की ऊर्जा एवं सक्रियता ज्वलन्त रखी जाती है।

– योगसूत्र 3.40

पोषणादि समानस्य शरीरे कर्म कीर्तितम्

समस्त शरीर का पोषण करना समान का कार्य है

– योग याज्ञवल्क्य संहिता 4.68

समान वायु नाभि के तल पर स्थित है। ये मणिपुर चक्र का भी स्थान है, जहाँ प्राण का बसेरा है और 72 हजार नाड़ियाँ यहाँ से जुड़ी रहतीं हैं। समान वायु भोजन के पाचन की पूरी प्रक्रिया को नियंत्रित करता है। पेट में भोजन का शुरूआती पाचन से लेकर आंतों में पाचन व अवशोषण और आखिरी में सर्करा यानी सुगर का पाचन कर शरीर को ऊर्जा देने का कार्य समान वायु का है। पाचक रसों का उत्पादन और उनका स्तर उपयुक्त बनाये रहना इसी प्राण वायु का कार्य है।

अहं वैश्वानरो भूत्वा प्राणिनां देहमाश्रितः
प्राणापानसमायुक्तः पचाम्यन्नं चतुर्विधम्

मैं ही सब प्राणियों के शरीर में स्थित रहनेवाला प्राण और अपान से संयुक्त वैश्वानर अग्निरुप होकर चार प्रकार के अन्न को पचाता हूँ।

(अन्न के चार प्रकार हैं : भक्ष्य – जिसे चबाकर खाया जाता है, भोज्य – जिसे पिया जाता है, लेह्य – जिसे चाटा जाता है और चोष्य जिसे चूसकर खाया जाता है।)

– गीता 15.14

गीता के इस श्लोक में साफ संकेत है वैश्वानर अग्नि जिसे योग की भाषा में समान प्राण कहा गया है वो सभी प्रकार के अन्न के पाचन में सहायक है। साथ ही यहाँ यह संकेत है कि ये पाचन अग्नि प्राण और अपान के संतुलन से सक्रिय रहता है। यहाँ एक प्राण का दूसरे प्राण के साथ तालमेल यानी जुड़ाव को बताया गया है। प्राण का यहाँ एक मतलब जो ग्रहणयुक्त है और अपान यानी उत्सर्जन यानी कुल मिलाकर भोजन के ग्रहण से लेकर उत्सर्जन यानी मल त्याग के बीच के सभी कार्य वैश्वानर या समान प्राण के द्वारा संपदित होते हैं।

समान वायु के प्रकोपित होने से पाचन संबंधित रोग जैसे अपचन, आईबीएस या संग्रहणी रोग, आंतों का रोग, मंदाग्नि, डायबिटीज़(मधुमेह) लीवर और पेनक्रियाज़ से संबंधित रोग होते हैं। समान वायु का असंतुलन हमारे संकल्प और भरोसे की शक्ति को भी कमजोर करता है।

समान संतुलन के लिए योग उपचार

- आसन – खासतौर पर आगे झुकने वाले आसन समानवायु को और संतुलित करता है
- आसन उदाहरण – मंडूकासन, बालकासन, पश्चिमोत्तानासन
- प्राणायाम – सभी धीमी गति वाले प्राणायाम जैसे नाड़ी शोधन, भ्रामरी, वशिष्ठ इत्यादि
- बंध – उड्डीयान बंध
- यौगिक विश्राम – शवासन
- ध्यान और मंत्र जाप

प्राण असंतुलन, बीमारी और योग उपचार

प्रकर्षेण अनियंति प्रकेंण वा बलं ददाति आकर्षति च शक्तिं स प्राणः

जो श्वास, आहार आदि को खींचता है और शरीर में बल संचार करता है वह प्राण है।

– आयुर्वेद

निःश्वासोच्छ्वासकासाश्च प्राणकर्मेति कीर्तिता:

सांस लेने और छोड़ने के कर्म प्राण से संचालित हैं

– योग याज्ञवल्क्य संहिता 4.66

प्राण वायु का स्थान हृदय क्षेत्र है। यह अनाहत चक्र का भी स्थान है जो प्रेम, करुणा, मैत्री और उदारता की भावना का हम में संचार करता है। प्राण वायु खासतौर पर हृदय फेफड़े और थाइमस ग्लैंड के कार्य को संचालित करता है। हृदय-फेफड़े की वजह से ही प्राण पूरे शरीर में प्रवाहित हो पाता है। प्राण वायु के प्रकोपित होने से हृदय रोग, श्वसन रोग, अस्थमा और दूसरे संबंधित रोग हो जाते हैं।

प्राण वायु के कमजोर होने से प्रेम, करुणा, उदारता, सकारात्मकता आदि की भावना में कमी आती है।

प्राण संतुलन के लिए योग उपचार

- आसन – खासतौर पे पीछे झुकने वाले यानी बैकबैंडिंग आसन प्राणवायु को जाग्रत और संतुलित करते हैं।
- आसन उदाहरण – भजुंगासन, धनुरासन, उष्ट्रासन
- प्राणायाम – उज्जयी प्राणायाम, ऊँकार प्राणायाम, वशिष्ठ प्राणायाम

- बंध – उड्डीयान बंध
- यौगिक विश्राम – शवासन

उदान वायु असंतुलन, बीमारी और योग उपचार

उन्नयति यः उद्आनयति वा उदानः

जो शरीर को उठाए रहे, कड़क रखे, गिरने न दे, वह उदान है।

– आयुर्वेद

उदानकर्म तत्प्रोक्तं देहस्योन्नयनादि यत्

शरीर को हर तरह से गति देना उदान का कार्य है।

– योग याज्ञवल्क्य संहिता 4.67

उदान वायु का निवास स्थल है कंठ प्रदेश, जो विशुद्ध चक्र का भी स्थान है। उदान वायु थायराइड और पैरा थायराइड ग्लैंड के कार्य को सुचारू कर पूरे शरीर के विकास को प्रभावित करता है। आहार नली, श्वसन नली के साथ उच्चारण स्वर को शक्ति देने का कार्य है उदान प्राण का। शरीर को गति देना उदान का कार्य है।

उदान प्राण के दूषित होने से व्यक्ति को थायराइड रोग, कंठ के दूसरे रोग हो सकते हैं। सांस लेने-छोड़ने में तकलीफ से लेकर हकलाने की समस्या उदान प्राण की गड़बड़ी से होती है। उदान वायु के कमजोर होने से हमारी वाणी में प्रखरता नहीं होती।

उदान संतुलन के लिए योग उपचार

- आसन – खासतौर पर विपरीत श्रेणी यानी Inversion आसन उदान वायु को जाग्रत और संतुलित करता है।
- आसन उदाहरण – सेतुबंधासन, सर्वांगासन, मत्स्यासन
- प्राणायाम – उज्जयी, ऊंकार, भ्रामरी
- बंध – जालंधर बंध

व्यान असंतुलन, बीमारी और योग उपचार

व्याप्नोति शरीर यः स व्यानः

जो सम्पूर्ण शरीर में संव्याप्त है, वह व्यान है।

– आयुर्वेद

हानोपादानचेष्टादि व्यानकर्मेति चेष्यते

किसी चीज़ को पकड़ना, उठाना फेंकना जैसे कार्य व्यान के जरिए होते हैं।

– योग याज्ञवल्क्य संहिता 4.67

व्यान वायु शरीर के बाहरी इलाके पैर-हाथ और परिधि की ओर गमन करते हैं। हड्डी-मांसपेशियाँ, रक्तसंचार, रोग-प्रतिरोधक क्षमता, नर्वस सिस्टम, ब्रेन की कार्यप्रणाली, मस्तिष्क में मौजूद मुख्य ग्लैंड – पिनियल, पीट्यूटरी और हाइपोथेलेमस को नियंत्रित और प्रभावित करते हैं।

व्यान वायु में अंसुतलन से हड्डी रोग, मांसपेशियों में कमजोरी से कमर, स्पाइन और जोड़ों का दर्द यानी अर्थराइटिस, इम्यून से संबंधित सारी तकलीफें, ब्लड संचार का अवरोध, उच्च या निम्न रक्तचाप, पार्किंसन, मिर्गी और दूसरे ब्रेन से संबंधित विकार होता है।

व्यान संतुलन के लिए योग उपचार

- आसन – खासतौर पर खड़ें होकर किए जाने वाले आसन, संतुलन आसन और विश्राम श्रेणी के आसन व्यानन वायु को जाग्रत और संतुलित करते हैं।
- आसन उदाहरण – त्रिकोणासन, वृक्षासन, शवासन
- प्राणायाम – उज्जयी, ऊंकार, भ्रामरी और वशिष्ठ प्राणायाम
- बंध – महाबंध या त्रिबंध

प्राण की भूमिका और कार्य अनंत हैं। यहाँ तो बस कुछ इशारों से हमने प्राण की महत्ता को समझने की कोशिश की। प्राण की महिमा तो ब्रह्मांड के होने जैसी बड़ी महिम है, जिसके विस्तार का कोई अंत नहीं। प्राण की व्यापकता को समझते हुए हर साधक को योगसाधना के जरिए प्राणों का संतुलन और विस्तार करते रहना चाहिए।

प्राणोवा ज्येष्ठः श्रेष्ठश्च

प्राण ही बड़ा है। प्राण ही श्रेष्ठ है।

– छान्दोग्य उपनिषद

ॐ

अध्याय 13

सूर्य और चंद्र नाड़ी
सेहत और बीमारी का सारा खेल

योग की पूरी प्रणाली प्राण के आस-पास रची गई है। प्राण यानी ऊर्जा का वो केंद्र जिससे जीवन अपने अनवरत प्रवाह में चल रहा है। प्राण पूरे शरीर-तंत्र में गमन करता रहता है और एक-एक कोशिका (शरीर की न्यूनतम जीवित इकाई) को नवजीवन देता है। जहाँ प्राण नहीं, वहाँ बीमारी की उपस्थिति और जीवन का अभाव निश्चित है। जैसे शरीर में रक्त के बहने के कई रास्ते हैं, वैसे ही इन सूक्ष्म प्राणों के बहने के रास्ते को नाड़ी कहते हैं। प्राचीन ऋषि-मुनियों ने प्राणों की ऐसी 72,000 नाड़ियों की चर्चा की है। इन नाड़ियों के रास्ते ही जीवनदायिनी प्राण शरीर में एक-एक जगह पहुँच पाता है। अगर ये नाड़ी बेहतर काम करें, तो हम सेहतमंद, शांति और आध्यात्मिक ऊर्जा को महसूस करते हैं। और अगर ये नाड़ियां अवरूद्ध रहें, तो बीमारी, नकारात्मकता, आलस्य इत्यादि समस्याओं के हम घर हो जाते हैं। इन 72 हज़ार नाड़ियों में तीन प्रमुख हैं - चंद्र नाड़ी (इडा), सूर्य नाड़ी (पिंगला), और सुषुम्ना नाड़ी। ये तीनों नाड़ियाँ हमारी स्पाइन से गुजरती हैं। इडा और पिंगला का एक-दूसरे के साथ संतुलित होने से सुषुम्ना नाड़ी जागृत होती है, जिसे योगियों ने कुण्डलिनी जागरण भी कहा है।

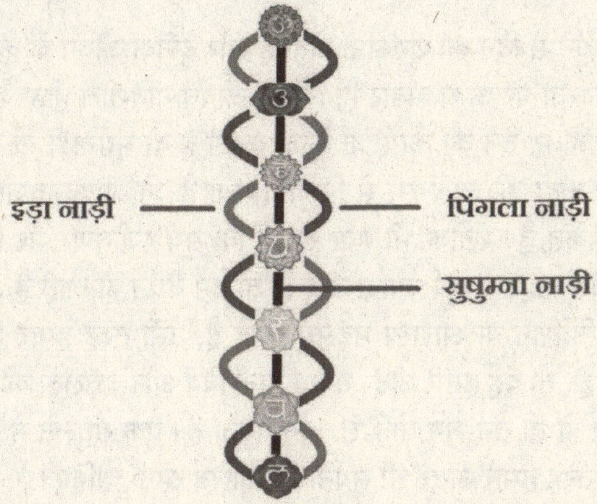

आइये, इन नाड़ियों को समझने के लिए एक और सूत्र पर हम पहले विचार करते हैं। योग दर्शन मानता है 'यत् पिण्डे, तत् ब्रह्माण्डे' यानी जो इस शरीर में है, वहीं ब्रह्मांड में है या इसे ऐसे भी कह सकते हैं जो ब्रह्मांड में मौजूद है, वो इस शरीर में भी मौजूद है। इस सूत्र का इशारा साफ है कि ब्रह्मांड और हम अलग-अलग नहीं, बल्कि हमारा एक-दूसरे से योग है, जुड़ाव है। वाज़िब है कि जब हम जुड़े हुए हैं, तो ब्रह्मांड की हर गतिविधि हमारे ऊपर अपना असर करेगी। दूसरी बात, हमारे अंदर के असर को हम ब्रह्मांड के साथ जुड़कर बदल सकते हैं, उसे बेहतर कर सकते हैं। ब्रह्मांड में दो-तिहाई जल है। शरीर विज्ञान कहता है कि शरीर में भी दो-तिहाई जल का संतुलन होना चाहिए नहीं तो हम डिहाईड्रेजेसन्स यानी पानी की कमी के शिकार हो जाते हैं। उसी तरह ब्रह्मांड में सूर्य और चंद्र है तो हमारे अंदर भी सूर्य और चंद्र की मौजूदगी होनी चाहिए।

हमारे शरीर में सूर्य और चंद्र किस रूप में मौजूद है ?

सुषुम्नायाः सव्यभागे इडा तिष्ठति। दक्षिणभागे
पिङ्गला। इडायां चन्द्रश्चरति। पिङ्गलायां रविः।
तमोरूपश्चन्द्रः। रजोरूपो रविः। विषभागो रविः।
अमृतभागश्चन्द्रमाः। तावेव सर्वकालं धत्तः

सुषुम्ना नाड़ी की बाईं ओर इड़ा नामक नाड़ी है तथा दाईं ओर पिंगला नाड़ी स्थित है। इड़ा में चन्द्रमा चलायमान रहता है और पिंगला में सूर्य विचरण करता है। चन्द्रमा तमोगुण के स्वरूप वाला एवं सूर्य रजोगुण के स्वरूप से युक्त है। चन्द्रमा अमृत का क्षेत्र है तथा सूर्य विष का प्रभाग है। ये दोनों सम्पूर्ण काल को धारण करते हैं।

– शाण्डिल्य उपनिषद 1.11

सूर्य के उदित होने से दिन की शुरुआत होती है और दैनिक जीवन के काम में हम लग जाते हैं। सूर्य धरती पर ऊर्जा भंडार है, जिससे जीवन गतिशील होता है। हमारे अंदर भी गति और जीवन देने का कार्य जो ऊर्जा करती है वो सूर्यनाड़ी को तौर पर जानी जाती है। सूर्य नाड़ी को लाल रंग से दिखाया गया है जो आक्रामकता, तीव्रता और पौरुषता का संकेत है। श्लोक भी बता रहा है कि सूर्य रजोगुण और विष के प्रभाव से युक्त है। जैसे बाहर में सूर्य ज़्यादा तीव्र हो तो हम बैचेन हो जाते हैं और अगर वह मद्धिम हो तो डिप्रेशन या आलस्य महसूस करते हैं, उसी तरह हमारे अंदर सूर्यनाड़ी ज़्यादा मौजूद हो, तो वह हमारे अंदर तनाव यानी विष और चंचलता को बढ़ाएगा और अगर वह कम हो तो तन-मन बोझिल जान पड़ता है। एक संतुलन में ही सूर्य अच्छा लगता है उसी तरह हमारे अंदर भी सूर्यनाड़ी संतुलित रहनी चाहिए।

सूर्य जहाँ नवीन ऊर्जा का संचार कर दिन में कार्य के लिए हमें प्रेरित करता है वहीं चंद्र शीतलता और शांति प्रदान करता है। चंद्र का रंग सफेद बताया गया है जो शीतलता, शांति, अमृत व स्त्रैण गुणों का प्रतीक है। जैसे दिन के बाद रात होती है और ब्रह्मांड में संतुलन बना रहता है उसी तरह सूर्यनाड़ी के साथ हमारे अंदर चंद्रनाड़ी का अस्तित्व है। चंद्र रात्रि को इंगित करता है, वह विश्राम का इशारा है। चंद्रनाड़ी भी हमारे अंदर शांति और विश्राम के भाव को पैदा कर हमें संतुलन प्रदान करती है। रात्रि के समय जैसे हम सोने जाते हैं, हम सारी थकावटऔर परेशानी से मुक्त होने लगते हैं, उसी तरह हमारे अंदर जैसे-जैसे चंद्रनाड़ी ज़्यादा जाग्रत होगी, वो हमारे तंत्र को रिलेक्स, रिपेयर और बीमारियों से दूर कर पाती है, यानी अमृत प्रदान करती है।

इडायां चन्द्रमा ज्ञेयः पिंगलायां रविः स्मृतः
चन्द्रस्तामस इत्युक्तः सूर्यो राजस उच्यते

इडा को चंद्रनाड़ी तो पिंगला को सूर्यनाड़ी के रूप में जाना गया है।
चंद्र तमस को तो सूर्य रजस का प्रतिनिधित्व करते हैं।

– योग याज्ञवल्क्य संहिता 4.33

विज्ञान ने भी माना सूर्य-चंद्र का खेल

जैसे-जैसे नए शोध हो रहें हैं, शरीर को और ज़्यादा गहराई से जाना जाने लगा है। योग के सारे सिद्धांत विज्ञान को बहुत व्यवहारिक जान पड़ रहे हैं। योग ने जिसे सूर्य और चंद्रनाड़ी कहा और जैसा इन नाड़ियों के गुण को बताया है, विज्ञान ने भी उसे ऐसा ही पाया। हाँ, नाम विज्ञान के अलग होंगे, योग के अलग, लेकिन इशारा एक ही है। शरीर विज्ञान ने प्राण को कमोबेश नर्वस सिस्टम के रूप में देखा– सूक्ष्म तंत्रिका तंत्र के रूप में। नर्वस सिस्टम दो प्रमुख हिस्सों को तौर पर सामने आया – सिम्पेथेटिक नर्वस सिस्टम (एसएनएस) और पारा सिम्पेथेटिक नर्वस सिस्टम(पीएनएस)। सिम्पेथेटिक नर्वस को आप सूर्यनाड़ी तो पारा सिम्पेथेटिक नर्वस को आप चंद्रनाड़ी के रूप में समझ सकते हैं। सिम्पेथेटिक के रेस्पांस को साइंस ने 'Fight or Flight' यानी लड़ना या भागना बताया। ये तंत्र हमें तनाव की स्थिति से लड़ने और चोट लगने की स्थिति में आंतरिक प्रतिक्रिया देने को प्रेरित करता है। संकटकालीन स्थिति में वहाँ से भागने या हटने के लिए तैयार करता है। वहीं पारा सिम्पेथेटिक का रेस्पांस है : 'Rest and digest' यानी भोजन का पाचन, आंतरिक शांति और हीलिंग (आंतरिक चिकित्सा) को प्रेरित करता है। आप देख सकते हैं कमोबेश योग और विज्ञान एक ही तरफ इशारा कर रहें हैं, भले ही शब्दावली और टर्म अलग-अलग इस्तेमाल किए जा रहें हैं।

शरीर पर सिम्पेथेटिक नर्वस सिस्टम सूर्यनाड़ी और पारा सिम्पेथेटिक यानी चंद्रनाड़ी ज़्यादा एक्टिव होने का असर

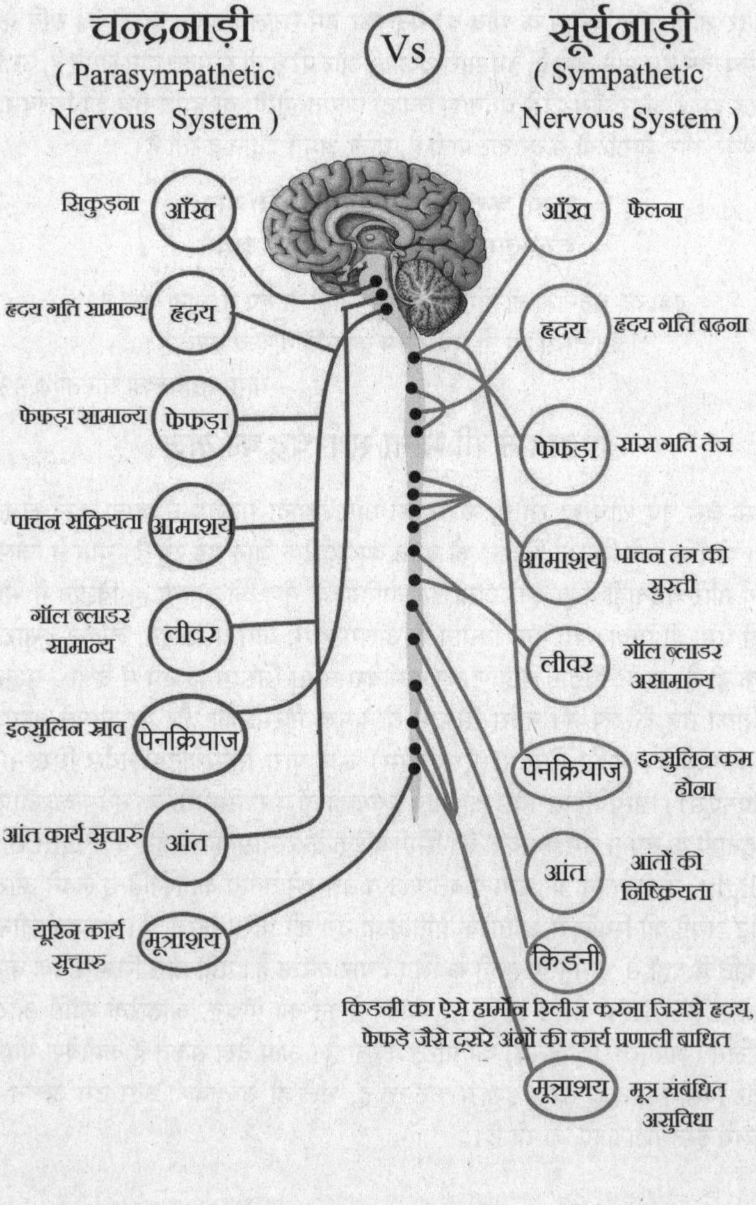

कलियुग में चंद्रनाड़ी है वरदान

तनाव मानवीय जीवन के साथ हमेशा से चलता आया है। पुराने लोगों के लिए तनाव की वजह अलग थी, तो आज आधुनिक वक्त में इसके कारण अलग हैं। पुराने जमाने में जहाँ जीवन अलग किस्म की चुनौती दे रहा था, तो आज जीवन की नई चुनौतियों के साथ हम दो-चार हैं। इन सबों ने मिलकर हमारी सूर्यनाड़ी यानी सिम्पेथेटिक नर्वस रिस्पॉन्स को ज़्यादा बढ़ाया है और ऊपर चार्ट में आपने देखा कि सूर्य यानी सिम्पेथेटिक रिस्पॉन्स के बढ़ने से हमारे आंतरिक अंगों पर कितना बुरा असर पड़ता है। हमारी पूरी सेहत बिगड़ सकती है।

ऐसे में, प्राचीन वक्त से योग ने साधना के ऐसे आयाम गढ़े जो ज़्यादा से ज़्यादा हमारी चंद्रनाड़ी को जाग्रत करें, क्योंकि सूर्य ऐसे ही बढ़ा हुआ होता है। जीवन की दौड़, प्रतिस्पर्धा, दैनिक जीवन के सारे प्रयत्न हमारे अंदर सूर्य को ही जाग्रत कर रहे होते हैं। इसलिए अलग से हमें ऐसे कार्य नहीं करने हैं जिससे सूर्य और ज़्यादा बढ़े और अगर हम वैसा कर रहें हैं तो हमें ऐसी साधना को अभ्यास में लाना है जिससे चंद्रनाड़ी ज़्यादा बढ़कर सूर्य के असंतुलन को संतुलित करे।

भगवान शिव के सिर पर चंद्रमा को दिखाना इसी का प्रतीक है कि साधक की चंद्रनाड़ी ज़्यादा एक्टिव रहनी चाहिए। हर एक्शन में सूर्य की ज़रूरत होती है, लेकिन कार्य की तीव्रता ज़्यादा हो तो वो बहुत ज़्यादा सूर्य बढ़ाकर हमारी समस्या को बढ़ा सकती है। ऐसे में, आसन की गति में भी ऐसे नियम जोड़े गए हैं, जिससे सूर्य एक सीमा तक ही बढ़ें और चंद्र भी साथ-साथ चले, यानी सूर्य और चंद्र का योग जिसे हठयोग कहा गया, यानी एक्शन में भी रिएक्शन का जोड़, जैसा हमने पिछले अध्याय में भी समझा है। दैनिक जीवन में हम क्रियाशील तो रहें, लेकिन उसी प्रक्रिया में हम शांत भी रह पाएँ, फिर बिना तनाव के कार्य सम्पन्न होगा और ऐसी स्थिति की प्राप्ति ही योग अभ्यास का ध्येय है।

अनजाने ही आप बढ़ा रहें हैं सूर्यनाड़ी और बिगाड़ रहें हैं अपनी सेहत

हम सभी सेहतमंद बेहतर जीवन की ख्वाहिश रखते हैं और यदा-कदा वो सभी उपाय अभ्यास में लाते हैं जिससे हमारा स्वास्थ्य बेहतर हो। हमारी बेहतरी के बीच जाने-अनजाने हम कुछ ऐसा कर जाते हैं जहाँ हमें लाभ के बदले हानि की प्राप्ति हो जाती है। एक्सरसाइज़, वर्कआउट और दौड़ के नाम पर हम सूर्यनाड़ी ही बढ़ा रहे होते हैं। यहाँ तक की योग में भी इन दिनों वर्कआउट जैसे अभ्यास का चलन पश्चिमी देशों की देखा-देखी में हम बढ़ा रहें हैं। सजगता और सहजता की योग साधना को आज ऐरोविक्स एक्सरसाइज़ व उछल-कूद के मिलावट के साथ पेश किया जा रहा है।

इसलिए ऐसे अभ्यासी सालों-साल तक साधना के बाद भी कुछ खास हासिल नहीं कर पाते। वर्कआउट एक्सरसाइज़ में कैलोरी जलाने के नाम पर हम शरीर के साथ बस अत्याचार ही कर रहें हैं और ऐसे में सूर्यनाड़ी यानी सिम्पेथेटिक नर्वस सिस्टम का बढ़ना वाजिब ही है और हम उन तमाम परेशानियों से देर-सवेर घिरने लगते हैं जिसकी चर्चा ऊपर के चार्ट में की गई है। अब सवाल यह है कि हम कैसे सूर्यनाड़ी को जाग्रत होने से बचाएँ ? इसके लिए हमें कुछ खास बातों का ख्याल रखना चाहिए :

- सूर्य नमस्कार पहले से ही सूर्यनाड़ी जाग्रत करता है। तो इसे ज़्यादा जल्दी करके और बहुत ज़्यादा करके आप ज़रूरत से ज़्यादा सूर्यनाड़ी न जगाएँ। सुबह जब हम उठते हैं तो रात्रि का हमारा समय चंद्रनाड़ी के आगोश में होता है, तो उस समय थोड़ी सूर्यनाड़ी की जाग्रति चाहिए होती है ताकि हम सक्रिय महसूस करें। ऐसे में बहुत धीरे धीरे पाँच से नौ चक्र ही ही सूर्य नमस्कार अभ्यास करने की आवश्यकता है।
- आसन अभ्यास में भी ख्याल रहे कि हम जल्दी-जल्दी या भाग-भाग कर अभ्यास न करें। इन दिनों पॉवर योग के नाम पर जल्दी -जल्दी आसन कर थकाने व पसीना बहाने का रिवाज़ बढ़ रहा है। दीर्घकाल में ये महज नुकसान का सौदा है।
- योगाभ्यास के दौरान कभी भी किसी भी तरह का जोर ना लगाएँ। हमेशा देखते रहें कि आपकी साँसे सहज है या नहीं। साँसों की बढ़ती गति आपके प्रयत्न को दिखाती है और प्रयत्न से सूर्यनाड़ी बलवती होगी और इससे नुकसान तय है। आपका प्रयत्न थकावट पैदा करेगा। शुरुआत में आदतन हम प्रयत्न करते रहेंगे, ऐसे में अभ्यास के दौरान बीच में आप यौगिक विश्राम यानी शवासन या योगनिंद्रा कर सकते हैं। अन्यथा पूरे आसन अभ्यास या पूरी योग साधना की समाप्ति शवासन से जरूर करें।
- जिम, एक्सरसाइज़ और दूसेर वर्कआउट की व्यवस्था आपके अंदर सूर्यनाड़ी ही जाग्रत कर रही है, क्योंकि यहाँ शरीर को बस प्रयत्न करना ही सिखाया जाता है। सहजता, सांसों का संतुलन इत्यादि बातों का यहाँ कोई सरोकार नहीं। प्राचीन काल में इस तरह के अभ्यास को लेकर कहीं कोई जिक्र शास्त्रों, ग्रंथों में नहीं दिखता क्योंकि हमारे ऋषि मुनिजन इन सबकी सीख को व्यर्थ मानते थे।
- दौड़ या रनिंग का भी इन दिनों खूब चलन बढ़ रहा है। दरअसल वो सभी साधना जो सजगता, माइंडफुलनेस या फोकस की डिमांड करती है, हमारा मन उससे दूर भाग रहा है। दरअसल योग साधना से मन ही मिट जाता है और भला मन खुद को कैसे मिटने दें। इसलिए दौड़, उछलकूद इत्यादि में हमारा आकर्षण सहज हो जाता है। हम कुछ लाभ लेने के चक्कर में दौड़ने भागने में कई चीजों का नुकसान ही कर बैठते हैं। दौड़ने के दौरान सांसों की गति असंतुलित होते आप देख सकते

हैं और ऊपर के चार्ट में हमने देखा कि साँस की गति जब तेज़ होती है तो हमारा सिम्पेथेटिक सिस्टम जाग्रत हो जाता है और उसके परिणाम भी चार्ट में स्पष्ट हैं। चीता, शेर, नीलगाय इन सबको आप कभी ऐसे ही दौड़ते कभी ना पाएँगें, वो महज अपने शिकार या खुद को बचाने के लिए ही दौड़ते हैं वो भी बहुत अल्प समय के लिए। सहज अवस्था में वो सिर्फ विचरण करते रहते हैं, दौड़ते नहीं। दौड़ने की वजह से शरीर का लचीलापन भी जाता रहता है और सभी धावक को कमर व घुटने की समस्या अक्सर होती रहती है। फिर भी अगर आप वर्कआउट, दौड़ इत्यादि कभी गलती से कर लें तो काउंटर तल पर योगासन प्राणायाम कर शवासन में देर तक विश्राम करना ज़रूर याद रखें।

- प्राणायाम में भी इन दिनों कई गड़बड़ियाँ हो रही है, जो प्राणायाम के मूल सिद्धांत के खिलाफ है। जल्दी जल्दी साँस लेने की प्रक्रिया भी सूर्य को तेज़ कर आपका खेल बिगाड़ सकती है। प्राचीन साधना पद्धति में कहीं भी तेज़ साँस लेने की विधि नहीं है। मध्यकाल में क्रिया के नाम पर तेज़ साँस की प्रक्रिया कपालभाति, भस्त्रिका सामने आई, जो प्राणायाम का हिस्सा नहीं। इसलिए हठयोग के ग्रंथाकार ने ऐसे साधकों को इसकी मनाही की जो आसन प्राणायाम की साधना करते ही हैं। इन दिनों जल्दी सांस लेने की कई दूसरी क्रियाएँ भी सामने आ गई है, जो देर-सबेर आपके अंदर सूर्यनाड़ी बढ़ाकर एसिडिटी, शरीर की गर्मी, मन की बैचेनी, संग्रहणी रोग, कोलाइटिस जैसी समस्या की वजह बन रही हैं। जल्दी जल्दी सांस लेने की इन विधियों से ना तो आपको ज़्यादा ऑक्सीजन मिल पाता है, न ही आप देर तक साँस छोड़ अपनी चंद्रनाड़ी को जाग्रत कर पाते हैं।

योग के वो सूत्र जिससे बढ़ेगा चंद्र

तो इस तरह से हमने समझ लिया कि चंद्र नाड़ी ही हमारे अंदर मरम्मत व पाचन का कार्य करती है। दैनिक जीवन के तनाव और मारामारी में जहाँ-जहाँ हमें शारीरिक-मानसिक-हार्मोन्स की परेशानियाँ आई होंगी, वो चंद्र के प्रभाव में फिर से ऊर्जावान हो जाएगी, उसका पूर्ण मरम्मत हो जाएगा और हम सेहतमंद दिखने लगेगें। किसी चीज़ की मरम्मत हो, तो उसके लिए ऊर्जा भी चाहिए। शरीर को जरूरी ऊर्जा भोजन के बेहतर पाचन से मिलती है, जिसका काम चंद्रनाड़ी का है। ऐसे में शरीर की सारी आंतरिक चिकित्सा का दारोमदार सिर्फ चंद्रनाड़ी के पास है। चंद्रनाड़ी को जाग्रत करने के कुछ सरल लेकिन असरदार सूत्रों को समझें :

- **सांसों का लेने की तुलना में ज़्यादा देर तक छोड़ना**

  साँसों को लेने की तुलना में हम ज़्यादा देर तक उसे छोड़ें तो चंद्र एक्टिव होता है।

धावक जब दौड़ कर थक जाता है तो शरीर साँस छोड़ने पर ज़्यादा फोकस करता है लेने पर नहीं, ये स्वाभाविक प्रतिक्रिया है शरीर की। हम भी कोई फँसा हुआ कार्य पूरा करते हैं, तो कभी-कभी लंबी साँस छोड़ इसकी अभिव्यक्ति करते हैं, इसलिए इसे राहत की सांस भी कहा गया।

योगियों ने इसको समझा इसलिए ऊँकार, भ्रामरी प्राणयाम की खोज हुई, जिसमें अपनी क्षमता से ज़्यादा आप बहुत देर तक सांस छोड़ते हैं। ऊँकार को लेकर कई रिसर्च हुए हैं और इसके चमत्कारिक असर से हम सभी वाकिफ़ हैं। नाड़ी शोधन प्राणायाम जिसे कहीं अनुलोम-विलोम प्राणायाम भी कहा जाता है, उसमें भी सांस का अंतराल 1:4:2 यानी 1 लेना तो 4 रोकना और 2 छोड़ना बताया गया है। यानी साँस लेने की तुलना में छोड़ने पर ज़्यादा ध्यान दिया गया है। यहाँ स्पष्ट संकेत है कि चंद्र नाड़ी को अगर एक्टिव करना है तो साँस को लंबे वक्त तक छोड़ने का अभ्यास डाल लें। हाँ, इसका तात्पर्य ये नहीं कि साँस लेने पर ध्यान देना ही नहीं हैं। साँस को लंबी गहरी तरीके से भरपूर लें और उससे करीब दुगुना छोड़ें और चंद्रनाड़ी जाग्रत रखें। वशिष्ठ प्राणायाम में चूंकि तन पूरी तरह शांत रहता है और हम प्राकृतिक रूप से सांस लेने छोड़ने पर ध्यान देते हैं, तो ये प्राणायाम चंद्रनाड़ी को जाग्रत कर हमारे शरीर की मरम्मत करने में काफी कारगर साबित हुआ है। कोरोना काल में ऐसे कई उदाहरण सामने आए, जिसमें रोगी वशिष्ठ प्राणायाम की वजह से कोरोना से बाहर आने और सांसों को सहज रखने में सक्षम दिखे।

अनुलोम विलोम प्राणायाम जैसी लंबी गहरी सांस लेने छोड़ने की साधना से चंद्रनाड़ी जागरण में सहयोग

- **आसन के जरिए चंद्र नाड़ी एक्टिव करना**

वैसे आसन में एक्शन की भूमिका दिखती है और जहाँ जोर या एक्शन होगा वहां सूर्यनाड़ी जागृत होगी। अब एक अनुपात में सूर्य तो जीवन में चाहिए ही। ऐसे में असल सीख तो ये है कि सूर्य के रहते हुए हम चंद्र को भी एक साथ विराजित कर सकें। ऐसे में, इस बात का बहुत ख्याल रखा गया कि आसन में हमारी स्थिति कैसी हो। पतंजलि योग सूत्र में आसन को **स्थिरं** और **सुखमं** बताया गया, यानी शरीर के तल पर स्थिरता और पूर्ण आनंद, तभी जाकर चंद्र भी विराजित हो पाएगा, नहीं तो हमारा आसन अभ्यास सूर्य बढ़ाने वाला बन जाएगा जो एक्सरसाइज़ में होता रहा है। आसन में नियम जोड़ा गया **प्रयत्न शैथिल्य** यानी कोशिश में शिथिलता (कमी) यानी आसन करते हुए प्रयत्न न कर सहजता में स्थित होना। आसन को चलित ध्यान के रूप में अभ्यास में लाना। दैनिक जीवन में भी सहजता से कार्य करना, न कि प्रयत्नपूर्वक। फिर तनाव नहीं होगा, सूर्यनाड़ी डिस्टर्ब नहीं होगी। खासकर सभी आगे झुकने वाले आसन चंद्रनाड़ी को एक्टिव करते हैं।

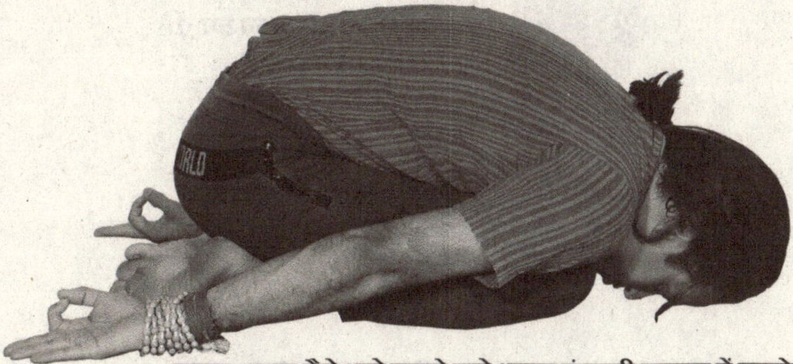

बालक आसन जैसे आगे झुकने वाले आसन चंद्रनाड़ी जागरण में सहयोगी

- **सजगता (माइंडफुलनेस) यानी कार्य में मन का मिट जाना**

बुद्ध ने अपने जीवन और शिक्षा में इस सिद्धांत का बहुत इस्तेमाल किया। यानी हम जो कर रहें हैं, वो समग्रता में करें, जिससे हमारा मन मिटेगा और सूर्य कभी नहीं एक्टिव होगा। मन का स्वभाव भूत-भविष्य में होने का है। जब हम कार्य में तल्लीन हो जाते हैं तो वर्तमान में हम होते हैं, जहाँ मन नहीं होता। सजगता की साधना ही योग की सबसे बड़ी सीख है। तंत्र ने भी इसकी खूब वकालत की है। विज्ञान भैरव तंत्र में शिव, माँ पार्वती से कहते हैं, 'जब तुम भोजन करो तो भोजन का स्वाद बन जाओ'। तो यह एक उदाहरण है कार्य में मनोमय हो जाने का।

- मंत्र और जाप भी चंद्र एक्टिव करने के साधन रहें हैं। हाँ, ख्याल रहे कि अगर

हम मंत्र और जाप मैकेनिकल यानी यांत्रिक तरीके से करें, तो उसका कोई महत्व नहीं है। मंत्र के भाव को समझते हुए उसे सजगता से जाप करें। मंत्र को माला की गिनती में जोड़कर हम बस मन को ही पैदा कर रहें हैं। हमारा ध्यान फिर मंत्र पर कम, गिनती पर ज़्यादा रहता है और हमें समुचित लाभ नहीं मिल पाता।

- धारणा, ध्यान और यौगिक विश्राम जैसे शवासन या योगनिंद्रा सालों से चंद्रनाड़ी को एक्टिव करने के परम साधन के रूप में विकसित हुए, क्योंकि यहाँ आप स्थिर होकर बस अपने मन को एकाग्र कर रहे होते हैं। तन-मन की शांति चंद्रनाड़ी का जागरण है और चंद्रनाड़ी का जागरण तन-मन की शांति है। दोनों एक दूसरे से जुड़े हुए हैं।

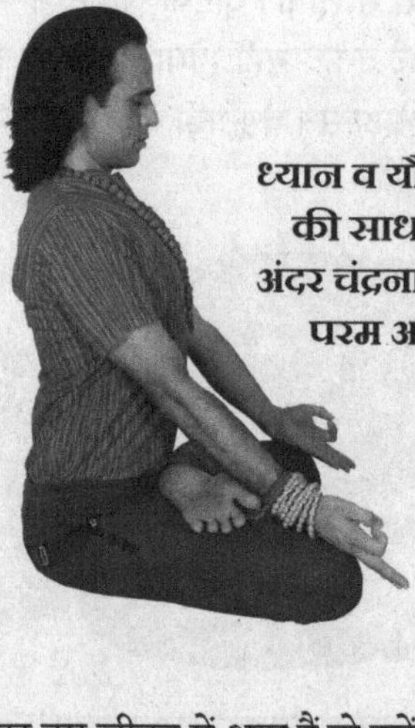

ध्यान व यौगिक विश्राम की साधना आपके अंदर चंद्रनाड़ी जागरण की परम अवस्था है

सारांश ये है कि अगर हम जीवन में आए हैं तो हमें कार्यशील रहना ही होता है। जीवन की चुनौती से दो-चार होना ही होता है। सूर्य जहाँ कार्य को ऊर्जा देता है, वहीं चंद्र विश्राम कर हमारा रिपेयर या हमारी मरम्मत करता है। ऐसे में हम दैनिक जीवन में ऐसा कोई भी कार्य न करें, जो नाहक हमारे सूर्य को एक्टिव कर हमें बीमारी और अस्वस्थता की ओर ले जाए। सहजता, विनम्रता और मधुरता से हम जीवन के परम आनंद का रसास्वादन करें। एक्शन में रिलैक्शन के सूत्र को समझ हम परमयोगी शिव की तरह चंद्रधारी बनें और विष्णु जी की तरह जगत का पालन करते हुए भी विश्राम को प्राप्त करते रहें।

अध्याय 14

शवासन

मरो हे जोगी मरो, मरो मरण है मीठा

योग को एक शब्द में अगर अभिव्यक्त करना हो, तो वो शब्द है– जागरण। होश ही योग है और बेहोशी, वियोग। हम जहाँ हैं, वहाँ न होना ही बेहोशी है, परेशानी है, दुख है। कार चला रहें हो, और होश न हो तो टक्कर तय है, परेशानी तय है। सब्जी काट रहें हो, और होश न हो तो उँगुली कट जाती है। मन का स्वभाव है चलना, तो वो आपको अपने से दूर ले चलता है और मन के दूर जाने के साथ होश दूर जाता है, आंतरिक शक्ति दूर जाती है। योग ने मन के इस मुश्किल को समझा और होश को मुक्ति का माध्यम बनाया। योग की पूरी सीख दरअसल जागरण की सीख है, माइंडफुलनेस की सीख है, होश की सीख है। आप चाहें आसन करें, या प्राणायाम या ध्यान वो धीरे-धीरे आपके अंदर सजगता के बीज को बोने लगता है।

शवासन भी ऐसी ही सजगता लाने की एक साधना है। शवासन में दो शब्द है शव और आसन। शव का अर्थ है मृत्यु और आसन वो स्थिति है जिसे पतंजलि ने सुखकर और जाग्रत बताया। यानी शवासन की साधना में शरीर तो मृत की तरह पड़ा हो लेकिन हमारे अंतस का जागरण ज़्यादा घना हो।

मरो हे जोगी मरो, मरो मरण है मीठा
उस मरनी मरो जिस मरनी गोरख मरी दीठा

'नाथ संप्रदाय के गुरु योगी गोरखनाथ जी कहते हैं कि यह मरना बड़ा मीठा है, बड़ा आनंद भरा है। इसमें डरने जैसी कोई बात नही है। इसलिये हे योगी ! मरो और मरकर देखो की शरीर की सीमा से बाहर उस असीम से मिलन कितना आनंददायी है'

कभी-कभी कुछ लोग हँसी-ठिठोली में कहते हैं कि शवासन तो सबसे ज़्यादा आसान और पसंदीदा आसन है। दरअसल इसके पीछे कारण है, वो कारण है ज़्यादातर लोग शवासन को एक नींद के रूप में समझते हैं। थोड़ी अवधि में ज़्यादा विश्राम देने की वजह से शवासन पसंदीदा बन गया है। शवासन विश्राम से कहीं ज़्यादा सघन

साधना है। दरअसल शवासन के साथ पूरी होश की एक पाठशाला है। हम शवासन की बारीकियों पर ध्यान न दें, तो शवासन रूपी ध्यान के खजाने से, बुद्ध के माइंडफुलनेस जैसी शिक्षा से चूक जाएँगें। शवासन तन-मन के विश्राम के साथ बहुत कुछ देने को उत्सुक है, लेकिन उसके लिए हम तैयार तो हों।

अनागतायां निद्रायां प्रणष्टे बाह्यगोचरे
सावस्था मनसा गम्या परा देवी प्रकाशते

नींद आने के ठीक पहले, जब बाह्य संसार के होने का आभास खत्म होने को हो, उस अवस्था में मन गमन नहीं करता और परा देवी प्रकाश (चैतन्य) प्रकट होता है।

– विज्ञान भैरव तंत्र 75

श्लोक का इशारा है कि नींद के ठीक पहले जब हम पूर्ण सचेत हों, तभी परादैवीय प्रकाश यानी शुद्ध चैतन्य का जन्म होता है। इसलिए शवासन नींद नहीं, बल्कि जागरण है।

अप्पमादो अमतपदं पमादो मच्चुनो पदं
अप्पमत्ता न मीयन्ति ये पमत्ता यथा मता

सजगता ही निर्वाण यानी मुक्ति का रास्ता है। बेहोशी तो मृत्यु है। जो जागरुक हैं, वो मरते नहीं और जो होश में नहीं वो पहले ही मरे हुए हैं।

– धम्मपद 2.21 (पालि बौद्ध साहित्य)

बुद्ध कह रहें हैं सजगता ही मुक्ति है और जो होश में नहीं हैं वो पहले ही मरे हुए हैं। शवासन को इस सजगता के साथ समझें तो हम निर्वाण-मुक्ति के उत्तराधिकारी बन जाएँगें।

शवासन का दर्शन

शवासन का दर्शन योग के दर्शन को समझने जैसा है। योग की आत्मा जैसे शवासन में विराजमान हो। योग दर्शन के दो प्रमुख आयाम हैं, सजगता (ध्यान) और विश्राम (शांति)। शवासन इस सजगता और विश्राम के बीच का सुंदर संतुलन है। शवासन धीरे-धीरे एक समय में शरीर के अंगों को, एक समय में माँसपेशियों को, एक समय में विचारों को विश्राम देने की क्रमिक साधना है। हम विश्राम में हों और सजग - दोनों चीज़ें एक साथ घटित होनी बहुत मुश्किल है। दैनिक जीवन में हमारी न ऐसी कोई आदत होती है, और न ही कोई अनुभूति।

गहराई से समझने के लिए कुछ बातों को समझना ज़रूरी है। स्थूल पदार्थ की तरह मन के भी तीन घटक हैं। पदार्थ में इलेक्ट्रॉन, प्रोटॉन और न्यूट्रॉन होते हैं, तो

मन के तीन घटक है– जागरण (Conscious Mind), मूर्छा या अचेतन मन (Unconscious Mind) और परम चैतन्य (Super Conscious Mind)। जब आप जागे होते हैं, तब तक सचेत मन कॉन्सस माइंड आपके साथ होता हैं। आप सोच, विचार, चिंतन इत्यादि इसी मन के ज़रिए करते हैं। नींद के वक्त अचेतन मन कार्य करता है, जिसमें आप सपने या निद्रा के समय विचारों की श्रृंखला पाते हैं। अचेतन मन आपकी इच्छाओं का यहाँ स्वप्न में रचना करता है। परम चैतन्य वो अवस्था है जहाँ आपका शरीर तो विश्राम में होता है, लेकिन आपके अंदर द्दष्टा या साक्षी जगा होता है। इस अवस्था में मन मिट जाता है और चैतन्य स्वरूप में प्रकट होता है। कोयले का हीरे में रूपांतरण हो जाता है। यह अवस्था दुर्लभ है और सतत साधना के ज़रिए ही हासिल होती है। शवासन दरअसल इसी अवस्था को प्राप्त करने की साधना है। कहीं कहीं इसे तुर्या या तुरीय अवस्था कहा गया।

अभावप्रत्ययालम्बना वृत्तिर्निद्रा

वास्तव में नींद मन के प्रत्यय या जानकारी इक्ट्ठी
करने की व्यवस्था का अभाव है।

– योगसूत्र 1.10

महर्षि पतंजलि यहाँ स्पष्ट कह रहें हैं कि मन हमेशा चिंतन विचार और सूचनाओं को इकट्ठा करने में लगा रहता है। सोने की स्थिति में सपने के ज़रिए भी मन यहीं सब कर रहा होता है, इसलिए हमें गहरी नींद की अनुभूति नहीं होती। शवासन में चूंकि मन को मिटाने की प्रक्रिया चलती रहती है और इस दौरान ज़्यादातर लोग नींद में चले जाते हैं तो उन्हें सामान्य नींद से ज़्यादा विश्राम महसूस होने की वजह यह है कि मन का जानकारी इकट्ठा करने की वृत्ति में कमी आई है।

जैन संप्रदाय में शवासन से मिलती जुलती साधना है कायोत्सर्ग। काया यानी शरीर से उत्सर्ग यानी परे हो जाना। जैन साधना में ज़्यादातर साधक खड़े-खड़े इसकी साधना करते हैं जबकि योग में लेटकर शवासन स्वरूप में ऐसा किया जाता है। शवासन की गहराई में आप जैसे-जैसे जाते हैं, आप पहले विश्राम, फिर शरीर शून्यता की अनुभूति और आखिर में ध्यान की तरफ चले जाते हैं।

बुद्ध धर्म के *आनापानसति ध्यान* के रूप में आप इसे देख सकते हैं। पाली भाषा में,

'आन' का अर्थ है श्वास लेना
'अपान' का अर्थ है श्वास छोड़ना

'सति' का अर्थ है 'के साथ मिल कर रहना' यानि सजगता या माइंडफुलनेस। शवासन में शरीर शून्यता के बाद हमें साँस के आने जाने की गति के साथ होना

होता है, जो बौद्ध साधना के *आनापानसति* से मिलता जुलता है।

मेरे हिसाब से, शवासन का एक और पहलू है। शवासन एक तरह से मृत्यु का अभ्यास भी है। ये सुनना हमे थोड़ा अचरज में डालेगा, हैरान करेगा। भला कोई मृत्यु का अभ्यास कैसे कर सकता है ? हम सब जानते हैं कि मृत्यु तो एक न एक दिन आनी है। देर से आए या जल्दी आए, लेकिन जीवन के साथ मृत्यु का सत्य जुड़ा हुआ है। अब जैसे कोई एक आसन का अभ्यास हम करते हैं तभी हम आसन की शारीरिक स्थिति से परे अनंत के साथ ध्यानमग्न हो पाते हैं। उसी तरह शवासन मृत्यु का वो अभ्यास है जो हमें हमारी शारीरिक स्थिति से परे चैतन्य के साथ गठजोड़ देगा। अब मृत्यु अचानक आ जाए सामने तो हम ठिठक जाएँ, ऐसा लगेगा कि अभी जीना तो शुरू ही किया था और मौत आ गई। ऐसा लगेगा कि अभी तो समेटा ही था कि बिखरने का इंतजाम हो गया। फिर तन मरेगा और भीतर एक तड़प रह जाएंगी। ये भी कोई मरना है ? शवासन एक आयाम में उसी मृत्यु का अभ्यास है, फिर एक दिवस मृत्यु आएंगी तो कोई घबराहट न होगा, कोई दुख न होगा, कोई मलाल न रहेगा और मृत्यु के लिए भी हम उसी तरह तत्पर होंगे जैसे जीवन के लिए।

तंत्र की साधना में श्मशान सिद्धि की बात आती है। दरअसल तंत्र साधना का यह एक हिस्सा है कि साधक को हर रोज श्मशान जाना है। श्मशान में मृत्यु ही दिखती है और ऐसे में साधक को जीवन के प्रति सजगता की सीख मिलती है। जीवन के क्षणभंगुरता के प्रति सचेत साधक यहाँ झूठी प्रतियोगिता, दौड़, अभिमान, दंभ में फिर नहीं फँसता।

गौतम सिद्धार्थ जब पहली बार महल से बाहर नगर को निकले थे तो रोग और बुढ़ापे का साथ उन्हें मृत्यु का साक्षात्कार हुआ और इन सबने उनके भीतर सजगता को जाग्रत किया और वो बुद्ध होने की यात्रा पर निकल पड़े। बाद में बौद्ध धर्म की एक शाखा विकसित हुई जिसे वज्रयान कहा गया और वो तांत्रिक साधना के काफी करीब है। तंत्र में सजगता पर काफी जोर है।

ऐसे में आप देख सकते हैं शवासन का दर्शन कितना गहरा है, यह महज नींद नहीं है। अगर हम महज नींद के लिए इसमें उतरते हैं तो शवासन कुछ हद तक चिकित्सीय होगा, लेकिन जो परम चैतन्य के जागरण का अवसर है वो चूक जाएगा। अब समझें कि शवासन की इस प्रक्रिया का हमें अभ्यास कैसे करना है, आखिर क्या है शवासन की साधना ?

शवासन की विधि

उत्तानं शबवद्भूमौ शयनं तच्छवासनम्।
शवासनं श्रान्तिहरं चित्तविश्रान्तिकारकम् ॥

शव यानी मृत शरीर के समान भूमि पर लम्बा लेटना
ही शवासन है। ये शवासन थकावट को मिटाता है तथा
योगाभ्यासी के चित्त को शांति प्रदान करता है।

– हठयोग प्रदीपिका 1.32

ख्याल रहे कि यहाँ सिर्फ विधि का वर्णन हो रहा है, अभ्यास से ही आप शवासन की उस अवस्था को छू पाएँगें, जिसका चर्चा पीछे की गई है, फिर विधि छूट जाएंगी, ध्यान सघन हो जाएगा।

शवासन से पहले आश्वस्त हो जाएँ कि योग का स्थल बिल्कुल शांत हो, वहाँ प्रकाश न हो तो बेहतर, मोबाइल और दूसरे शोर उत्पन्न करने वाले उपकरण वहाँ न हो। शवासन के लिए पीठ के बल पहले लेट जाएँ। शरीर को इस तरह से रखें कि आपका सिर, गर्दन और रीढ़ एक लाइन में हो। गर्दन थोड़ी टेढ़ी हो तो पतला तकिया या कुछ नरम कपड़े का सहारा गर्दन के नीचे दें। दोनों हाथों को शरीर के बाजू से 15 डिग्री कोण बनाते हुए रखें। उँगुलियां ढीली और हथेली आसमान की ओर। दोनों पांव के बीच करीब 30 डिग्री के कोण की दूरी हो। आँखों को बंद कर, ढीली छोड़ दें।

शरीर को एक बार अच्छे से योग चटाई पर व्यवस्थित करने के बाद अपने ध्यान को आती-जाती साँसों पर ले चलें। जैसी साँसें आती हैं, जाती हैं, उसे वैसी ही सजगता से महसूस करें। कुछ देर साँसों को यूँ ही द्दष्टा भाव से देखते चले जाएँ।

अब मन की आँखों से एक बार पूरे शरीर को देखें। शरीर के पूरे हिस्से को साँसों के साथ जैसे ज़मीन के गुरुत्वाकर्षण के साथ छोड़ रहें हों। खासकर शरीर का जो हिस्सा ज़मीन के साथ स्पर्श में हो, वहाँ से शरीर के भार को होशपूर्वक क्रमिक रूप में गुरुत्वाकर्षण की ओर छोड़ते चले जाएँ।

ख्याल रहे कि शवासन सोने जैसा नहीं, बल्कि शरीर के प्रति सजगता का अभ्यास है। हर अंग को बारी-बारी से देखना शुरू करें और ढीला छोड़ें। पाँव की उँगुलियों से शुरू करते हुए आखिर में मस्तिष्क तक पहुंचें। सजगता से जब आप शरीर के हर हिस्से को देखेंगे तो आप महसूस करेंगे तन-मन में लंबे वक्त से मौजूद तनाव खत्म होता जा रहा है। शुरुआत में शरीर के हर अंगों-जोड़ों-मांसपेशियों को देखना इतना भी आसान नहीं होगा। मन रह रहकर कही और भाग जाएगा, लेकिन आप अपनी सजगता पर काम करते रहें। दोबारा मन के फोकस को शरीर के विशेष हिस्से में स्थापित करें और वहाँ से आगे बढ़ते रहें।

आखिर में शरीर के तल पर पूर्ण शून्यता आपको महसूस होने लगेगी। नहीं हुई हो तो जहाँ कहीं भी टाइटनेस या तनाव अब भी महसूस हो रहा हो, ध्यान वहां ले जाएँ और ढीला छोड़ें। शरीर के तल के बाद फिर साँसों के प्रति सजग रहें,आती-जाती साँस को साक्षी भाव से देखते रहें। उसे इस प्रकार देखें मानो आपको हर आती-जाती साँस की पहेरेदारी का काम मिला हो। इस तरह से आप परम विश्राम को उपलब्ध हो जाएँगें, आपकी साक्षी की साधनाा सिद्ध हो जाएगी

कुछ बुनियादी बातें और सावधानियाँ

स्थिरता हमारे अंदर कहीं खत्म हो गई है। शिकार करती बिल्ली या दीवाल पर चिपकी छिपकली वाली स्थिरता मनुष्य का स्वाभाविक गुण नहीं रहा। मन की दौड़ ने हमारे अंदर कई दौड़ को पैदा कर दिया है, ऐसे में शरीर को एक ही स्थिति में सजगता के साथ स्थिर रखना एक चुनौती-सा जान पड़ता है। कई लोग शवासन के दौरान उल्टे बैचेन ही नज़र आते हैं। कई साधक जो तथाकथित एडवांस आसन में महारथी होते हैं, उन्हें भी शवासन के दौरान अस्थिर देखा गया है। शवासन से पहले इन दो-तीन प्रयोग को भी साथ में अपनाएँ:

1. शवासन आसनों के क्रम में सबसे आखिरी आसन है। शवासन को सीधे न करें, यानी वो शुरुआत की साधना न हो। कभी सिर्फ शवासन करने का ही ख्याल हो, तो कुछ आसन के स्ट्रेच ज़रूर करें, इससे शरीर के तनाव को शवासन के दौरान रिलैक्स करने में सहूलियत होगी। आसन की वजह से डायफ्रॉम बेहतर काम करेगा जिससे शवासन के दौरान सांसों की लयबद्धता बनाने में आसानी होगी और मन जल्द ही मिटने लगेगा।
2. शवासन में शरीर के पूरी तरह व्यवस्थित करने के बाद आप लेटे-लेटे भ्रामरी का गुंजन, बिना कान बंद किए यानी शवासन की ही अवस्था में करें, इससे आप खुद के साथ जल्दी जुड़ पाएँगें। इसके बाद ही शरीर के अंगों के प्रति सजगता

का अभ्यास शुरु करें।

3. शवासन में ज़्यादा सजगता के लिए आप बार-बार मूलबंध को साधते रहें। मूलबंध में हम अपने गुदाद्वार को अंदर की ओर पहले संकुचित करते हैं, फिर उसे ऊपर की ओर खींचते या लिफ्ट करते हैं। मूलबंध का यह प्रयोग आपके मन को भटकने न देगा और नींद में भी आप नहीं जा पाएँगे, बल्कि तन-मन की अनुभूति के प्रति सजग रहेंगें।
4. शवासन के दौरान नींद आ जाए तो उसे आने दें, फिर जब नींद टूटे तो तुरंत आँख न खोलें, बल्कि फिर से शरीर के प्रति सजग होना शुरू कर दें। शरीर शून्यता या भार, जो भी हो, उसे महसूस करें और शवासन साधना की परम ऊँचाई की ओर बढ़ें।

शवासन से बाहर कैसे आएँ ?

जैसे चक्रव्यूह में घुसना भर महत्व नहीं रखता, बल्कि चक्रव्यूह से बाहर आने की कला का भी पता होना चाहिए। उसी तरह, शवासन में वापसी को लेकर बहुत बातों का ख्याल रखना ज़रूरी है।

- शवासन के दौरान आपका पूरा तंत्रिका तंत्र यानी नर्वस सिस्टम शिथिल पड़ जाता है। अचानक कोई बाधा या अचानक शवासन में उठके बैठ जाना नुकसानदायक हो सकता है। ऐसे में शवासन से वापसी भी प्रवेश की तरह थोड़ा क्रमिक हो।
- शवासन से वापसी से पहले एक बार फिर पूरे शरीर के प्रति सचेत होना शुरू करें, शरीर को एकबारगी पूरा देखें, महसूस करें।
- पांव-हाथ की अंगुलियों में थोड़ा-थोड़ा गति देना शुरू करें।
- फिर हाथों को सिर की ओर ले चलें और उँगुलियों को आपस में जोड़ते हुए पूरे शरीर को स्ट्रेच करें। हाथों को फिर वापस छाती के पास रखें।
- आप बायाँ या दायाँ करवट लें और कुछ देर करीब 30 से 45 सेकेंट रूकें और फिर बैठ जाएँ।
- यहाँ ऊँकार या किसी मंत्र का जाप करें फिर हाथों को आपस में रगड़ें और हथेली से आंखें ढँक लें। फिर अंदर अंधेरे में आंखें खोलें।

शवासन के मुख्य फ़ायदें

- पूरे शरीर की मांसपेशियों- जोड़ों को आराम और तन-मन की थकावट को तुरंत दूर कर स्फूर्ति देता है।

- पारा सिमपेथेटिक नर्वस सिस्टम को एक्टिव कर आंतरिक Relaxation और Digestion (पाचन व चपापचय-Metabolism) को तुरस्त करता है। योग की भाषा में कहें तो चंद्रनाड़ी को जाग्रत कर हमें शांत और सेहतमंद बनाता है।
- मस्तिष्क को गहरा विश्राम और ब्रेन में मौजूद ग्लैंड खासकर मास्टर ग्लैंड पीट्यूटरी की प्रक्रिया को बेहतरी देता है।
- प्राण और अपान वायु को संतुलित कर पूरे शरीर में प्राण का स्तर को पूर्ण गतिशील करता है।
- हाई ब्लड प्रेशर, हृदय रोग, जोड़ों का दर्द-अर्थराइटिस, अपचन, न्यूरो रोग, तनाव, डिप्रेशन, अनिंद्रा, माइग्रेन-सिरदर्द जैसे रोग में चिकित्सा का काम करता है।
- भविष्य के लिए ऊर्जा का संरक्षण करता है।
- मन को नियंत्रण करने की ट्रेनिंग और साक्षी भाव को जाग्रत कर दार्शनिक रूप से चैतन्य की अनुभूति देता है।

कुल मिलाकर शवासन महज एक यौगिक नींद या विश्राम नहीं बल्कि सहज ध्यान की अवस्था है। साक्षी की जिस साधना की बात योग करता रहा है, उसका एक सशक्त माध्यम है शवासन। मौजूदा दौर में जहाँ लोगों की नींद उड़ गई है, रातें करवटों में गुजरती है, गहरी नींद की अनूभूति महज एक कहने की बात होकर रह गई है, दिन भर तन-मन बैचन रहता है, वहां शवासन एक वरदान है। शवासन के चिकित्सीय पहलू के साथ उसके प्राणिक ऊर्जा को बढ़ाने में योगदान को भी हमें समझना चाहिए। इससे परे आज की गहन बेहोशी के यांत्रिक युग में शवासन सजगता का सौंदर्य है। इसका अभ्यास करते रहें।

अध्याय 15

सहज ध्यान
कहीं भी, कभी भी

हसिबा खेलिबा धरिबा ध्यान
अहनिसि कथिबा ब्रह्म गियान

योग के नाथ संप्रदाय के गुरु गोरखनाथ कहते हैं कि हँसने खेलने जैसा सहज है ध्यान, फिर स्वयं से जुड़ा ऐसा व्यक्तित्व जो कुछ कहता है वो ब्रह्म ज्ञान होता है।

आए दिन लोग पूछते रहते हैं ध्यान क्या है ? ध्यान की विधि क्या है ? कैसे करें ध्यान ? लोग अनुभव बताते रहते हैं ध्यान में ये होता है, ध्यान में वो महसूस हुआ।

लेकिन गुरु गोरखनाथ कुछ ओर ही इशारा कर रहें हैं। गोरखनाथ कहते हैं कि ध्यान हमारा स्वभाव है, इसलिए सहज है। योग का मानना है कि ध्यान स्वयं में होने का आनंद है। ध्यान हमारा आंतरिक स्वभाव है।

यत्र यत्र मनो याति बाह्ये वाभ्यन्तरेऽपि वा
तत्र तत्र शिवावास्था व्यापकत्वात् क्व यास्यति

जब-जब मन अंदर या बाहर गति करता है, तब तब आपकी
शिव की अवस्था (ध्यान अवस्था) दूर हो जाती है।

– विज्ञान भैरव तंत्र - 116

विज्ञान भैरव तंत्र के इस सूत्र को ठीक-ठीक समझें। श्लोक का इशारा है मन की गति ही ध्यान की अवस्था से दूरी है, यानी ध्यान या शिव (दिव्यता) की अवस्था हमारा स्वाभाविक है, बस मन के आते ही हम इस अवस्था से दूर हो जाते हैं

'विज्ञान भैरव तंत्र' ध्यान को लेकर सबसे प्रामाणिक शास्त्रों में से एक है। तंत्र के इस शास्त्र में ध्यान की 112 अलग-अलग संभावनाओं का जिक्र है। ये सूत्र कोई विधि नहीं है, इनमें ध्यान प्राप्ति की कोई तकनीक नहीं बताई गई है, बल्कि हर सूत्र उन संभावनाओं को बताता है जिसके बहाने मन मिटता है और ध्यान की स्वाभाविक अवस्था में हम हो

जाते हैं। यहाँ ध्यान एक अवस्था है, कोई तकनीक नहीं, कोई विधि नहीं। हर तरह की विधि एक सहारा है और सहारे से हम ध्यान को उपलब्ध नहीं हो सकते।

ध्यान मन की कल्पना क्रिया नहीं

ध्यानं हि निश्चला बुद्धिर्निराकारा निराश्रया
न तु ध्यानं शरीराक्षिमुखहस्तादिकल्पना

मन का बिना किसी आधार और आश्रय के एक जगह
टिक जाना ध्यान है, न कि किसी दैवीय आकार के शरीर, आंखें,
हाथों की कल्पना करना ध्यान है।

– विज्ञान भैरव तंत्र 146

सूत्र का इशारा है ध्यान कोई कल्पना नहीं, क्योंकि कल्पना मन का ही एक रूप है। योगसूत्र में महर्षि पतंजलि बताते हैं कि "विकल्प" यानी कल्पना मन का ही एक आयाम है। सूत्र सावधान करते हैं कि कल्पनाओं को ध्यान समझकर रूक मत जाना। बौद्ध धर्म के एक गुरु लिंची कहा करते थे कि 'ध्यान में बुद्ध भी आ जाएँ तो, उन्हें मार डालो'। इशारा स्पष्ट था कि ध्यान के दौरान बुद्ध दिखे, ईश्वर दिखे तो उसे उपलब्धि ना समझना, वो महज मन की कल्पना है और जबतक मन विद्यमान है, वो ध्यान नहीं है। कबीर दास जी कहते हैं 'जब मैं था तब हरि नहीं, अब हरि हैं मैं नाहिं'। ध्यान तो शून्यता है। मन रहेगा तो ध्यान नहीं और ध्यान होगा तो मन नहीं।

ध्यान की क्या है विधि ?

बचपन से हम कुछ ना कुछ सीखते आते हैं। सीखना एक सतत प्रक्रिया है, एक विधि है। हर प्रक्रिया और विधि में प्रयत्न की ज़रूरत है। बिना प्रयत्न, प्रक्रिया के हम कुछ सीख नहीं पाते। ध्यान की भी जब बात आती है तब हम उसी प्रक्रिया, विधि और प्रयत्न में उलझने लगते हैं। नहीं, ऐसा करने से फिर ध्यान से हम चूक जाएँगें। ध्यान कुछ करना नहीं बल्कि होना है। ध्यान मात्र होना है, बिना कुछ किए,कोई कार्य नहीं, कोई विचार नहीं, कोई भाव नहीं। बस हमारा होना। कुछ करना हो तो बाहर ही किया जा सकता, अंतस जगत में कुछ भी करना मुमकिन नहीं और ध्यान अंदर का जुड़ाव है। हम कुछ भी करते हैं तो ऊर्जा बाहर की ओर गमन करेगी, क्योंकि करना बाहर की यात्रा है। जब हम कुछ नहीं करते, बस होते हैं तो ऊर्जा बाहर के बदले केंद्र की ओर बढ़ती है और ये ना करना यानी होना ही ध्यान है।

अष्टावक्र उवाच -

तदा बन्धो यदा चित्तं, किन्चिद् वांछति शोचति
किंचिन् मुंचति गृण्हाति, किंचिद् ह्रष्यति कुप्यति

ऋषि अष्टावक्र कहते हैं, 'तब बंधन है जब मन इच्छा करता है, शोक करता है, कुछ त्याग करता है, कुछ ग्रहण करता है, कभी प्रसन्न होता है या कभी क्रोधित होता है'।

– अष्ट्रावक्र गीता - 8.1

ऋषि अष्ट्रावक्र साफ करते हैं कि जब मन किसी भी तरह से यात्ना में बाहर होता है, अलग-अलग वृत्तियों-संवेगों, क्रियाओं के साथ, तब वो बंधन में होता है। मुक्ति या ध्यान मन के कार्य से छुटकारा है। मन का न कुछ करना, मन का न होना ही ध्यान है।

मनः कुत्नापि तत्त्यक्त्वा, पुरुषार्थे स्थितः सुखम्

मन से जब कोई दुख नहीं और वो सभी पुरुषार्थ यानी
प्रयत्न छोड़ता है तब सुखपूर्वक आप मौजूद होते हैं।

– अष्ट्रावक्र 13.2

ये सूखपूर्वक मौजूदगी ही ध्यान है और ये तब होता है जब मन के सारे प्रयत्न, सारी कोशिशें गिर जाती है। विधियों व प्रयत्न से हम ध्यान की आनंदमयी अवस्था को नहीं जी पाएँगें।

कुछ लोग ख़ुद को किसी विधि के साथ मानसिक शांति की अवस्था में पाते हैं और अक्सर इस शांति को ही वो ध्यान बताने लगते हैं। प्रयत्न से प्राप्त शांति टिकाऊ नहीं रहने वाली, वो आपका स्वभाव नहीं हो सकता, उसकी निरंतरता नहीं हो सकती, वो स्वाभाविक अवस्था नहीं हो सकती। ये महज चिकित्सा है, थेरेपी है, ध्यान की अवस्था नहीं।

निःसंगो निष्क्रियोऽसि, त्वं स्वप्रकाशो निरंजनः
अयमेव हि ते बन्धः, समाधिमनुतिष्ठति

आप असंग (बंधन मुक्त), अक्रिय (बिना प्रयत्न वाला),
स्वयं-प्रकाशवान तथा सर्वथा-दोषमुक्त हैं। आपका ध्यान द्वारा
मस्तिष्क को शांत रखने का प्रयत्न ही बंधन है।

– अष्ट्रावक्र गीता 1.15

अष्ट्रावक्र गीता साफ कहती है कि मस्तिष्क को महज शांति देने वाला यह प्रयत्न ध्यान नहीं बल्कि बंधन है। इसे हम भ्रमवश ध्यान कह सकते हैं, लेकिन ये तो मस्तिष्क को

शांति देने वाली एक क्रिया जैसी ही है। ऋषि अष्ट्रावक्र की ये बाते हमारी कई भ्रांतियों को तोड़ने वाली है। हमारी धारणओं को चोट पहुंचाने वाली है। हमने अबतक ध्यान के नाम पर जो कुछ खड़ा कर रखा है वो गिर जाएगा। जो भ्रम का पहाड़ बना रखा है वो बिखर जाएगा। इन धारणों के विध्वंस के बाद ही वास्तविक में हमारे अंदर एक नए का जन्म होगा, जो ध्यान से सुगंधित होगा।

ध्यान : साक्षी की साधना

कई योगियों-जानकारों ने ध्यान को सेल्फ-रीमेमरिंग यानी स्व-स्मृति भी कहा है। ध्यान हमारी स्वभाविक अवस्था ही है, लेकिन मन की वजह से हम इसे भूल गए हैं। फिर सवाल आया कि मन कैसे हटे और ध्यान की स्वाभाविकता का स्वाद हम कैसे लें ? योगियों ने जाना कि कर्ता के भाव से परे हमारे अंदर एक साक्षी का भाव है, जिसे द्दष्टा भी कहा गया। ये साक्षी ही ध्यान है, ये साक्षी ही बीज है ध्यान का।

एको द्रष्टासि सर्वस्य, मुक्तप्रायोऽसि सर्वदा
अयमेव हि ते बन्धो, द्रष्टारं पश्यसीतरम्

आप समस्त विश्व के एकमात्र द्दष्टा हैं, सदा मुक्त ही हैं, आप
का बंधन केवल इतना है कि आप द्दष्टा किसी और को समझते हैं।

– अष्ट्रावक्र 1.7

ऋषि कहते हैं जिस दिन आप ख़ुद के द्रष्टा भाव से भर जाएँगे, आपके सारे बंधन खुल जाएँगें, उसी समय ध्यान घटित हो जाएगा। कुछ और करने की ज़रूरत नहीं, किसी विधि या प्रयत्न का कोई सरोकार नहीं, बस द्रष्टा हो जाना है, साक्षी बन जाना है। मन भूत और भविष्य में होना है, जो बंधन है और वर्तमान में होना साक्षी की कला है, जो ध्यान है। भगवान राम को योगतत्व की शिक्षा देने वाले महाग्रंथ *योग-वशिष्ठ* में साक्षी को इसी स्वरूप में अभिव्यक्त किया गया है। गुरु वशिष्ठ कहते हैं:

न भूतं न भविष्यं च चिन्तयामि कदाचन
द्दष्टिमालम्ब्य तिष्ठामि वर्तमानामिहात्मना

मैं न तो भूत की सोचता हूँ, न ही भविष्य़ की कभी चिंता करता हूं।
मैं वर्तमान का साक्षी होकर खुद को जुड़ा पाता हूँ।

– योग वशिष्ठ 6.26.8

ध्यान इसी वर्तमान के साक्षी होने की सारी व्यवस्था है। वर्तमान जिस भी स्थिति, परिस्थितियों से गुजर रहा हो, उसके प्रति सचेत होना ही साक्षी है, ध्यान है।

आँख बंद करने भर से ध्यान नहीं होता। आँखें बंद हो और विचार ही चल रहा हो, कोई कल्पना ही चल रही हो, उससे कुछ परिवर्तन आने वाला नहीं। आँखें बंद हों या खुलीं, कुछ कर रहें हो या न कर रहे हों, इन तमाम मौके पर सजगता का होना, साक्षी का होना ही, ध्यान में होना है। जीवन की हर अवस्था-पलों में सचेत होना ही ध्यान की अवस्था है। सुख की स्थिति हो या दुख में, मान-अपमान की स्थिति में, लाभ-हानि की परिस्थिति में, हर जगह अगर हमारे अंदर प्रतिक्रिया का भाव बंद हो, कर्ता का भाव मिटे और देखने वाले की, होने वाले की अवस्था बने, तो साक्षी का जन्म होगा और साक्षी का जन्म ही ध्यान का घटित होना है।

कामक्रोधलोभमोहमदमात्सर्यगोचरे
बुद्धिं निस्तिमितां कृत्वा तत् तत्त्वम् अवशिष्यते

जब कामना, क्रोध, लोभ, मोह, मद और जलन अंदर
में दिखे, तो उस पर मन को पूर्ण सजग करें, फिर ये तत्व गिर जाते हैं
और फिर स्वयं का होना घटित होता है।

– विज्ञान भैरव तंत्र 101

अक्सर हम इन स्थितियों में बह जाते हैं या उससे भागने का प्रयत्न करते हैं। सूत्र का स्पष्ट इशारा है कि यहाँ न तो इनमें फँसना है और न भागना है, बल्कि जागना है, द्रष्टा को जीवित करना है, फिर ये तत्व नहीं रह पाते, उस जागरण के गहरे में ध्यान घटित होता है।

जग्धिपानकृतोल्लासरसानन्दविजृम्भणात्
भावयेद् भरितावस्थां महानन्दस् ततो भवेत्

जब कभी आप भोजन या कुछ पी रहें हैं तो जो स्वाद है उसके
प्रति सजेत हो जाएँ, फिर वो स्वाद की परम सजग अवस्था, आनंद की अवस्था
बन जाएगी।

– विज्ञान भैरव तंत्र 72

विज्ञान भैरव तंत्र के सभी सूत्र बस इसी सजगता, इसी साक्षी की बात करते हैं और इस साक्षी के साथ ही आप ध्यान की सहज स्वाभाविक अवस्था को प्राप्त कर लेते हैं। इसे हम एक विधि में, एक तकनीक में तलाशने नहीं जाएँ। जीवन के पल-पल को ध्यान की अवस्था बनाएँ और वो तभी हो सकता है जब हम हर पल के प्रति सचेत रहें, जाग्रत रहें और द्रष्टा या साक्षी भाव से उस पल को हम जीते चले जाएँ।

सिद्धार्थ गौतम ने हर तरह के प्रयत्न के बाद इसी सजगता के सूत्र को जाना था।

प्रयत्न का छूटना और सजगता का जन्म होना ही बुद्ध होने की सीख है। बौद्ध धर्म में 'आनापान सति' एक साधना है। पाली भाषा में आना यानी आती सांस, पान मतलब जाती सांस और सति का अर्थ सजगता से है। यानी आती-जाती सांसों के प्रति साक्षी होना। हम कह सकते हैं कि गौतम बुद्ध ने विज्ञान भैरव तंत्र के सूत्रों को जीवित रूप दिया था। अलग-अलग साक्षी की जिन 112 अवस्थाओं की चर्चा विज्ञान भैरव तंत्र ने की है, बुद्ध के जीवन में भी हम उन्हें कई अवसरों पर पाते हैं। अपमान में, चलने में, सोने में, दैनिक कार्यो में बुद्ध की सजगता को बौद्ध साहित्य-ग्रंथों में उकेरा गया है और यही ध्यान है, जो विधियों में नहीं, साक्षी में उपस्थित होता है। बुद्ध से बहुत पहले गुरु वशिष्ठ ने श्रीराम प्रभु को साँसों के प्रति साक्षी की यही शिक्षा दी थी :

प्राणापानस्वभावांस्तमबुद्ध्वा भूयो न जायते
अष्टावेते महाबुद्धे रात्रिंदिवमनुस्मृताः

ज्ञानीजन जो दिन-रात यानी निरंतर प्राण (आती सांस) और
अपान (जाती सांस) के प्रति सजग रहते हैं, वो इस दुखदायी
लोक में फिर जन्म नहीं लेते, यानी मुक्ति या बोध को प्राप्त होते हैं।

– योग वशिष्ठ - 6.25.20

महर्षि पतंजलि के सूत्रों को पिछले अध्यायों में हमने समझा, वहाँ चाहे आसन हो या प्राणायाम हर योग क्रर्म के पीछे ध्यान के जागरण का संदेश है। आसन में जब हम सिर्फ आसन बन जाएं, जब सब करना छूट जाए और होना, ठहरना घटित हो जाए तो फिर वो ध्यान हो जाता है।

प्रयत्नशैथिल्यानन्तसमापत्तिभ्याम्

सभी तरह के प्रयत्न को छोड़ना और अनंत यानी ब्रह्मांड
के साथ एकरुपता

ध्यान में जिस स्थिरता और आनंद की अवस्था का हम जिक्र करते रहते हैं, योगसूत्र में आसन भी उसी अवस्था का नाम है।

स्थिरम् सुखम् आसनम्

वशिष्ठ योग आश्रम ने इसलिए आसन को चलित ध्यान का नाम दिया है। गुरु वशिष्ठ और बुद्ध साँसों के प्रति जिस सजगता को ध्यान बता रहें हैं, महर्षि पतंजलि ने प्राणायाम को इसी ध्यान अवस्था में होने की स्थिति बताया है।

तस्मिन् सति श्वासप्रश्वास्योर्गतिविच्छेदः प्राणायामः

यानी साँस लेने- छोड़ने की गति से परे उसके प्रति सति (सचेत)
होना ही प्राणायाम है।

सवाल यह नहीं कि आप क्या कर रहें हैं, सवाल यह है कि उस करने में न करना हो रहा है, घटित हो रहा है या नहीं ? चाहे आसन हो, चाहे प्राणायाम हो, चाहे दैनिक जीवन के अलग-अलग कार्य हों, हर जगह हम सजग हैं, तो वो ध्यान है, नहीं तो वह बेहोशी है।

स्पष्ट है, ध्यान कोई विधि नहीं, जागरण है। साक्षी की साधना है ध्यान, इसलिए इस अध्याय में मैं आपको कोई विधि नहीं दे रहा, कोई प्रयोग नहीं बता रहा, कोई प्रयत्न करने की शिक्षा नहीं दे रहा, बल्कि उस सजगता की साधना की सीख दे रहा हूँ जिसकी बात भगवान शिव, गुरु वशिष्ठ, गुरु गोरखनाथ और अष्ट्रावक्र जैसे ऋषियों ने की है। दौड़-दौड़ कर किसी ने कुछ पाया नहीं बल्कि खोया है। मन बस दौड़ में उत्सुक है। जो सहजता से मिले, हमारे मन को वो स्वीकार नहीं होता। मन तो अहंकार में जीता है, इसलिए उसे कठिन प्रयत्न रास आता है, इसलिए वो विधियों में उलझता रहता है, इसलिए वो कई प्रयोगों से गुजरता है। ध्यान के नाम पर वो चारों तरफ कठिनाईयाँ खड़ी कर रहा है, चुनौतियाँ तैयार कर रहा है, इससे ध्यान नहीं, बल्कि अहंकार ही घटित होगा। ध्यान हमारा स्वभाव है और स्वभाव की प्राप्ति किसी विधि से कभी नहीं हो सकती, जिस स्वभाव को हम भूल चुके हैं, उसे प्रयत्न से हासिल नहीं किया जा सकता, उसे तो बस होने से ही जाना जा सकता है। इसलिए विधियों में उलझे नहीं, सजगता की साधना में लगे रहें। साक्षी से ही वो सधेगा और तब जाकर ध्यान घटित होगा।

सदा मे समत्वं, न मुक्तिर्न बन्धः
चिदानंदरूपः, शिवोऽहं शिवोऽहम्

मैं सदैव समता में स्थित हूँ, न मुझमें मुक्ति है और
न बंधन, मैं चैतन्य रूप हूँ, आनंद हूँ, शिव हूँ, शिव हूँ।

– आदिगुरु शंकराचार्य, निर्वाण षटकम् - 6

जिस दिन हम उस समत्व को प्राप्त कर लेगें, मध्यम को उपलब्ध हो जाएँगे, ध्यान फिर हमारा स्वभाव हो जाएगा। ध्यान करने की ज़रूरत नहीं रहेगी, हम ध्यान ही हो जाएँगें। मुक्ति और बंधन के भावों से परे अपने चैतन्य ध्यान स्वरूप में स्थापित।

अध्याय 16

कुण्डलिनी योग
चक्र जागरण और व्यक्तित्व विकास

वेद और उपनिषद की प्राचीन धारणाएँ रही हैं कि सभी शक्तियां हमारे अंदर ही है। स्वामी विवेकानंद ने भी इस बात को दोहराते हुए कहा:

उत्तिष्ठत जाग्रत प्राप्य वरान्निबोधत

'सभी शक्तियाँ तुम्हारे ही अंदर है। तुम कुछ भी और सब कुछ कर सकते हो। इसपर विश्वास करो, ऐसा मत विश्वास करो की तुम कमजोर हो। उठो और अपने अंदर मौजूद दिव्यता को प्रकट करो'!

– स्वामी विवेकानंद

बीज को स्वयं पता नहीं कि उसके अंदर एक विशाल वृक्ष होने की संभावनाएँ हैं। माचिस ने निकली आग को कुछ ख़बर नहीं कि वो एक भयावह दावानल बन सकती है। उसी तरह हमारे अंदर मौजूद विराट की हमें जानकारी नहीं, लेकिन परम शक्ति हमारे अंदर मौजूद ज़रूर है। कुण्डलिनी शक्ति उसी परम के आवाहन की ओर दिव्य इशारा है। तंत्र और योग ने इस परम शक्ति को लेकर बहुत सूत्र गढ़ें। साधना के उन सोपानों को गढ़ा जिसपर चल शक्ति के चक्रों का भेदन हो और कुण्डलिनी जाग्रत हो जाए।

हज़ारों-लाखों साल की प्राचीन योग परंपरा ने एक लंबी यात्रा तय की है। वाजिब तौर पर इन यात्राओं में हमने साधना के कई आयाम को जाना और खोया भी। आध्यात्मिक शक्ति की जिस परम ऊँचाई के शिखर पर ऋषि-मुनि-योगी विराजमान थे, कालांतर में वहां से हम फिसल गए। ऐसे में, दिव्यता की परम उपलब्धि का ये शिखर बहुत सारी भ्रांतियों और दुविधाओं में जकड़ गया। कुण्डलिनी शक्ति को लेकर कई सवाल उठे, इन बातों का कोई प्रमाण नहीं दिखने लगा कि ऐसी शक्तियां होती भी है या नहीं। गलत व्याख्याओं और नासमझी ने कुण्डलिनी जागरण के सिद्धांत और साधना दोनों का बेड़ा गर्क ही किया। ऐसे में, बहुत ज़रूरी है कि हम कुण्डलिनी की बड़ी-बड़ी बातों, दावेदारियों से दूर एक व्यावहारिक सोच और साधना को पहले विकसित करें।

इस पहले कदम के साथ हम आगे बढ़े और फिर एक दिवस परम शक्ति का आलिंगन हो जाएगा, उसमें संदेह नहीं।

कस्तूरी कुंडली बसै, मृग ढूंढै बन माहि
ऐसे घट-घट राम हैं, दुनिया देखत नाहीं

– कबीर के दोहे

क्या कोई इस बात का अंदाजा लगा सकता था कि अति सूक्ष्म परमाणु से हम विद्युत शक्ति का बड़ा स्वरूप पैदा कर सकेंगें ? क्या कहीं इस बात की भनक भी थी कि परमाणु को इस कदर विकसित किया जा सकता है कि वो मौजूदा युद्ध भूमि में ब्रह्मास्त्र की तरह सब कुछ बिखेर देने के सामर्थ्य से भर जाएंगा ? इस बात पर विचार कीजिए कि आज कोई दुर्घटना हो जाए और चंद हाथों में मौजूद परमाणु का फॉर्मूला पूरी दुनिया के हाथों से गायब हो जाए, तो क्या आने वाली पीढ़ी भरोसा कर पाएगी कि हमारे पास अति सूक्ष्म परमाणु को परम शक्तिशाली बनाने का हुनर भी था? विज्ञान से वंचित समाज महज सवाल खड़े कर सकता हैं, लेकिन राह खड़ा करना एक अलग सामर्थ्य पैदा करने की साधना है। कुण्डलिनी शक्ति को लेकर आज हमारे अंदर महज सवाल हैं। न तो हमारे पास वो साधना है, न ही वो समझ और ना ही परम के जागरण का संकल्प। नहीं, फिर तो हम चूक जाएंगें और कुंडिलनी चक्र जागरण का रहस्य महज किताबी बातें रह जाएंगी। हमें कदम दर कदम इस दिशा में बढ़ना पड़ेगा, क्योंकि हमारे अंदर मौजूद परम शक्ति के इस बीज को वटवृक्ष बनाना है। ये अध्याय इसी थोड़ी-सी झलक को दिखाने की कोशिश है।

येन द्वारेण गन्तव्यं ब्रह्मद्वारं मनोमयम्।
मुखेनाच्छाद्य तद्द्वारं प्रसुप्ता परमेश्वरी ॥

जिस मनोमय ब्रह्म द्वार (सुषुम्ना) में प्रवेश किया जाता है,
उसी द्वार को अपने मुख से ढककर यह परमेश्वरी शक्ति
(कुण्डलिनी) सोई रहती है।

– योगचूडामण्युपनिषद् - श्लोक 37

उपनिषद के इस श्लोक का इशारा समझें। याद रहें सूत्र बस इशारा है, बाकी खबर तो आपको खुद लेनी है, वो खबर साधना के जरिए ही आने वाली है। पहली बात साफ है कि सुषुम्ना का जागरण कुण्डलिनी जागरण है। ये जागरण मनोमय यानी माइंडफुलनेस यानी सजगता का है। मन की विदाई और चैतन्य का बसेरा है कुण्डलिनी जागरण। सूत्र में कहा गया कि ये शक्ति स्वयं को मुख से ही स्वयं को ढँककर सोई रहती है। इशारा है कि हमारी शक्ति से हमें कोई दूसरा अनजान नहीं कर रहा, बल्कि हम स्वयं उससे दूर है

और दूर होने की व्यवस्था हमने ही खड़ी की है। कुण्डलिनी शक्ति तो मौजूद है, लेकिन जागरण का ये द्वार हमने स्वयं बंद कर रखा है।

मारुते मध्यसंचारे मनःस्थैर्य प्रजायते।
यो मनः सुस्थिरो भावः सैवावस्था मनोन्मनी॥

वायु जब बीच में संचारित (गति) होती है, तब मन
सुस्थिर होता है और जब मन की ठीक तरह से स्थिरता हो जाती है,
तब उसी स्थिरता को मनोन्मनी अवस्था (कुण्डलिनी जागरण)
कहा जाता है।

– शाण्डिल्योपनिषद् प्रथम अध्याय, सप्त खण्ड श्लोक 10

शाण्डिल्य उपनिषद का ये श्लोक कई भ्रमों को दूर करेगा, जो गलत चीजें कुण्डलिनी को लेकर इन दिनों फैलाई गई है, उनका सही जवाब इसी सूत्र में है।

हमें जब अनुभूति नहीं होती तो बस भ्रम ही जन्मता है। उपनिषद के ऋषि कहते हैं कि वायु (प्राण) जब बीच में यानी समत्व को प्राप्त हो जाता है, तब मन पूर्ण स्थिरता में आता है। पिछले अध्यायों में हमने जाना कि कैसे प्राण का मन से सीधा संबंध है। प्राण का बीच से संचारित होने का तात्पर्य क्या है ? हमने पिछले अध्यायों में यह भी जाना कि हमारे शरीर में मुख्य तीन नाड़ियाँ होती हैं – इडा, पिंगला और सुषुम्ना। इडा एक अति है तो पिंगला दूसरी। इडा चांद है तो पिंगला सूर्य। दोनों बिल्कुल अलग स्वभाव के, लेकिन दोनों की अपनी-अपनी उपयोगिता और मौजूदगी है, जिसपर तनिक भी संदेह नहीं। इडा और पिंगला नाड़ी एक दूसरे के साथ दो विपरीत ध्रुवों में काम करती है। सूर्यनाड़ी और चंद्रनाड़ी के स्वभाव को कार्य को हमने भलीभांति पिछले अध्याय में समझा। प्राण कभी सूर्यनाड़ी के जरिए तो कभी चंद्रनाड़ी के जरिए संचारित होती रहता है, लेकिन इन दो अति के बीच मध्य का मार्ग का सुषुम्ना है और प्राण का सुषुम्ना में प्रवेश ही कुण्डलिनी जागरण है। भगवान शिव को हमने अर्धनारीश्वर रूप में दिखाया है, इसका तात्पर्य सूर्य और चंद्र के बीच संतुलन से है और ये संतुलन ही जागरण है।

इडादिमार्गद्वयं विहाय सुषुम्नामार्गेणागच्छेत्तद्विष्णोः परमं पदम्॥

इड़ा आदि दोनों मार्गों का परित्याग करके सुषुम्ना के
रास्ते उसका आगमन होता है, क्योंकि वही विष्णु का परम पद है।

– शाण्डिल्योपनिषद् प्रथम अध्याय, सप्त खण्ड श्लोक-ड़

दोनों विपरीत मार्गों का त्याग कर दो विपरीत ध्रुवों के बीच पूरी सृष्टि रची गई है। दिन-रात, सूर्य-चंद्र, स्त्री-पुरुष, सुख-दुख, मिलन-विदाई इत्यादि। गर्मी-ठंड के बीच जैसे

वसंत बीच के आनंद की स्थिति है उसी मध्य की प्राप्ति सुषम्ना में प्राण का प्रवेश और कुण्डलिनी जागरण है। विष्णु पद भी यहाँ बड़ा प्रतीकात्मक है। हम जानते हैं ब्रह्म जन्म देते हैं और शिव संहार करते हैं, लेकिन बीच का मार्ग जीवन के पालन का मार्ग है, जिसके देव विष्णु हैं। यहाँ श्लोक में वो प्रतीक है मध्यम में होने का, कुण्डलिनी तत्व की प्राप्ति का। इस संतुलन को ही गीता ने *समत्वं योग उज्यते* कहा, बुद्ध ने इसे ही मध्यम मार्ग घोषित किया।

इंगला पिंगला ताना भरनी, सुखमन तार से बीनी चदरिया

– कबीर

कबीर सहज शब्दों में कहते हैं इंगला (इडा) और पिंगला ये एक तरह की तान (प्रयत्न) है। असल की रचना तो सुखदायी तार यानी सुषुम्ना से हुई है। ये दो के मध्य होना ही सुख है, आनंद है, जागरण है।

उपनिषद कहता है कि प्राण के मध्य में होते ही मन स्थिर होता है और इस स्थिरता की जो अवस्था है वो कुण्डलिनी जागरण है। इन सहज बात को समझने की जगह कुण्डलिनी के ईर्द-गिर्द बस भ्रम की स्थिति बनी। साधना की अनुभूति से अनजान हमारा मन प्रतीकों में फँस गया, वह इशारों को समझ नहीं पा रहा है। कुण्डलिनी के नाम पर बस हमने कुछ बातों को रट रखा है। **चक्रों की संख्या, हर चक्र में पंखुडी, उसका रंग, बीजमंत्र, हर चक्र का देवता-देवी वगैरह-वगैरह**। इन प्रतीकों में हम फँस गए और इनके सहारे कुण्डलिनी शक्ति का हवा महल हमने खड़ा कर लिया। बस इसलिए हम चूक रहे हैं, जागरण को उपलब्ध नहीं हो पा रहे। ये ऐसा ही है जैसे भरी दोपहरी में कोई आंख बंद कर ले और कहे कि सूर्य उगा ही नहीं। प्रतीकों में हम बहुत फँस चुके हैं। हमनें इन प्रतीकों को समझने में भूल की और रास्ता पाने की जगह हम भटक ज़्यादा गए।

गणेश भगवान की चूहें की सवारी, दुर्गा की सिंह की सवारी ये सब प्रतीक है। हम समझ नहीं पा रहे कि गणेश भला एक चूहे पर कैसे सवार हो सकते हैं ? हमारा आशंकित मन एक नई कहानी गढ़ता है ताकि इसको सही ठहराया जा सके कि चूहे पर सवारी मुमकिन है, लेकिन ये चूहा साधारण चूहा नहीं बल्कि कुछ अलग, कुछ पारलौकिक है। अगर आप प्रतीक को नहीं समझेंगें तो अड़चन आएगी। यह प्रतीक है कि गणेश विद्या के देवता हैं और ज्ञान को उपलब्ध व्यक्तित्व बहुत हल्का हो जाता है, विनम्र हो जाता है और इस हल्केपन को दर्शाने के लिए ही चूहे का सहारा लिया गया। ज्ञान से भरा व्यक्तित्व (लंबोदर गणेश) इतने हल्के हैं कि चूहे पर भी सवार हो सकते हैं। उसी तरह दुर्गा की सिंह सवारी महिला सशक्तिकरण

का प्रतीक है, ऐसा नहीं कि वह किसी सिंह पर ही सवार हो रही हैं। प्रतीकों से परे हमें साधना की गहराई में उतरना है, जहाँ कुण्डलिनी की मोती है।

क्या है कुण्डलिनी जागरण की साधना ?

योग की हर साधना का बस एक ही लक्ष्य है हमारे अंदर का जागरण। फिर चाहे आसन हो, प्राणायाम हो, ध्यान हो या कुछ दूसरी साधना। हम किसी भी तरीके से इस जागरण को घटित कर सकते हैं, इसमें भेद माध्यम का नहीं बल्कि हमारे होने का है, पूर्णता का है, समग्रता का है।

विधिवत्प्राणसंयामैनडीचक्रे विशोधिते।
सुषुम्नावदनं भित्त्वा सुखाद्विशति मारुतः

विधि-विधान पूर्वक प्राणायाम करने से योगी के समस्त
नाड़ी-समूह शुद्ध हो जाते हैं। तब सुषुम्ना नाड़ी का मुख भेदन
करके वायु सुखपूर्वक उसमें प्रविष्ट हो जाता है।

शाण्डिल्योपनिषद् प्रथम अध्याय, सप्त खण्ड श्लोक 9

जागरण की ये एक साधना है प्राणायाम, लेकिन वो प्राणायाम विधि-विधान से युक्त हो। गलत पद्धति और विधान यानी तय मापदंड के विरुद्ध जाकर इसको हासिल नहीं किया जा सकता। जब प्राणायाम समुचित तरीके से होगा तो नाड़ी का समूल शोधन संभव है और तभी सुषुम्ना यानी मन की परम स्थिरता को हम उपलब्ध होंगें और जागरण घटित होगा। यह इतनी सरल-सी बात है लेकिन साधना को साध्य बनाना एक अलग संकल्प की बात है। जल्दी सांस लेने की क्रिया फास्ट ब्रीदिंग जैसे कपालभाति क्रिया या भस्त्रिका महज सूर्यनाड़ी को जाग्रत करते हैं इसलिए सुषुम्ना जागरण इनसे मुमकिन नहीं। प्राचीन योगियों ने गहरी व धीमी गति वाले प्राणायाम जैसे उज्जयी, नाड़ी शोधन, ऊँकार इत्यादि को ही इसके लिए उपयुक्त बताया और वो इनकी ही साधना दिन भर करते थे। आप भी हर चक्र के लिए धीमी सांस लेने वाले प्राणायाम की अनवरत साधना करें।

आसन के ज़रिए भी हम इस जागरण को मुमकिन कर सकते हैं, लेकिन वो आसन जैसा महर्षि पतंजलि ने योगसूत्र में इशारा किया, उस स्वभाव, चरित्र और मन:स्थिति का हो। आसन के ज़रिए इस मध्य मार्ग को हमें जानना होगा। शरीर दो स्थिति में रहता है एक कुछ करता हुआ जो प्रयत्न की स्थिति है, Efforts की स्थिति है और दूसरा विश्राम यानी Ease की स्थिति या असजगता की स्थिति जैसे नींद। योगासन शरीर के इन दो स्थितियों के बीच की स्थिति है जहाँ न तो प्रयत्न है, न मूर्छा। पतंजलि ने जैसा

कहा, प्रयत्न की जगह स्थिरता हो और मूर्छा या नींद की जगह सजगता या आनंद। *ततो द्वन्द्वानभिघातः* यानी महर्षि पतंजलि कहते हैं फिर दो चोट नहीं पहुंचाता, बस एक बचता है और ये एक सुषुम्ना है, ये एक कुण्डलिनी है।

स्पष्ट है कि मार्ग कुछ भी हो सकता है लेकिन वो मार्ग मध्य की तरफ आपको लेकर जाए। एक अति(extreme) से दूसरे अति की ओर नहीं, फिर तो अकड़ आएगी, अहंकार भरेगा और जागरण फिसल जाएगा। आप इस कदर साधना के किसी भी आयाम को पकड़कर कुण्डलिनी शक्ति को जानने का प्रयास कीजिए।

आगे हम कुण्डलिनी के चक्रों की संख्या या उसके दूसरे प्रतीकों में जाने से बेहतर समझें कि कुण्डलिनी की इन शक्तियों का हमारे व्यक्तित्व पर क्या असर पड़ता है। हम शक्ति इसलिए चाहते हैं कि हम कुछ हो पाएँ, कुछ कर पाएँ। हमारा होना इस बात पर निर्भर करता है कि हमारा व्यक्तित्व कैसे गढ़ा गया है। यह व्यक्तित्व ही तय करता है कि हम कैसे हैं, क्या कर सकते हैं, हमारा सामर्थ्य क्या है और हम कैसे इस संसार में जिएँ ?

क्या कुण्डलिनी से संवरेगा हमारा व्यक्तित्व ?

व्यक्तित्व (Personality) भी कुण्डलिनी के कई चक्रों की तरह अलग-अलग आयामों से मिलकर बना है। हम अलग-अलग व्यक्ति से मिलते हैं और उनके अंदर कुछ अलग खासियत या अलग तरह की कमियों को देखते हैं। व्यक्तित्व एक मिश्रित व्यवस्था है जिसमें कई चीजों को पाया जा सकता है। योग दर्शन मानता है कि हमारे शरीर के अंदर मूल रूप में सात ऊर्जा के स्रोत हैं, जिसे सप्त चक्र कहा गया है।

आधारं गुदमित्युक्तं स्वाधिष्ठानं तु लैङ्गिकम्

मणिपूरं नाभिदेशं हृदयस्थमनाहतम्।
विशुद्धिः कण्ठमूले च आज्ञाचक्रं च मस्तकम् ॥

गुदा स्थान के समीप मूलाधार, लिंग के पास स्वाधिष्ठान,
नाभिमण्डल में मणिपुर, हृदय में अनाहत, कण्ठमूल में
विशुद्धचक्र एवं मस्तक में आज्ञाचक्र स्थित होता है

– योगकुण्डल्युपनिषद् 3.10/11

इन छह चक्रों का भेदन कर सहस्रार का जागरण होता है और कुंडिलनी ऊर्जा अपने परम सामार्थ्य की ऊँचाई को छूती है।

यह समस्त चक्र हमारे आकार, व्यवहार, विचारों और इमोशन या संवेदना को नियंत्रित करते हैं। जब हमारे ये चक्र खिले और एकरूप होते हैं, तो हमारा शरीर और मन एक ख़ास संतुलन में काम करता है और तब हमारे संपूर्ण व्यक्तित्व में कमल की तरह खिलाहट दिखती हैं, चक्रों को कमल खिलाहट के प्रतीक के रूप में दिखाने का यही तात्पर्य है। परम चैतन्ययुक्त श्रीकृष्ण के व्यक्तित्व को इसलिए शास्त्रों ने पूर्ण कहा।

अब हम हर चक्र के हिसाब से समझें कि इन चक्रों से किस तरह हमारे व्यक्तित्व पर असर होता है, किस तरह हमारा व्यक्तित्व खिलता है। जैसा कि पहले भी कहा गया कि व्यक्तित्व की खिलाहट के लिए साधना के कई आयाम हो सकते हैं, लेकिन यहाँ सुविधा के लिए कुछ प्रतीकात्मक आसनों, बंध और ध्यान का हर चक्र के जागरण में भूमिका के साथ उल्लेख किया जा रहा है। प्राणायाम और चक्र जागरण की चर्चा पहले ही कर दी गई है।

साधक इन साधनों को पूर्ण यौगिक भाव से ध्यानमय होकर अभ्यास करें :

1.

पहला चक्र

नामः मूलाधार चक्र

स्थान: जननेन्द्रिय और गुदा के बीच स्थित

आसन: वीर भद्रासन2-1-, पार्श्वकोणासन (यानि गुरुत्वाकर्षण के साथ सामंजस्य बैठाने वाले सारे आसन)

बंध: मूलबंध

ध्यान: मूलाधार चक्र पर ध्यान साधना

प्रभाव: मूलाधार के संतुलित होने से आप के व्यक्तित्व में मजबूती और कांफिडेंस दिखता है।

2.

दूसरा चक्र

नाम: स्वाधिष्ठान चक्र

स्थान: मूलाधार के करीब उपस्थ में

आसन: बद्ध कोणासन, उपविष्ट कोणासन (यानी हिप ओपनिंग वाले सभी आसन)

बंध- मूल और उड्डीयान

ध्यान - स्वाधिष्ठान पर ध्यान साधना

प्रभाव: स्वाधिष्ठान में संतुलन से आपके व्यक्तित्व में रचनात्मकता और सकारात्मकता दिखती है।

3.

तीसरा चक्र

नाम: मणिपुर चक्र

स्थान: नाभि

आसन: नवासन, पश्चिमोत्तान आसन (यानि नाभि मजबूती - कोर-एब्स वाले और आगे झुकने वाले सारे आसन)

बंध - उड्डीयान बंध

ध्यान - मणिपुर चक्र पर ध्यान साधना

प्रभाव: मणिपुर चक्र के जागरुक होने से आपके व्यक्तित्व में जिंदादिली और स्वाभिमान दिखता है।

4.

चौथा चक्र

नाम: अनाहत चक्र

स्थान: हृदय

आसन: उष्ट्रासन, चक्रासन (यानी बैकबेंड या विपरीत झुकने वाले सारे आसन)
कुम्भक: आंतरिक कुम्भक खासकर
ध्यान: हृदय स्थल पर ध्यान साधना
प्रभाव: अनाहत चक्र में संतुलन से आपके व्यक्तित्व में प्रेम, करुणा, दया और स्वीकारात्मकता का भाव दिखता है।

5.
पाँचवाँ चक्र
नाम:विशुद्ध चक्र
स्थान: कंठ प्रदेश
आसन: सर्वांगासन, मत्स्यासन (यानी मुख्य रूप से विपरीत होकर करने वाले आसन)
बंध: जालंधर
ध्यान: कंठ प्रदेश पर ध्यान साधना
प्रभाव: विशुद्ध चक्र के जागरण से आपके अंदर दूसरे को प्रभावित करने वाली वाचन शक्ति विकसित होती है।

6.
छठा चक्र
नाम: आज्ञा चक्र
स्थान: दोनों भौंहों के बीच
आसन: बालकासन (आगे झुकने वाले रिलैक्शन आसन)
बंध: जालंधर
ध्यान: भौहे के बीच ध्यान साधना
प्रभाव: आज्ञा चक्र में संतुलन से व्यक्तित्व में आध्यात्मिक तेज दिखता है।

7.
सातवाँ चक्र
नाम: सहस्त्रार चक्र
स्थान : सिर का उपरी हिस्सा
आसन : शीर्षासन, शवासन, योगनिंद्रा
बंध: जालंधर
ध्यान: मस्तिष्क के आंतरिक घटकों की ध्यान साधना

प्रभाव: सहस्त्रार चक्र के जागरण से हम अपने वास्तविक चैतन्य स्वरूप को जान पाते हैं और ये व्यक्तित्व की पूर्ण खिलाहट है।

हम देख सकते हैं कि कैसे हर चक्र अलग-अलग व्यक्तित्व की खासियत को जाग्रत करता है। जो साधक हैं वो महसूस करते हैं कि जैसे-जैसे साधना उनके अंदर प्रविष्ट होती है, वैसे-वैसे व्यक्तित्व के ये सारे आयाम एक-एक कर खिलने लगते हैं। सच्चे साधक-योगियों के अंदर आप व्यक्तित्व के ये सारे लक्षण कमोवेश देख सकते हैं। व्यक्तित्व में ये कमल खिलाहट ही कुण्डलिनी जागरण है। कुण्डलिनी की इस व्यक्तित्व खिलाहट के आयाम को अपनाएँ। साधना ही एकमात्र सहारा है। घड़ी दो घड़ी खुद के साथ जुटे। उस मन:स्थिति को प्राप्त करें जहाँ आप संसार के द्वन्दों के बीच मध्य में रहकर एकाकार होने के स्वाद का रसास्वादन कर सकें।

अध्याय 17

योग की स्व-साधना

कैसे तैयार करें ख़ुद का योगक्रम?

धर्मो रक्षति रक्षितः

– मनुस्मृति 8.15

धर्म का यहाँ आशय किसी उपासना पद्धति से नहीं है। धर्म संस्कृत के 'धृ' धातु से बना है जिसका तात्पर्य है 'जो धारण योग्य हो'। इस तरह हम कह सकते हैं 'धार्यते इति धर्म:'। मनुस्मृति का यह श्लोक एक संकेत है कि ऐसे तमाम गुण जो धारण करने योग्य है उसकी हम रक्षा करें, यानी अपनाएँ और फिर वो स्वयं हमारी रक्षा करेगा। हम व्यवस्था या सिस्टम की रक्षा करें , तो सिस्टम हमारी रक्षा करता है। योग एक साइंस है और हर साइंस की भी एक व्यवस्था है, जब तक उसका पालन न हो वो काम नहीं करेगा। साइंस की व्यवस्था किसी एक व्यक्ति पर नहीं, बल्कि सभी पर लागू होती है।

गुरुत्वकर्षण के नियम पदार्थ से लेकर व्यक्ति सभी पर काम करेंगें। पानी 100 डिग्री पर भाप बनने लगता है तो ये भारत के लिए उतना ही लागू होता है जितना अमेरिका के लिए। योग साइंस की व्यवस्था सबके लिए एक समान लागू होती है। योग के इस साइंस को न धारण करें तो हमारी रक्षा मुमकिन नहीं है। हम योग की व्यवस्था की रक्षा करें, योग हमारी रक्षा करेगा। योग की गलत व्यवस्था हमारी रक्षा कभी नहीं कर सकती, इसलिए उससे छेड़छाड़ व्यर्थ है। पिछले अध्यायों में हमने ऐसी कई व्यवस्थाओं को समझा है। चाहे आसन करने के सही तरीके की व्यवस्था हो, चाहे आसन में सांस की विधि हो, या चाहे प्राणायाम की पद्धति हो। अब हम समझेंगे कि मोटे-मोटे आयाम को कैसे हम एक सीरीज़ यानी क्रम में जोड़कर योग की संपूर्ण व्यवस्था निर्मित करें।

योग के कुछ अभ्यासी अपने मन के मुताबिक आसन करना शुरू कर देते हैं , उसका कोई क्रम नहीं, उसकी कोई व्यवस्था नहीं होती। कभी बैठकर कुछ कर लिए, तो कभी लेट कर। कब कैसे शुरुआत करनी है, कब कैसे अंत, इसका हमें कुछ खास पता नहीं होता। कुछ लोग एक व्यवस्थित क्रम में योग को करना भी चाहते हैं, तो उन्हें इसका अंदाजा नहीं होता। इस अध्याय में योग क्रम बनाने की इसी व्यवस्था का फॉर्मूला हम समझेंगें, फिर आप अपने समय और अपनी ज़रूरतों के मुताबिक ख़ुद की साधना के क्रम को गढ़ पाएंगें।

योग क्रम बनाने का आधारभूत ढाँचा

सबसे पहले हम योगक्रम के आधार को खड़ा करते हैं फिर हम हर एक आयाम के विस्तार में चलेंगें। ख्याल रहे कि योग एक आध्यात्मिक साधना है, ख़ुद से जुड़ने की साधना, इसलिए ऊंकार या मंत्र (कोई भी मंत्र , किसी भी पंथ से संबंधित) से आप योग की शुरुआत और अंत करें।

योग अभ्यास का आधारभूत ढांचा

ऊँ प्रार्थना/मंत्र

आरंभिक आसन

सूर्य नमस्कार

आसन क्रम

प्राणायाम क्रम

ध्यान/शवासन/योगनिंद्रा

ऊँ प्रार्थना/मंत्र

यह अभ्यास का आधारभूत ढाँचा है। योग के कई आयाम हैं, यहाँ हम मुख्य आयाम को ही लेकर एक योग अभ्यास क्रम गढ़ रहें हैं। अपनी सुविधा व ज़रूरतों के हिसाब से उस क्रम को बढ़ाया या घटाया जा सकता है। मोटा-मोटी इतना तो ज़रूरी है।

इस क्रम में सबसे पहले प्रार्थना आती है। इससे शुरुआत करने के अपने मायने हैं। अभ्यास करने से पहले हमारा मन कई तल पर काम कर रहा होता है। हो सकता है कि अभ्यास में आने से पहले किसी चीज़ को लेकर हम चिंतित या परेशान हो, ऐसी स्थिति में हम अभ्यास में पूर्णता से नहीं जुट पाएँगें। मंत्र या प्रार्थना से शुरुआत करने से हम खुद को अंदर से जुड़ा हुआ महसूस करने लगते हैं और हम ज़्यादा फोकस होकर साधना में उतर पाएंगें और हमें ज़्यादा लाभ मिल पाएगा। तीन बार ऊँकार करने के बाद मंत्र को सहजता व लय से करें। मंत्र कोई भी हो सकता है।

फिर क्रम में आता है आरंभिक आसन। प्राचीन वक्त में सूर्य नमस्कार से शुरुआत की जाती थी, लेकिन वो वक्त अलग था, उस समय की जीवनशैली अलग थी, काम करने की व्यवस्थाएँ अलग थीं। आज जिस तरह हम घंटों ऑफिस या कम्प्यूटर के साथ बैठकर काम करते हैं, उसने हिप-थाई (नितंब-जंघा) को टाइट करने का काम किया है। यहां आंतरिक ग्रंथि (blockage) तैयार हुई है जो प्राण को इस ओर पूरी तरह बहने नहीं देती और सीधे सूर्य नमस्कार करना थोड़ा कठिन जान पड़ता है। चूँकि नितंब-जंघा शरीर का सेंटर प्वाइंट है तो शुरुआत में हम कुछ ऐसे आसन क्यों न करें जिससे इस इलाके में मोबिलिटी (लचीलापन) बढ़े और आगे की अभ्यास साधना में ज़्यादा सहजता महसूस हो ? वशिष्ठ योग आश्रम ने इसी को ख्याल में रख आरंभिक आसन को सूर्य नमस्कार से पहले रखने की व्यवस्था की। कई जगह इसके स्थान पर सूक्ष्म व्यायाम कराए जाते हैं, लेकिन व्यायाम महज एक मूवमेंट है वो आसन की तरह ज़्यादा लाभकारी नहीं होता। उतने वक्त में आरंभिक आसन से ज़्यादा लाभ ले सकते हैं। सूक्ष्म व्यायाम बैलगाड़ी तो आरंभिक आसन हवाईजहाज है। ऐसे में सूक्ष्म व्यायाम की जगह हमने सहजता से किए जाने वाले आरंभिक आसनों को ईजाद किया, जिसे हर उम्र के लोग कर सकते हैं। कुछ आरंभिक आसनों का क्रम इस प्रकार है :

आरंभिक आसन क्रम

आरंभिक आसन के बाद आप सूर्य नमस्कार करें। सूर्य नमस्कार के बहुत से तरीके और पद्धतियाँ हैं, लेकिन किसी भी प्रकार का सूर्य नमस्कार हो, उसे सही तरीके से करना ज़रूरी है। जिन्हें पूर्ण सूर्य नमस्कार में परेशानी है वो महज सूर्य नमस्कार का शुरुआती हिस्सा कर सकते हैं। सूर्यनमस्कार के क्रम में आए किसी भी आसन में ज़्यादा तकलीफ लगे तो उसे छोड़ बाकी आगे कर सकते हैं। पिछले अध्याय में सूर्य नमस्कार की पूरी साधना पद्धति पर हमने चर्चा की ही है, आप फिर से उस अध्याय को देख समझ सकते हैं। सूर्य नमस्कार कम से कम चार राउंड तो अधिकतम नौ राउंड करना उचित है। कमर और स्पाइन की समस्या में घुटने को मोड़कर सहजता में अभ्यास कर सकते हैं। किसी खास स्थिति में योग शिक्षक की निगरानी व मार्गदर्शन में ही करें।

सूर्य नमस्कार के बाद एकाध मिनट आंख बंद कर खड़े रहें ताकि आप सहज हो सकें और फिर आसन के पूर्ण क्रम की शुरुआत करें। यहाँ आसन का एक पूरा क्रम हम कैसे गढ़ें , किन किन कैटेगरी यानी वर्ग के आसन को किस क्रम में रखें, इसे हम समझेंगें। इस क्रम को आप अपनी सुविधा के हिसाब से घटा-बढ़ा सकते हैं, लेकिन मोटे तौर पर क्रम यहीं होना चाहिए।

आसन अभ्यास क्रम

खड़े होकर किए जाने वाले आसन

खड़े होकर संतुलन के आसन

पीछे मुड़कर किए जाने वाले आसन

आगे झुककर करने वाले आसन

मरोड़ या मर्दन (Twisting)वाले आसन

नाभी शक्ति (Core/Abs) वाले आसन

हाथ पर संतुलन आसन

बैठकर किए जाने वाले आसन

हिप थाइ स्ट्रेच आसन

विपरीत श्रेणी के आसन

ऊर्जा संग्रह (Inversion) आसन

शवासन

आसन वर्गों या कैटेगिरी और प्रकृति की चर्चा हमने पिछले अध्याय में भी की है। आप उसको फिर से पढ़कर समझ सकते हैं। इस आसन चार्ट क्रम में मौजूद हर कैटेगिरी या वर्ग के आसन की संख्या आप एक या उससे अधिक रख सकते हैं। यानी हर कैटेगिरी का कम से कम एक आसन तो होना ही चाहिए। हाथ पर संतुलन या नाभि शक्ति आसन क्रम को कोई बीच में स्किप करना या छोड़ना चाहें तो उसे छोड़ सकते हैं, बाकी आसनों को उसी क्रम में करना है। आसन के पूरे क्रम को करने में आधे घंटे से लेकर दो घंटे भी लग सकते हैं , यह इस पर निर्भर करता है कि आपने हर वर्ग के कितने आसनों को अभ्यास क्रम में रखा है।

आसन के दौरान कहीं भी विश्राम करने की स्थिति महसूस हो, तो आप कुछ देर शवासन में लेट सकते हैं और फिर आगे के क्रम को जारी रख सकते हैं।

प्राणायाम क्रम

आसन अभ्यास क्रम को पूरा करने के बाद शवासन में लंबे वक्त यानी करीब 5 से 10 मिनट रहें और फिर बैठकर प्राणायाम साधना की शुरुआत करें। कोई अगर इसे कुर्सी पर बैठकर करना चाहें तो भी कर सकते हैं, वशिष्ठ प्राणायाम को नीचे लेटकर करने में असुविधा हो, तो ऊपर बिस्तर पर लेटकर भी किया जा सकता है।

प्राणायाम क्रम की तस्वीर

पिछले अध्याय में दो श्वसन क्रिया और मुख्य 10 प्राणायाम को एक व्यवस्थित क्रम में रखा गया है। आप उसी क्रम का अनुशरण करें। यह ज़रूरी नहीं कि एक दिन के अभ्यास में सभी प्राणायाम शामिल हो। आप अपनी सुविधा और ज़रूरतों के हिसाब से तय करें कि आपको करना क्या है और क्या नहीं। आप हर दिन अलग-अलग प्राणायाम का चुनाव कर सकते हैं , लेकिन उसके क्रम से छेड़छाड़ न करें। प्राणायाम अध्याय में हमने जो सावधानी और विधि बताई है, उसे भी होम प्रैक्टिस के दौरान विचार कर लागू करें।

प्राणायाम के क्रम को ख़त्म करने के बाद आप अपने अनुसार अभ्यास को आगे बढ़ा या खत्म कर सकते हैं। आसन प्राणायाम साधना के बाद आपका तन-मन ध्यान के लिए सहज प्रस्तुत हो जाएगा। ऐसे में मेरी ओर से निर्देश है कि आप यहाँ फिर ध्यान साधना के लिए बैठें। ध्यान को लेकर हमने ध्यान संबंधित अध्याय में विस्तार से चर्चा की है, आप उसका ख्याल रखें।

जो साधक ध्यान में ना जाकर शवासन या योगनिंद्रा करना चाहें वो इसतरह अभ्यास को आगे बढ़ाएँ। ख्याल रहे किसी भी वक्त अभ्यास खत्म करें, तो उसका समापन कुछ देर शवासन से होना ही चाहिए, नहीं तो लाभ संचित नहीं होगा और थकावट हो सकती है।

साधना के दूसरे आयाम जाप , कीर्तन , भजन इत्यादि भी शवासन के बाद आप कर सकते हैं। जो साधक षट्कर्म की साधना करते हैं। वो इस अभ्यास क्रम से पहले ही उसे पूर्ण कर शवासन में कुछ देर विश्राम कर, फिर इस क्रम को अपनाएँ। हठयोग ग्रंथ के आचार्य का मत है कि जो साधक नियमित आसन प्राणायाम ध्यान को ढंग से करता रहा है उन्हें षटकर्म की कोई ज़रूरत नहीं पड़ती।

इस सीरीज़ क्रम को ध्यान से पूरी तरह से समझने के बाद अपनी खुद की होम प्रैक्टिस सीरीज़ यानी घर में स्वयं का अभ्यास क्रम को बनाएँ और अभ्यास में लाएँ।

पिछले अध्याय में हर वर्ग के आसन के हमने 5-5 आसन देखे हैं। अब इनको एक साथ एक सीरीज़ में हम यहाँ लगभग गढ़ रहें हैं। लंबे योगाभ्यास के लिए आप इस अभ्यास क्रम को अपना सकते हैं या किसी खास आसन या प्राणायाम में आपको असहजता या जानकारी का अभाव हो, तो उसे छोड़ बाकी की साधना को जारी रखे सकते हैं।

दैनिक संपूर्ण योग अभ्यास क्रम

ॐ मंत्र